Alfred Rosenberg

La traccia dell'ebreo nei secoli

con introduzione e note di Alexander Jacob

ALFRED ROSENBERG
(1893-1946)

Alfred Rosenberg (1893-1946) fu una figura importante nella Germania nazista, nota per il suo ruolo nello sviluppo dell'ideologia razziale e antisemita del partito. Fu uno dei primi membri del Partito nazista e fu autore del libro *"Il mito del ventesimo secolo"*, che delineava le sue convinzioni sulla superiorità ariana e sull'antisemitismo. Durante la Seconda guerra mondiale Rosenberg ricoprì la carica di Ministro del Reich per i territori orientali occupati, supervisionando le politiche in Unione Sovietica. Dopo la guerra, fu processato al processo di Norimberga, condannato per crimini di guerra e giustiziato nel 1946.

La traccia dell'ebreo nei secoli

Die Spur des Juden im Wandel der Zeiten

Deutscher Volksverlag, München 1920

Tradotto e pubblicato da
Omnia Veritas Limited

www.omnia-veritas.com

© Omnia Veritas Ltd - 2024

Tutti i diritti riservati. Nessuna parte di questa pubblicazione può essere riprodotta, distribuita o trasmessa in qualsiasi forma o con qualsiasi mezzo, comprese fotocopie, registrazioni o altri mezzi elettronici o meccanici, senza il previo consenso scritto dell'editore, tranne nel caso di brevi citazioni in recensioni critiche e altri usi non commerciali consentiti dalla legge sul copyright.

INTRODUZIONE 9
PREFAZIONE 29

I. DOMANDE GENERALI 31
    Diaspora 31
    Commercio e usura 33
    Leggi morali ebraiche 53
    Intolleranza religiosa 60
    Il ghetto 78
    Bruciare il Talmud 82

II. PANORAMICA STORICA 100
    Gli ebrei in Portogallo 102
    Gli ebrei in Francia 108
    Ebraismo e politica 132
    L'ebreo e il tedesco 139
    Gli ebrei dell'Intesa 143
    Gli ebrei e la massoneria 147
    Sionismo 182
    La rivoluzione ebraico-russa! 190

III. LA MENTE EBRAICA 202
    Il Talmud 202
    La mente tecnica 212
    Il 19 secolo 226
    Il carattere ebraico - L'energia ebraica 239
    Il governo del mondo ebraico 243
    Conseguenze 256

ALTRI TITOLI 263

Introduzione

Di Alexander Jacob

Alfred Rosenberg nasce nel 1893 a Reval[1], nell'Impero russo, e studia architettura all'Istituto Politecnico di Riga, dove si diploma nel 1917. In gioventù lesse con avido interesse le opere di Kant e degli idealisti tedeschi, oltre a Schopenhauer, Nietzsche, Wagner e Houston Stewart Chamberlain. Ma fu la scoperta della filosofia indiana a costituire la più profonda ispirazione spirituale della sua vita. Come commenta il primato della vita contemplativa nel pensiero indiano,

> "Quanto siamo lontani qui da ogni avidità di potere e di denaro, da ogni rapacità e intolleranza, da ogni meschinità e arroganza".[2]

Nel 1918 Rosenberg emigrò in Germania, prima a Berlino e poi a Monaco, dove incontrò Dietrich Eckart e collaborò alla sua rivista *Auf gut Deutsch*. Fu attraverso Eckart che Rosenberg conobbe Hitler. Rosenberg aveva già aderito al NSDAP nel gennaio 1919, cioè prima di Hitler, che vi si era unito solo nell'ottobre dello stesso anno. Tuttavia, Rosenberg non era molto vicino a Hitler come aiutante politico, e si limitava più o meno alla redazione del giornale *Völkischer Beobachter* (Osservatore nazionalista) al quale contribuì con diversi articoli. Il *Völkischer Beobachter* fu il

---

[1] Oggi Tallinn, capitale dell'Estonia.
[2] Tutti i riferimenti sono alla presente edizione.

nome dato al *Münchener Beobachter* quando quest'ultimo fu acquistato dalla Società Thule nell'agosto 1919. Nel dicembre 1920, il giornale fu acquistato dal NSDAP e fu diretto da Dietrich Eckart fino alla sua morte nel 1923, quando Rosenberg assunse una posizione editoriale.

Influenzato dalla lettura di autori antisemiti e dall'esperienza diretta del coinvolgimento degli ebrei nella Rivoluzione russa, Rosenberg si occupò della questione ebraica già durante la fine della prima guerra mondiale. Nel 1919 compose l'attuale classico studio sugli ebrei.[3] Nel 1929 istituì un "Kampfbund für deutsche Kultur" (Lega militante per la cultura tedesca) che durò fino al 1934. Tra i membri e i sostenitori di questa società vi erano gli editori Hugo Bruckmann e Julius Lehmann e i leader della Wagner Society come Winifred Wagner, la vedova di Houston Stewart Chamberlain, Eva, e l'amico di Richard Wagner, il barone Hans von Wolzogen. L'obiettivo principale della società era combattere il modernismo nelle sue molteplici forme, come l'arte espressionista, l'architettura Bauhaus e la musica atonale. Nel 1930 Rosenberg divenne deputato nazionalsocialista e pubblicò la sua storia culturale *Mythus des zwanzigsten Jahrhunderts*, concepita come continuazione di *Die Grundlagen des neunzehnten Jahrhunderts* (1899) di Chamberlain. Nel 1933, dopo l'ascesa al potere di Hitler, Rosenberg fu nominato capo del dipartimento di politica estera del NSDAP, ma non esercitò molta influenza in questa posizione. Nel 1934 fu nominato responsabile dell'educazione intellettuale e filosofica del NSDAP.

Durante la guerra, nel luglio 1940, fu istituito l'Einsatzstab Reichsleiter Rosenberg (la Task Force Rosenberg), responsabile della raccolta di materiali artistici considerati di diritto

---

[3] La prima edizione di Die Spur des Juden im Wandel der Zeiten fu pubblicata nel 1920 a Monaco da Boepple (Deutscher Volksverlag). Per la mia traduzione ho utilizzato l'edizione leggermente migliorata di Rosenberg del 1937, pubblicata dalla Zentralverlag der NSDAP, Franz Eher Publishers, Monaco.

appartenenti al Reich europeo della Germania. Nel 1941, dopo l'invasione dell'URSS, Rosenberg ottenne una nomina ministeriale, come Ministro per i Territori Orientali Occupati, anche se entrò regolarmente in conflitto con il brutale Gauleiter Erich Koch, che fu nominato Reichskommissar dell'Ucraina.[4] Alla fine della guerra, nel maggio 1945, Rosenberg fu catturato dalle truppe alleate e processato a Norimberga. A differenza di Albert Speer, non si dichiarò colpevole e rifiutò di prendere le distanze dal nazionalsocialismo stesso, anche se si era chiaramente opposto a molte delle sue personalità di spicco, in particolare Goebbels, Bormann e Himmler, che avevano avuto maggiore influenza su Hitler e di conseguenza maggiore potere esecutivo nel Reich. Rosenberg fu dichiarato colpevole dal Tribunale di Norimberga e impiccato il 16 ottobre 1946.

Nelle sue memorie *intitolate Letzte Aufzeichnungen* (Note finali), scritte durante la sua prigionia tra il 1945 e il 1946, Rosenberg descrisse l'intero movimento nazionalsocialista come una risposta alla questione ebraica:

> Il nazionalsocialismo era la risposta europea a una domanda secolare. Era la più nobile delle idee a cui un tedesco poteva dare tutta la sua forza. Ha fatto della nazione tedesca un dono di unità, ha dato al Reich tedesco un nuovo contenuto. Era una filosofia sociale e un ideale di pulizia culturale condizionato dal sangue. Il nazionalsocialismo fu usato male, e alla fine demoralizzato, dagli uomini a cui il suo creatore aveva fatalmente dato fiducia. Il crollo del Reich è storicamente legato a questo. Ma l'idea stessa era azione e vita, e questo non può essere dimenticato. Come altre grandi idee hanno conosciuto altezze e profondità, così anche il nazionalsocialismo rinascerà un giorno in una nuova

---

[4] Alla fine della guerra, Koch si nascose e fu ritrovato dalle forze alleate solo nel maggio 1949. Fu giudicato e condannato a morte nel 1959, anche se la pena fu commutata in ergastolo, forse perché i russi ritenevano che potesse avere informazioni sulle opere d'arte confiscate dai nazionalsocialisti a Palazzo Tsarskoe.

generazione acciaccata dal dolore, e creerà in una nuova forma un nuovo Reich per i tedeschi. Maturato storicamente, avrà allora fuso la forza della fede con la cautela politica. Nella sua terra contadina crescerà da radici sane in un albero forte che darà frutti sani. Il nazionalsocialismo è stato il contenuto della mia vita attiva. L'ho servito fedelmente, anche se con qualche errore e insufficienza umana. Rimarrò fedele ad esso finché avrò vita.[5]

Per quanto riguarda la questione ebraica in sé, ha spiegato che:

> La guerra contro l'ebraismo è nata perché un popolo estraneo in terra tedesca si è arrogato la leadership politica e spirituale del Paese e, credendosi trionfante, l'ha ostentata sfacciatamente. Oggi, invece, la sola protesta contro un simile fenomeno pone chiunque chieda una netta differenziazione tra questi campi contrapposti sotto un tale sospetto che nessuno osa sollevare la questione senza essere accusato di preparare un'altra Auschwitz. Eppure, la storia non si ferma. Le forze della vita e del sangue esistono e saranno efficaci.

La profondità della comprensione di Rosenberg dei pericoli di un dominio ebraico sulla società europea è evidente già nella sua prima grande opera sugli ebrei, *La traccia dell'ebreo nei secoli*. Concentrandosi sui difetti della mente ebraica stessa come fonte di questi pericoli, Rosenberg delinea, nella prima parte di quest'opera,[6] la formazione della mente ebraica dai tempi più remoti a oggi. Nella seconda parte, ripercorre la storia del coinvolgimento degli ebrei nella politica europea, soprattutto in Portogallo, Francia, Germania e Russia, ed esamina anche il contributo delle società massoniche, a partire dal XVIII secolo, ai movimenti rivoluzionari che portarono alla fatidica emancipazione degli ebrei europei. Nell'ultima parte, analizza

---

[5] Cfr. *Memorie di Alfred Rosenberg*, tr. Eric Posselt, Chicago: Ziff-Davis, 1949.

[6] Nella mia edizione ho diviso il testo in tre parti per facilitare la lettura e la comprensione.

con maggiore attenzione le caratteristiche e i limiti dell'intelletto ebraico e propone una propria soluzione alla questione ebraica.

Rosenberg inizia sottolineando che la diaspora ebraica precede l'esilio babilonese del VI secolo a.c. Gli ebrei, che sono essenzialmente caratterizzati da talenti e ambizioni finanziarie, erano stati tentati dalle possibilità commerciali di disperdersi nel Mediterraneo e nel Nord Africa molto prima di iniziare a spostarsi verso est dopo l'esilio. Ciò che è significativo delle loro prime attività commerciali è che erano invariabilmente caratterizzate dall'usura e dall'inganno, mentre nella Spagna e nel Portogallo medievali prosperavano anche con il commercio di schiavi. Prestando denaro ai principi per le loro avventure militari e per i loro lussi privati, gli ebrei acquisirono un potere significativo presso le corti che portò all'acquisizione di diritti e privilegi preferenziali. Fu l'ascesa di questo potere ebraico mal guadagnato a spingere le popolazioni locali verso le agitazioni e le persecuzioni antisemite che scoppiarono infine in molti Paesi europei. Le corporazioni di artigiani che fino ai secoli 13 e 14 erano aperte agli ebrei cominciarono a chiudere i battenti e gli ebrei furono presto costretti a vivere in ghetti per la loro sicurezza, per evitare le periodiche esplosioni di violenza antisemita. I tentativi dei governi di proibire l'usura e di costringere gli ebrei a dedicarsi al lavoro manuale furono vani, poiché gli ebrei trovavano sempre il modo di aggirare queste leggi.

Rosenberg rivela che il motivo principale per cui l'ebreo aveva tanto successo nelle sue imprese commerciali era il fatto che le leggi morali ebraiche permettevano palesemente la disonestà nelle transazioni con i non ebrei. Questo è ciò che costrinse il filosofo tedesco Fichte a esclamare:

> "Che gli ebrei continuino a non credere in Gesù Cristo, che non credano in nessun dio, purché non credano in due leggi morali diverse e in un dio ostile all'umanità".

A questa ambivalenza morale degli ebrei si aggiunge l'intolleranza verso qualsiasi religione diversa dalla loro. Questa intolleranza si estendeva anche agli apostati ebrei come Uriel d'Acosta e Spinoza. Rosenberg nota in modo perspicace l'essenziale somiglianza tra l'intolleranza del giudaismo talmudico e la rigidità dogmatica del sistema marxista che "dà una risposta a tutte le domande ed esclude i dibattiti". Come dice lui stesso:

> Questo spirito che guida le truppe dell'anarchia in modo diplomatico e brutale allo stesso tempo, consapevole del suo obiettivo, è lo spirito religioso, economico, politico e nazionale di intolleranza fondamentale che si è sviluppato da un fondamento razziale; conosce solo l'universalismo della religione (cioè il dominio del dio ebraico), il comunismo (cioè gli Stati schiavisti), la rivoluzione mondiale (la guerra civile in tutte le forme) e l'internazionalismo di tutti gli ebrei (cioè il loro dominio mondiale). Questo è lo spirito della rapacità sfrenata e senza scrupoli: l'Internazionale nera, rossa e dorata sono i sogni dei "filosofi" ebrei da Esdra, Ezechiele e Neemia a Marx, Rothschild e Trotsky.

Ciò è in netto contrasto con la tolleranza degli antichi indiani e dei tedeschi. In effetti, è alla tolleranza dei governanti persiani achemenidi che gli ebrei devono la loro attuale esistenza, poiché fu Dario I a permettere agli ebrei di tornare in patria dopo l'esilio in Babilonia.

D'altra parte, il giudaismo che si cristallizzò in questo periodo fu a sua volta caratterizzato da quella che lo storico Eduard Meyer chiama "l'arrogante denigrazione per cui tutti gli altri popoli, rispetto al popolo scelto dal Dio dominatore del mondo, diventavano pagani destinati alla distruzione". Meyer conclude così:

> Il codice sacerdotale è la base del giudaismo che esiste immutato dall'introduzione della Legge da parte di Esdra e Neemia nel 445 a.C. fino ai giorni nostri, con tutti i crimini e le mostruosità, ma anche con l'energia spietata e orientata all'obiettivo che è stata insita in esso fin dall'inizio e che ha prodotto, insieme al giudaismo, il suo complemento, l'odio per gli ebrei.

Il ghetto che caratterizzò l'esistenza degli ebrei in tempi successivi fu infatti originariamente formato dal desiderio degli stessi ebrei di separarsi culturalmente dalle popolazioni ospitanti. In seguito, quando il risentimento della popolazione locale divenne violento, il ghetto servì anche come protezione contro le aggressioni. Gradualmente, la ghettizzazione e le varie limitazioni alla proprietà e all'immigrazione furono considerate necessarie per proteggere la stessa popolazione locale dall'influenza ebraica. Come sottolinea Rosenberg:

> Gli uomini di allora si basavano su un'amara esperienza e non si lasciavano guidare da slogan palesemente stupidi e da un'effervescente mancanza di critica, come il nostro attuale pubblico "civilizzato" in Europa si permette di fare senza opporre resistenza. Solo le leggi sull'immigrazione possono salvare anche noi dall'attuale dominio ebraico, oppure dobbiamo decidere di diventare più efficienti e spregiudicati degli ebrei. (Lo Stato nazionalsocialista, ovviamente, lo ha fatto per la prima volta).

Uno dei segni più caratteristici e significativi dell'ostilità degli ebrei nei confronti degli europei è l'odio per il cristianesimo. Rosenberg fornisce esempi di questo odio dal Talmud e dall'opera Toledot Yeshu, che pretende di raccontare la vita di Gesù. Non sorprende, infatti, che la Chiesa abbia sempre più proibito le opere ebraiche:

Immaginiamo la situazione: in uno Stato cristiano vive un popolo straniero che nei suoi libri critica aspramente il fondatore della religione di Stato, che per tutta la settimana nella sinagoga pronuncia la maledizione del suo dio contro i cristiani e che anche in altri modi non fa mistero del suo odio. Anche una Chiesa meno consapevole di quella romana avrebbe dovuto adottare misure di massa per porre fine a questa situazione.

È interessante notare che i roghi di libri ebraici iniziati nel XIII secolo furono in realtà avviati dagli stessi ebrei che si opponevano agli scritti "eretici" di Mosè Maimonide. Allo stesso modo, i roghi del Talmud che seguirono furono provocati principalmente da ebrei convertiti, che mostrarono la stessa intolleranza nel loro cattolicesimo ritrovato e nel loro precedente ebraismo. Rosenberg si spinge fino ad attribuire le persecuzioni antiscientifiche della Chiesa cattolica romana contro pensatori come Galilei e Bruno all'adozione di un'intolleranza ebraica all'interno del proprio sistema ecclesiastico. Infatti, durante l'Inquisizione, i persecutori più temuti, tra cui Torquemada, erano ebrei convertiti:

> "Il simbolismo della fede cattolica veniva naturalmente lasciato da parte, ma la gioia per le persecuzioni religiose trovava negli ebrei convertiti i suoi rappresentanti più tipici".

La seconda parte dell'opera considera la storia degli ebrei in Europa e studia in particolare i casi degli ebrei in Portogallo, Francia, Germania e Russia. Nel farlo, rileva anche l'importanza del coinvolgimento degli ebrei nello sviluppo del movimento massonico in Europa. Rosenberg inizia notando la somiglianza delle esperienze nei diversi Stati europei in cui gli ebrei sono stati ammessi. All'inizio sono accettati dalle nazioni ospitanti con poche riserve, poi iniziano la loro innata attività di sfruttamento usurario per tenere sotto il loro controllo principi e popolazioni e infine subiscono persecuzioni antisemite o espulsioni. In Portogallo, la storia ebraica inizia già nel 11 secolo e si vede che gli ebrei traggono grandi profitti dal crescente commercio di schiavi e prestano questi profitti alla popolazione locale a interessi sempre più alti, finché non scoppiano le rivolte popolari nel 16 secolo. In Francia, la presenza degli ebrei nel paese può essere rilevata fin dal 6 secolo, ma fu soprattutto sotto Carlo Magno e i Carolingi che essi raggiunsero uno status elevato in Francia come agenti commerciali. Come nella maggior parte dei Paesi, le loro ambizioni mondane non conoscevano limiti e, nel IX secolo, il vescovo Agoberto di Lione intraprese una lunga e faticosa campagna ufficiale contro la loro astuzia commerciale e l'arrogante maltrattamento degli schiavi cristiani. Ma scoprì che gli ebrei godevano di protezione nelle alte sfere e i suoi sforzi portarono pochi frutti. Solo all'inizio del 14 secolo le agitazioni popolari riuscirono a scacciarli da Lione. Nella Francia centrale, la situazione economica dopo le Crociate era estremamente favorevole all'attività usuraria degli ebrei, che la sfruttarono al massimo, fino a quando non furono cacciati alla fine del 14 secolo.

Solo a Pamiers, ai piedi dei Pirenei, il comportamento degli ebrei era più tollerabile, poiché i rabbini applicavano regole severe di moderazione tra il loro popolo. Di conseguenza, in questa regione non ci furono quasi persecuzioni contro gli ebrei. Durante la Rivoluzione francese, tuttavia, gli ebrei lavorarono con fervore per la loro emancipazione attraverso agenti come Herz Cerfbeer in Alsazia e Moses Mendelssohn a Berlino. E le barriere che separavano la loro esistenza usuraia da quella dei gentili cominciarono gradualmente a essere rimosse.

Sebbene gli ebrei abbiano formato fin dai primi tempi una rete internazionale che aiutava gli ebrei nei diversi Paesi attraverso contatti reciproci, l'ascesa della massoneria all'inizio del 18 secolo li aiutò a operare in modo più efficace e clandestino attraverso le varie logge d'Europa. All'inizio gli ebrei non erano accettati nelle logge massoniche a causa dell'avversione prevalente nei loro confronti. Ma, gradualmente, movimenti come quello martinista nel 18 secolo iniziarono ad accettare gli ebrei in gran numero e cominciarono a nascere logge prevalentemente ebraiche.

Gli obiettivi antiregalisti e anticlericali dei massoni sono evidenti nel ruolo da loro svolto nella Rivoluzione francese. Rosenberg sottolinea in particolare il ruolo dell'ebreo Cagliostro nel dare inizio alla calamità. In seguito, quando l'esercito rivoluzionario decise di espandere le sue idee in altre parti d'Europa attraverso spedizioni militari, fu aiutato dal fatto che anche tra i generali tedeschi c'erano dei massoni che permisero ai francesi di conquistare il territorio tedesco con poche difficoltà. Rosenberg spiega che anche le conquiste di Napoleone furono dovute in gran parte al sostegno massonico, sostegno che fu ritirato quando egli decise di usare la Massoneria per i suoi scopi piuttosto che lasciare che essa usasse lui per i suoi.

Nel XIX secolo lo sviluppo delle logge ebraiche procedette costantemente fino a quando la massoneria divenne identica alle idee rivoluzionarie ebraiche. Come ha giustamente osservato Gotthold Salomon della loggia "Alba nascente" di Francoforte:

> Perché anche nell'intero rituale massonico non c'è traccia del cristianesimo della Chiesa? Perché i massoni non parlano della nascita di Cristo ma, come gli ebrei, della creazione del mondo? Perché non c'è nessun simbolo cristiano nella Massoneria? Perché il cerchio, il quadrato e la bilancia? Perché non la croce e altri strumenti di tortura? Perché non, invece di Sapienza, Forza e Bellezza, il trio cristiano: Fede, Carità, Speranza?

Ben presto sorsero in tutta Europa movimenti nazionalistici rivoluzionari come la Giovane Germania, la Giovane Italia e la Giovane Europa. Gli obiettivi sovversivi antieuropei delle rivoluzioni del 19 secolo sono rivelati in un messaggio scritto dall'ebreo PiccoloTigre:

> La cosa più importante è isolare l'uomo dalla sua famiglia e renderlo immorale... Quando avrete instillato l'avversione alla famiglia e alla religione in un certo numero di menti, allora lasciate cadere qualche parola che eccti il desiderio di entrare nelle logge. La vanità della borghesia di identificarsi con la Massoneria ha qualcosa di così banale e universale che mi fa sempre piacere la stupidità umana. Mi meraviglio che il mondo intero non bussi alle porte dei più eminenti e chieda di essere un operaio in più nella ricostruzione del tempio di Salomone.

Dopo la Comune di Parigi del 1871, i movimenti rivoluzionari promossi dalla massoneria si trasformarono gradualmente in movimenti socialisti e comunisti. Marx e i suoi colleghi fecero in modo che il movimento socialista non fosse un movimento puramente operaio, ma sempre guidato da intellettuali ebrei come Trotsky, Kuhn e Levine. Allo stesso tempo, il nucleo della cospirazione antieuropea si cristallizzò in società esclusivamente ebraiche come l'Ordine B'nai B'rith fondato a New York nel 1843 e le stesse sinagoghe. Il rabbino capo di Francoforte, Isidor, ad esempio, dichiarò nel 1868:

> Già i popoli, guidati dalle società per la rigenerazione del progresso e dell'illuminazione (cioè i massoni), iniziano a inchinarsi davanti a Israele. Che l'umanità intera, obbediente alla filosofia dell'Alliance Universelle Israelite, segua l'ebreo, che governa l'intellighenzia delle nazioni progressiste. L'umanità volge lo sguardo alla capitale del mondo rinnovato; che non è Londra, né Parigi, né Roma, ma Gerusalemme, che è sorta dalle sue rovine, che è allo stesso tempo la città del passato e del futuro.

Il sionismo fu il culmine di questa ambizione ebraica e ottenne la sua grande vittoria nel 1917, quando la Gran Bretagna conquistò Gerusalemme ai turchi. Per quanto riguarda il rapporto degli ebrei con i tedeschi e l'Impero tedesco, Rosenberg è attento a sottolineare innanzitutto la sostanziale incompatibilità della mentalità ebraica, con la sua avversione per la religione mistica e per tutto ciò che non rientra nell'ambito del calcolo razionale, con quella tedesca, per la quale il sionismo è un'aspirazione che non può essere soddisfatta.

> "Non c'è forse in Europa nessuna nazione che abbia esplorato e spiegato il mistero interiore dell'uomo come i tedeschi?".

Rosenberg osserva perspicacemente che la "profondità di sentimento e di tenerezza" che Schiller lodava in Goethe costituisce in effetti l'essenza stessa dell'anima europea. Questo è il motivo per cui, mentre gli ebrei erano in grado di vivere abbastanza comodamente con francesi e inglesi, odiavano decisamente i tedeschi, così come i russi, le cui inclinazioni spirituali erano in netta opposizione all'esistenza ebraica. Non sorprende quindi che, quando gli ebrei si resero conto che l'Impero britannico serviva il sogno internazionalista sionista in modo più efficace di quello imperiale tedesco, decisero di sostenere gli inglesi contro i tedeschi nella prima guerra mondiale. Organizzati attraverso l'"Alliance israélite universelle", gli ebrei si imbarcarono nell'impresa di distruggere la Germania. È vero che in Germania c'erano alcuni ebrei antisionisti che temevano che il riconoscimento degli ebrei come nazione avrebbe significato che non avrebbero più potuto nascondersi come "cittadini di Stato" quando accusati di tradimento commerciale o politico nelle loro nazioni di adozione. Ma la solidarietà tra gli ebrei a livello internazionale era fondamentale e i timori espressi da Fichte nei suoi *Discorsi alla nazione tedesca* (1808) si realizzarono:

> Non vi viene in mente che, se date agli ebrei, che sono, a prescindere da voi, cittadini di uno Stato che è più forte e più potente di tutti i vostri, anche la cittadinanza nei vostri Stati, gli altri vostri cittadini saranno completamente sotto i loro piedi?

L'orrore di un dominio ebraico totale sulla società europea si realizzò per la prima volta nella Rivoluzione russa, quando i bolscevichi ebrei presero le redini del governo da elementi più moderati e istituirono un governo russo ebraico. Rosenberg aveva infatti assistito in prima persona al controllo ebraico dello Stato sovietico quando viaggiò nel 1917 e all'inizio del 1918 da San Pietroburgo alla Crimea. Come rivela lui stesso:

> In nome della fratellanza e della pace i bolscevichi attirarono a sé orde impensate e si misero subito all'opera con un odio furioso contro tutto ciò che era "borghese" e presto con un massacro sistematico e una guerra civile, se così si può chiamare questo massacro unilaterale. L'intera intellighenzia russa, che per decenni aveva lottato per il popolo russo ed era finita sul patibolo o era stata esiliata per il suo benessere, fu semplicemente uccisa ovunque fosse possibile trovarla... Gli operai e i soldati furono spinti a tal punto che non c'era più ritorno per loro, divennero le creature senza volontà del tenace dominio ebraico che aveva bruciato tutti i ponti dietro di sé.

Il problema di qualsiasi governo ebraico del mondo è la qualità difettosa e pericolosa della mente ebraica stessa. Questo è ciò che Rosenberg esplora nell'ultima parte del presente lavoro.[7] Egli si

---

[7] Queste osservazioni di Rosenberg dovrebbero rendere le discussioni contemporanee sul quoziente intellettivo degli ebrei (si vedano, ad esempio, G. Cochran, J. Hardy, H. Harpending, "Natural history of Ashkenazi intelligence", Journal of Biosocial Science 38 (5), 2006, pp. 659-693, e Richard

concentra dapprima sul Talmud come esemplare dell'intelletto ebraico e sottolinea la totale mancanza di qualsiasi valore metafisico o religioso in esso. Piuttosto, tutto è chiaro: "Il mondo è stato creato dal nulla dal dio degli ebrei, il popolo che dovrebbe governare il mondo e a cui ogni cosa creata appartiene di diritto". Intorno a questa premessa fondamentale si tesse un vasto tessuto di sofismi e di casistiche morali a volte incomprensibili e altre volte oscene. L'altro difetto fondamentale della mente ebraica, la sua tendenza tecnica, è esemplificato nelle varie manifestazioni del modernismo stesso. Come sottolinea Rosenberg:

> Oggi appartengono alla cultura le ferrovie e la poesia, gli aerei e la filosofia, il riscaldamento ad acqua calda e la filosofia; qui è necessaria una differenziazione metodica. Con la parola "cultura" si dovrebbero designare solo le espressioni dell'uomo che sono il prodotto (sia esso sentito o pensato) di una concezione del mondo. A queste appartengono la religione, la filosofia, la morale, l'arte e la scienza, nella misura in cui non sono puramente tecniche. Il resto è costituito dal commercio, dall'economia e dall'industria, che vorrei designare come tecnica della vita. Mi sembra un'importante intuizione dell'essenza della mente ebraica quando la definisco una mente prevalentemente tecnica. In tutti i campi che ho annoverato come appartenenti alla tecnica della vita, essa, come abbiamo visto, è sempre stata attiva con una tenace energia e con grande successo. Ma anche lì, dove nasce la cultura, è solo il lato tecnico esterno, nelle sue diverse forme, che ha lasciato la sua impronta o che ha posseduto.

Lo stesso vale per l'ossessione ebraica per le leggi. Come spiega Rosenberg:

> Quanto più il sentimento per la giustizia e l'ingiustizia è radicato in un popolo in modo chiaro e definitivo, tanto meno avrà bisogno di una tecnica giurisprudenziale complicata e tanto più

Lynn, The Chosen People: A Study of Jewish Intelligence and Achievement, Washington Summit Publishers, 2011) piuttosto inutili se non come esercizi accademici.

possiederà una cultura spirituale. È quindi un giudizio totalmente fuorviante vedere nella minuziosa enumerazione delle attività permesse e proibite della vita quotidiana un'espressione derivata da un ethos superiore.

Al contrario: è segno che il fulcro della morale non si trova all'interno dell'uomo, ma è determinato solo dall'esterno, dove premio e punizione per la sua osservazione sono decisivi. E qui è caratteristico della mente ebraica che la semplice morale del bene e del male abbia portato a un groviglio di leggi e a un commento sulle stesse durato centinaia di anni.

Ciò è in contrasto con la quintessenza della mente indoeuropea:

> la conoscenza degli indiani nasceva dall'anelito all'interconnessione dell'universo e portava a una conoscenza purificata e simbolica, che quindi serviva solo come mezzo per un obiettivo che andava oltre la stessa. L'Ebreo ha dimostrato nel corso della sua storia una ricerca della conoscenza in sé, ha evitato ogni metafisica come una malattia infettiva e ha istintivamente perseguitato le poche eccezioni che hanno flirtato con la filosofia. La conoscenza della Legge era per l'ebreo un obiettivo in sé.

Ecco perché, sottolinea Rosenberg, l'insegnamento di Cristo di un regno "dentro di noi" è essenzialmente ripugnante per l'ebreo.

> Tutti i miti che gli ebrei appresero dai sumeri akkadiani e, più tardi, dai persiani, li trasformarono in fatti storici che giustificarono il loro unico obiettivo politico di dominare gli altri. Così, quando gli ebrei sentirono parlare per la prima volta di immortalità dell'anima umana dai persiani, quando sentirono parlare di un messia, un Saoshyant, che avrebbe liberato il mondo dal potere del principio del male per instaurare un regno celeste in cui sarebbero entrati non solo i santi ma infine anche, dopo una severa punizione, tutti gli innumerevoli peccatori penitenti, compresero di questo principio di amore liberatore del mondo solo l'idea di un messia dominatore del mondo.

I miti e i simboli adottati dagli ebrei nell'opera cabalistica apparentemente mistica, lo Zohar, si sono trasformati nella "magia più arida".

> La tendenza tecnica della mente ebraica si manifesta in egual misura nel *Moreh Nebukim* di Mosè Maimonide e nelle opere di Spinoza, che da autentico tecnico ebreo... compì l'impresa di portare questi opposti [Cartesio e Giordano Bruno] a un comune denominatore e di combinarli in un ingegnoso "sistema". Il fatto che abbia potuto farlo dimostra che non capiva né l'uno né l'altro.

Allo stesso modo nella scienza:

> Non è difficile delineare con totale rigore la sfera della mente ebraica. Essa ha sempre padroneggiato quel campo della scienza che si possiede solo attraverso la comprensione. La mancanza di immaginazione e di ricerca interiore, che ha condannato l'ebreo alla sterilità nella religione e nella filosofia, emerge anche nella scienza. Non una sola idea scientifica creativa è scaturita da una mente ebraica, da nessuna parte ha indicato nuove strade.

La pericolosa influenza della mente ebraica sulla moderna società tecnologica è così riassunta da Rosenberg:

> Se, grazie agli sforzi di uomini abnegati, la scienza era stata portata così avanti da essere sulle tracce delle leggi fondamentali del cosmo, ora emergeva un fattore che non poteva facilmente precedere: l'elaborazione tecnica delle conoscenze raccolte che ne favorisce l'utilità immediata. L'uomo cominciò a diventare sempre più schiavo della sua creazione, della macchina, la tecnica della vita si affermò sempre di più. E questo significava la breccia attraverso la quale l'ebreo si precipitava nella nostra cultura!

Per quanto riguarda il loro contributo alle arti, gli ebrei possono solo produrre virtuosi che sostituiscono la quantità delle prestazioni alla qualità, compositori come Mahler che cercano effetti speciali tecnici e impresari come Reinhardt che producono ogni sorta di circo di intrattenimento. I critici d'arte ebrei abiurano la forma per la tecnica e favoriscono il bolscevismo artistico[8] e il futurismo - e tuttavia osano parlare di "anima" e di "esperienze interiori inesprimibili". In campo letterario, Rosenberg ricorda il caso di Heinrich Heine che, nonostante la sua patina di cultura europea, era tipicamente ebreo nel suo odio per il cristianesimo. Il tentativo di Kant di dimostrare che la fede è al di là della ragione era particolarmente fastidioso per la mente di Heine, legata alla ragione. Infatti, alla fine della sua vita, Heine rinunciò a tutti i tentativi di emulare la filosofia europea e disse sul letto di morte: "Non ho bisogno di tornare all'ebraismo perché non l'ho mai abbandonato". Infine, l'inveterato odio ebraico per il cristianesimo è apparso in una nuova veste politica nella dottrina di Marx, che predicava l'ateismo materialista per sbarazzarsi di tutte le religioni e l'internazionalismo per sbarazzarsi di tutte le nazioni in modo che il mondo potesse essere più facilmente governato dagli ebrei.

In ultima analisi, la caratteristica essenziale degli ebrei è una versione puramente nazionalistica della volontà di vita schopenhaueriana, concetto che Nietzsche ha reinterpretato come volontà di potenza.[9] Così "la base del carattere [dell'ebreo] è l'istinto incontrollato, il suo obiettivo il dominio del mondo, i suoi mezzi l'astuto senso utilitario e l'energia". Incapace di amare e dell'istinto creativo ad esso collegato, ha dedicato la sua intera esistenza all'acquisizione dei mezzi per il dominio del mondo, simboleggiati nelle opere *del Ring* di Wagner dall'oro del Reno.[10] A differenza di altri conquistatori del mondo, come i Romani o Napoleone, gli ebrei sono caratterizzati da una totale sterilità culturale dietro il fanatismo religioso che li spinge a rappresentarsi come "il popolo eletto". Ma, come lo schiavo che

---

[8] Oggi si chiama marxismo culturale.

[9] Rosenberg rileva la stessa caratteristica anche tra i loro compagni semiti, gli arabi islamici.

[10] In effetti, sia Alberich nel Ring di Wagner che Klingsor nel Parsifal sono ritratti vividi dell'eterno ebreo.

vuole fare il signore, l'ebreo riuscirà solo a cavalcare il cavallo del suo padrone fino alla morte.

Una soluzione al problema dell'influenza intellettuale ebraica sulla società europea e del suo controllo può essere raggiunta solo revocando l'emancipazione degli ebrei:

> La mente tedesca, lasciata a se stessa, avrebbe presto stabilito il proprio equilibrio, ma il potere ebraico nella stampa, nel teatro, nel commercio e nella scienza glielo rese quasi impossibile. La colpa è nostra, perché non avremmo dovuto emancipare gli ebrei, ma creare leggi eccezionali e insormontabili per gli ebrei, come Goethe, Fichte e Herder avevano chiesto invano. Non si lascia il veleno in giro inosservato, non gli si dà la stessa importanza degli antidoti, ma lo si conserva con cura in armadi neri. Questo è finalmente accaduto, dopo 2000 anni, nel Reich nazionalsocialista!

> L'allarmante espansione del potere ebraico può essere fermata solo dall'immediata cessazione della tolleranza, poiché ogni europeo deve rendersi conto che è una questione di tutto ciò che la nostra mente, il nostro carattere ci ha consegnato come una tradizione ereditaria da promuovere e amministrare e che qui la tolleranza umanitaria di fronte all'ostilità aggressiva significa un vero e proprio suicidio.

Un passo fondamentale in questa direzione fu suggerito da Fichte già nel 18 secolo:

> Devono avere diritti umani, anche se questi non appartengono a loro come a noi... ma per dare loro diritti civili non vedo altro modo, almeno, che tagliare una notte tutte le loro teste e metterne altre in cui non ci sia una sola idea ebraica. Per proteggerci da loro non vedo altro mezzo che conquistare per loro la loro decantata terra e mandarli tutti lì.

Seguendo Fichte, Rosenberg propone un proprio piano per la limitazione del potere ebraico in Germania, che garantirebbe che

➢ Gli ebrei sono riconosciuti come una nazione che vive in Germania. La fede religiosa o la sua mancanza non hanno alcun ruolo.

➢ Un ebreo è colui i cui genitori, padre o madre, sono ebrei secondo questa nazionalità; un ebreo è d'ora in poi colui che ha un coniuge ebreo.

➢ Gli ebrei non hanno il diritto di impegnarsi nella politica tedesca con parole, scritti o azioni.

➢ Gli ebrei non hanno il diritto di occupare cariche statali e di servire nell'esercito come soldati o ufficiali. Il loro rendimento lavorativo viene messo in discussione.

➢ Gli ebrei non hanno il diritto di essere dirigenti nelle istituzioni culturali statali e comunali (teatri, gallerie, ecc.) e di occupare posti di professore e di insegnante nelle scuole e nelle università tedesche.

➢ Gli ebrei non hanno il diritto di lavorare nelle commissioni statali o comunali di collaudo, controllo, censura, ecc. e non hanno nemmeno il diritto di essere rappresentati nelle direzioni delle banche statali e degli istituti di credito comunali.

➢ Gli ebrei stranieri non hanno il diritto di stabilirsi permanentemente in Germania. L'accettazione nella federazione statale tedesca dovrebbe essere loro vietata in ogni circostanza.

➢ Il sionismo deve essere sostenuto attivamente per trasportare un certo numero di ebrei tedeschi annualmente in Palestina o in generale oltre i confini. (p. 189)

Se da un lato queste restrizioni legali possono solo fornire le condizioni per il naturale sviluppo della cultura tedesca, dall'altro bisogna fare attenzione a promuovere la cultura tedesca. A questo proposito, sarà necessario coltivare un cristianesimo che sia altrettanto libero dalla nociva influenza ebraica dell'Antico Testamento:

> "Lo spirito cristiano e quello "sporco ebreo" devono essere separati; con un taglio netto la Bibbia deve essere divisa in cristiana e anticristiana".

Invece di considerare gli antichi ebrei come i progenitori degli europei cristiani, sarebbe molto più appropriato e gratificante studiare e assorbire le conquiste spirituali degli antichi indoeuropei, indiani, persiani, greci e tedeschi.

Sebbene gli obiettivi del nazionalismo europeo di Rosenberg possano oggi, dopo la sconfitta militare dei nazionalsocialisti, sembrare insuperabilmente difficili di fronte alla crescente globalizzazione americano-ebraica del mondo, si può trarre un certo incoraggiamento dalla seguente osservazione di Rosenberg sulla campagna dei nazionalsocialisti per porre fine alla schiavitù finanziaria dell'ebreo internazionale:

> "Se questo potesse essere raggiunto anche solo in parte, la scure sarebbe stata posta sull'albero della vita dell'ebreo". (p. 189)

PREMESSA

La traccia dell'ebreo fu la mia prima opera; scritta nel 1919, apparve nel 1920. Poiché in seguito, durante la battaglia, le discussioni contemporanee hanno trovato un interesse immediato, dopo la vendita della prima edizione non è stata più pubblicata. Ma oggi, dato che tutte le questioni relative all'educazione e alla scuola richiedono uno studio approfondito, quest'opera scritta 18 anni fa darà il suo contributo alla comprensione dell'ebreo e della sua impronta attraverso i secoli, poiché si basa in gran parte su fonti ebraiche fino ad allora sconosciute all'antigiudaismo. Non ho avuto bisogno di apportare correzioni - a parte un controllo stilistico - poiché quasi tutto è stato preparato da me. Nei capitoli finali è stato possibile ammorbidire alcuni attacchi personali contro politici e abbreviare alcuni estratti di tipo storico-intellettuale.

Spero quindi che la nuova edizione sia utile per la comprensione dell'immutabilità della natura ebraica. Per il futuro, tutto dipende dal fatto che le prossime generazioni comprendano la profonda necessità della battaglia della nostra epoca per non diventare stanche e deboli, come quelle che ci hanno preceduto.

Berlino, marzo 1937. A.R.

La traccia dell'ebreo nei secoli

Alfred Rosenberg

* * * * *

L'idea ebraica è l'idea del profitto.
Dostoevskij

L'ebreo non ci risparmierà.
Goethe

Si dovrebbe esaminare solo la natura innata di ogni essere, non le sue altre caratteristiche; perché la Natura sta al di sopra di tutte le caratteristiche e, stando al di sopra, governa queste ultime.
Detto indiano

I. DOMANDE GENERALI

Diaspora

Sprecare parole sulla natura della questione ebraica ancora oggi sarebbe davvero superfluo, ma le frasi che si radicano sembrano possedere un potere e una vitalità invincibili. Si crede ancora, anche tra le persone che hanno preso posizione sulla questione ebraica, che gli ebrei siano stati costretti a lasciare la loro patria, che siano stati trasferiti prima a Babilonia e poi a Roma. Questi due casi sono del tutto corretti, ma sono gli unici che lo sono. Infatti, già molto prima della distruzione di Gerusalemme e molto prima della nascita di Cristo, vediamo gli ebrei vivere sparsi in tutte le terre allora conosciute. (Già prima dell'Esilio, ad esempio, si possono individuare case bancarie ebraiche in Mesopotamia). Da Babilonia vagavano di loro iniziativa sempre più lontano verso la costa; allo stesso tempo vivevano già nelle isole Ionie, in Asia Minore e, se si deve credere al profeta,[11] in Spagna, dove erano arrivati insieme ai Fenici.

Ma i resoconti di quest'epoca sono comunque scarsi; in epoche successive, invece, diversi resoconti mostrano che gli ebrei preferirono lasciare, a migliaia, la loro patria dove dovevano in qualche modo occuparsi della coltivazione e della viticoltura e dedicarsi a mestieri più leggeri e redditizi. Di questo si parlerà più avanti; qui si può solo dire che gli Ebrei fondarono per la prima volta tra i Fenici delle colonie durature, cioè a Tiro e a Sidone. Si diffusero poi nel resto della Siria e vissero particolarmente numerosi ad Antiochia, Seleucia, Laodicea e Damasco. Vennero

---

[11] Isa 66:19

attratti anche più lontano, in Asia Minore, dove cercarono alloggio sulle rotte carovaniere e nelle città costiere della penisola. Così vivevano in Cappadocia, in Frigia, a Tarso, a Tralles. Nella Ionia[12] erano particolarmente numerosi a Smirne, Efeso, Mileto, così come ad Alicarnasso e Cnido. Le loro colonie si estendevano anche a Cipro, Rodi, Delo, Paras, Creta, Salonicco, Corinto, Sparta e l'Attica.[13]

In Italia è Roma la città di cui possediamo le prime notizie certe, risalenti al 139 a.C. Anche qui gli ebrei dovevano essersi insediati molto tempo prima per poter fondare una comunità così grande come lo era già all'epoca. Gli ebrei vivevano in gran numero anche nelle città del Nord Africa, soprattutto in Egitto. Qui si trasferirono soprattutto ad Alessandria, e ben presto costituirono una forte minoranza dell'intera popolazione. Grazie al governo tollerante di Tolomeo Lagide,[14] insediamento fu concesso agli ebrei ovunque - e in questo modo l'anello degli insediamenti ebraici si chiuse attorno all'intero Mar Mediterraneo. Le colonie erano in attiva comunicazione tra loro, attiravano nuovi coloni dalla Palestina, avanzavano sempre più anche sulle rotte del mercato, tanto che Strabone[15] aveva ragione quando sosteneva che, al tempo della nascita di Cristo, non c'era più alcun luogo che non fosse colonizzato - e governato - da ebrei.

---

[12] [L'Ionia è la regione costiera occidentale dell'Anatolia che ha come centro Smirne (Izmir)]. [N.B. Tutte le note tra parentesi quadre sono del traduttore].

[13] Herzfeld, Handelsgeschichte der Juden im Altertum, Braunschweig, 1879. [Levi Herzfeld, Handelsgeschichte der Juden des Alterthums. Herzfeld (1810-1884) era un rabbino e storico tedesco].

[14] [Tolomeo I Soter ("il Salvatore"), o Lagide (ca. 367 a.C. - ca. 283 a.C.) fu un generale macedone sotto Alessandro Magno che divenne sovrano d'Egitto (323 a.C.- 283 a.C.) e fondatore della dinastia tolemaica].

[15] [Strabone (ca. 64 a.C. - 24 d.C.) era un geografo e storico greco famoso soprattutto per la sua Geographica in 17 volumi].

Queste brevi indicazioni, che possono essere moltiplicate a piacere, dovrebbero dimostrare 1. che l'emigrazione ebraica dalla Palestina, iniziata già nell'antichità, divenne sempre più numerosa, e 2. che questa emigrazione fu volontaria. Nessun popolo aveva chiesto, e tanto meno costretto, gli ebrei a stabilirsi in mezzo a loro; no, come se fossero posseduti da una spinta demoniaca, gli ebrei si spostarono da un Paese all'altro, e "dopo alcuni secoli", come riporta lo storico ebreo Herzfeld, "e in generale senza alcuna visibile costrizione dall'esterno, gli ebrei erano insediati in tutti i terreni dalla Media a Roma, dal Ponto al Golfo Persico, dalla Macedonia all'Etiopia, e in questa enorme gamma di Paesi non c'era città commerciale significativa in cui gli ebrei non fossero rappresentati".[16]

Commercio e usura

Lo spazio a disposizione non ci permette di esaminare più dettagliatamente - in singoli casi e nel passato più remoto, dove era già manifesto - l'impulso al commercio nella storia della mente ebraica. Va solo detto che questa disposizione non è stata il risultato dell'esclusione degli ebrei da parte delle nazioni, ma è sempre stata un fattore trainante immutabile della vita ebraica. Di per sé non si può muovere alcuna critica, poiché il commercio e gli scambi sono elementi indispensabili della nostra vita, ma in realtà si può obiettare molto alla forma dello spirito commerciale ebraico, di cui si parlerà più avanti.

Il fatto è che già al tempo di Salomone, e forse già molto prima, strade carovaniere molto trafficate conducevano dalla Palestina a Babilonia, che Salomone riceveva tributi dai mercanti di passaggio, che istituì bazar a Damasco e in altri luoghi, che già ai suoi tempi il commercio di cavalli con l'Egitto aveva acquisito un ampio raggio d'azione e, infine, che, insieme ai Fenici, fu intrapreso il famoso viaggio verso il misterioso Ophir, la terra

---

[16] Op. cit., p. 274.

d'oro nel lontano oriente[17]. Oltre all'alta via che da Damasco correva sull'altopiano di Yisrael fino al golfo di Acco, esistevano anche altre vie commerciali molto battute[18]. Una di queste conduceva da Scythopolis a Siehem, l'altra, attraverso Genea, a Sichem e da lì a Gerusalemme. Tra questa città e il porto di Eilat esisteva un commercio diretto e fiorente; un'altra strada conduceva alla città costiera di Giaffa. Su queste arterie commerciali gli ebrei svolgevano fin dall'antichità una vivace attività di intermediazione, ma a quanto pare molti di loro dovevano essere occupati diversamente anche per poter vivere in campagna.

Quando furono condotti in esilio, si aprirono nuove possibilità allo spirito commerciale ebraico. In breve tempo, 111 milioni di loro acquisirono grandi ricchezze, soprattutto sotto i Persiani, tolleranti e orientati all'agricoltura. E quando i lamenti per la patria perduta si esaurirono, in realtà non tutto il popolo tornò in Palestina, ma solo i poveri e i "santi", che furono costretti a farlo e costituirono la parte minore degli esiliati. Coloro che rimasero indietro spinsero le loro imprese commerciali e bancarie sempre più a est e rimasero tutti all'estero.

Coloro che tornarono trovarono davanti a loro un Paese scarsamente popolato che attendeva di essere coltivato con energia. Ora, anche se gli ebrei furono costretti dalla necessità ad andarci, non fu secondo la loro inclinazione, di cui la prova migliore è fornita dalla migrazione di massa che iniziò presto verso i Paesi sopra citati.

---

[17] [Ophir è una terra menzionata nella Bibbia che si suppone fosse abbondantemente ricca d'oro.]

[18] Si veda K.E. v. Baer, Reden und Aufsätze, Vol.2. [Karl Ernst von Baer, Reden und kleinere Auftätze, 2 volumi, San Pietroburgo, 1864]. [Baer (1792-1896) fu un biologo, antropologo e geologo che intraprese spedizioni scientifiche sulla costa settentrionale della Russia e della Scandinavia].

La grande menzogna che ci viene costantemente propinata consiste nell'opinione che, a causa della dispersione e delle leggi restrittive, l'ebreo sia stato escluso da tutte le altre attività tranne il commercio e che quindi, costretto dalla necessità, sia dovuto passare al prestito di denaro. Al contrario: l'ebreo emigrava perché sperava di trovare all'estero il terreno migliore per questo servizio. Non è quindi un caso che siano stati proprio i grandi centri commerciali a ospitare le fiorenti colonie ebraiche, perché se il cuore dell'ebreo avesse avuto voglia di lavorare, si sarebbe trasferito in un Paese dal suolo fertile e non in isole pietrose e stretti porti. Esempi di questo fatto dell'antichità possono essere ricavati in gran numero da tutte le epoche e da tutti i Paesi.

Nelle terre basche della Spagna, ad esempio, le città erano ancora poche. Con l'intenzione di stimolare il commercio e gli scambi in queste province, Sancio il Saggio (1189) elevò l'antica [19] di Gasteiz a città e promulgò un editto secondo il quale ogni straniero che vendeva le sue merci poteva vivere lì senza alcun onere. Il risultato fu che immediatamente si trasferirono numerosi ebrei da tutti i Paesi per non perdere l'occasione favorevole.[20] In Persia, quando Abbas Sophir[21] volle risollevare economicamente il suo Paese distrutto dalla guerra, concesse ai mercanti stranieri notevoli privilegi. Anche qui il risultato fu che da ogni luogo, insieme ad altri popoli, affluirono in gran numero soprattutto gli ebrei.[22] Proprio così accadde in Polonia, in Boemia e in altri Stati. L'ebreo non aveva un sentimento patriottico e non poteva

---

[19] [Ora si chiama Vitoria-Gasteiz].

[20] Kayserling, Die Juden in Navarra, p.114. [Meyer Kayserling, Die Juden in Navarra, den Baskenlaendern und auf den Balearen, Berlin, J. Springer, 1861. Kayserling (1829-1905) era un rabbino e storico tedesco].

[21] [Lo scià Abbas I (1571-1629) fu uno dei più grandi sovrani della dinastia safavide di Persia].

[22] Schudt, Jüdische Merkwürdigkeiten, Vol. I, p.27. [J.J. Schudt, Jüdische Merkwürdigkeiten, 4 volumi, 1714-1717]. Johann Jakob Schudt (1664-1722) fu uno storico e orientalista tedesco marcatamente antiebraico].

acquisirlo da nessuna parte e non lo desiderava nemmeno e, come un eterno vagabondo, si spostava ovunque potessero fiorire il commercio intermedio e l'usura.

Qui c'è un'innegabile qualità caratteristica che è diventata sempre più rigida con il tempo, ma che non è stata affatto imposta all'ebreo da uomini malvagi.

Mentre gli anglosassoni, gli scandinavi e i tedeschi si trasferivano in terre straniere per coltivare terre vuote, mentre costruivano le loro fattorie e costruivano la loro vita con l'aratro in mano (i loro fratelli, con una natura diversa, indagavano nel frattempo sulla terra e sul cosmo), l'ebreo si muoveva irresistibilmente nella folla variopinta delle città portuali, dei mercati di scambio e delle fiere.

Gli ebrei, come detto, parteciparono attivamente al commercio babilonese, che trasportava prodotti cinesi e indiani in Occidente e forniva le proprie merci preziose ai mercati del Mediterraneo.

I numerosi capi commerciali che vengono nominati, tuttavia, godono della peggiore reputazione. Tre città di Babilonia sono particolarmente famose e questo a causa dell'attività commerciale degli ebrei.[23]

Gli Ebrei lavorarono volentieri con i Fenici, ma spesso caddero nei conflitti più aspri con i loro fratellastri razziali. Ad Alessandria, grazie a un'astuta attività commerciale e finanziaria, divennero presto i re finanziari del paese, divennero esattori delle tasse, prestarono il loro denaro in caso di emergenza anche ai re (così, ad esempio, emisero una cambiale ad Agrippa) e ottennero le posizioni più influenti a corte.

A causa di questo potere dei Giudei sorsero molte rivolte popolari, soprattutto nel 116, quando furono trattati male; ma con la

---

[23] Herzfeld, op. cit., p. 219.

massima tenacia ricominciarono le loro attività e presto raggiunsero di nuovo il loro vecchio livello di influenza.[24] Come ad Alessandria, i Giudei vivevano di un vivace commercio di intermediazione a Cirene, in Etiopia (dove pare che un Giudeo fosse il tesoriere della regina *Candace* - At 8,27), in Arabia, intorno al Mar Nero e nelle isole greche, dove si distinsero soprattutto nel commercio degli schiavi.

In breve, gli ebrei hanno seguito fin dai tempi storici la sentenza classica del Talmud, tractate Jebamot, fol.66a:

> "Guadagna 100 fiorini nel commercio per poter godere di carne e vino ogni giorno, ma guadagna 100 fiorini nell'agricoltura e non c'è quasi sale e verdure".

E quando Rabbi Eleazar vide un campo su cui erano stati piantati cavoli in un punto lungo la sua larghezza, disse: "Anche se uno volesse piantare cavoli per tutta la tua lunghezza, il commercio è migliore di te". Quando una volta Rab camminò tra le spighe di grano e vide che oscillavano avanti e indietro, disse: "Continuate a oscillare, il commercio è preferibile a voi".

L'usura e l'inganno erano fin dall'inizio all'ordine del giorno; si leggono con interesse i Profeti che non si stancavano di lamentarsi di queste caratteristiche. Anche le ripetute esortazioni all'onestà del Talmud fanno certamente onore al predicatore, ma mostrano chiaramente che non sono state ascoltate. (Inoltre, si riferiscono solo agli ebrei tra di loro). E quando si chiede di non fare i pesi di metallo, perché questo si consuma (!), ma di pietra dura o di vetro, e non si possono fare di sale,[25] perché lì si può mangiare, questi comandi non sono privi di un certo umorismo e concordano con

---

[24] Jost, Jüdische Geschichte, Vol.4, p.230. [Isaak Markus Jost (1793-1860) è stato uno storico ebreo tedesco.]

[25] Herzfeld, p. 138

Osea quando dice: "Canaan ha in mano bilance ingannevoli; gli piace imbrogliare" (12:7).[26]

Ora, se si riprendono le descrizioni di viaggio di diverse epoche, ci si imbatte nel fenomeno sempre ripetuto che gli abitanti di tutti i Paesi in cui gli ebrei erano presenti in gran numero sono pieni di lamentele contro il commercio fraudolento e l'insopportabile usura degli ebrei. E quando ebrei e ciechi filosemiti sono pronti a spiegare tutto questo come semplice invidia, si spera che il lettore sia estremamente infantile. Quando la comparsa dell'ebraismo produce ovunque gli stessi risultati, deve esserci un'altra ragione oltre all'invidia degli abitanti locali.

Ma non c'è bisogno di ricorrere a questa intuizione teorica, poiché i fatti di tutte le epoche sono, per la maggior parte, così confermati e numerosi che per sostenerli si può aprire qualsiasi buon libro e poi si dovrà piuttosto fare i conti con il gran numero di questi che cercarli.

Quando gli ebrei, come riportato in precedenza, si trasferirono nelle città delle terre basche spagnole, per incrementare il commercio secondo la volontà di Sancio il Saggio, trovarono più comodo prestare ai contadini e agli abitanti delle città bisognosi il denaro per le loro imprese, pagando un interesse. Poiché quest'ultimo era elevato, i Baschi dovettero impegnare i loro beni e caddero in una dipendenza sempre più grande.

Il loro sentimento di indipendenza fu presto oltraggiato dagli immigrati stranieri dediti solo all'usura, e il consiglio della città di Viktoria inviò una richiesta di protezione al re, che allora annunciò un editto con il quale si proibiva agli ebrei di emettere titoli obbligazionari "poiché, se si continuasse in questo modo, si

---

[26] [Osea 12:7]

arrecherebbe un grande danno ai cittadini cristiani, anzi la città si spopolerebbe" (I 332).[27]

In Persia, dove, come abbiamo visto, erano attratti molti stranieri, "gli ebrei, con i loro metodi e le loro maniere, avevano sfruttato e impoverito i sudditi autoctoni a tal punto che il clamore giunse fino alle orecchie dell'imperatore stesso", riporta una cronaca, e aggiunge:

> "che il ministro di Stato ha pensato a lungo a come liberarsi degli ebrei senza offendere gli altri stranieri".[28]

A Costantinopoli gli ebrei si erano stabiliti in gran numero, dove avevano ottenuto enormi ricchezze. "La maggior parte del denaro", riferisce Tavernier, "è nelle mani dell'imperatore e degli ebrei; ma intendo gli ebrei che rimangono a Costantinopoli. Infatti, per quanto riguarda quelli delle province, si tratta di gente miserabile, e più miserabile dei cristiani, poiché non coltivano la terra, e poiché non dipendono da nient'altro che dal loro mercanteggiare, non possono guadagnare abbastanza con il commercio".[29] Gli Ebrei, si scopre, spesso anticipavano denaro al Pascià in monete false, sorvegliavano la dogana, "dove per lo più maltrattavano i cristiani", così come avevano la riscossione delle tasse in Siria, Palestina ed Egitto,[30] e Sargredo dà la sua impressione con il seguente linguaggio forte: "La meschinità è a

---

[27] Kayserling, Geschichte der Juden in Navarra, Berlino, I 861, p.119.

[28] Schudt, op. cit., vol. 1, p. 27.

[29] Beschreibung des Serails, Ch.10. [Jean-Baptiste Tavernier (1605-1689) fu un viaggiatore francese che visitò Costantinopoli nel 1631. Il resoconto dei suoi viaggi fu pubblicato nel 1676 con il titolo Les six voyages de Jean-Baptiste Tavernier].

[30] Thevenot, Reisebeschreibung, cap. 78, p. 369. [Jean de Thevenot (1633-1667) fu un viaggiatore francese che viaggiò molto nel Vicino Oriente. Un'edizione raccolta dei suoi scritti di viaggio, Voyages, fu pubblicata postuma nel 1689).

Costantinopoli come una prostituta comune, i cui procacciatori sono gli ebrei".[31]

Per quanto riguarda la Spagna, gli ebrei erano già noti fin dai tempi più remoti come i più spregiudicati tra i commercianti di schiavi, opprimevano gli abitanti del luogo grazie alle loro incommensurabili ricchezze ed erano in grado di annullare le leggi approvate per la protezione dei cristiani o di impedirne l'applicazione. Alla fine si ricorse ai metodi rigorosi del battesimo forzato e dell'espulsione. Il primo naturalmente non portò a nulla, e per secoli si assistette a un'ascesa e a un declino della battaglia tra denaro e diritti dei cittadini, accompagnata da fanatismo religioso da entrambe le parti.[32]

"Fin dai tempi più antichi", riferisce uno storico ebreo, "gli ebrei condussero le attività finanziarie e di scambio, alle quali i cronisti antiebraici diedero il titolo di usura".[33] Poiché lo stesso storico ammette, all'inizio della sua opera, che gli ebrei "erano su un piano di parità con gli altri cittadini, e anzi godevano dei privilegi delle infanzones,[34] quindi l'usura non nasce dall'ostilità verso gli ebrei ma, come anche altrove, dall'ostilità di molti cronisti verso gli ebrei come conseguenza dell'usura.

---

[31] Neueroffnete Ottomanische Pforte. [Giovanni Sagredo (tr. Paul Rycaut) Die neueröffnete Ottomanische Pforte, Augsburg, 1694. Sagredo (1617-1682) fu un diplomatico veneziano la cui storia degli Ottomani fu originariamente pubblicata nel 1673 come Memorie istoriche de'monarchi ottomani].

[32] Per maggiori dettagli, si veda l'eccellente e concisa rappresentazione di Heman, Die historische Weltste/lung der Juden, Leipz ig, 1882. [Carl Friedrich Heman, Die historische Weltstellung der Juden und die moderne Judenji-age. Heman (1839-1919) nacque da un padre ebreo che si convertì al Proteismo. Lavorò sia come sacerdote protestante che come professore di filosofia e scrisse di filosofia, teologia e storia ebraica].

[33] Kayserling, Die Juden in Navarra, p. 43.

[34] [In Aragona, gli infanzones erano i discendenti dei cadetti del re che non ereditavano il trono.]

"Dove c'era, nel Medioevo, un mercato più frequentato di quello di Tudela?"[35] esclama orgoglioso Kayserling, e continua:

> "Il commercio degli schiavi fu condotto, fin dai tempi più antichi, dagli ebrei; qui acquisì una portata e un'importanza maggiori che negli altri regni della penisola e si mantenne anche qui per il tempo più lungo senza ostacoli fino all'assedio totale dei Mori o, se si vuole, fino all'espulsione degli ebrei".[36]

Questo commercio di schiavi aiutò poi Tudela a raggiungere "lo status di importante città commerciale". Ma l'intero commercio diventa particolarmente interessante per il fatto che furono quasi solo i Mori a trarre vantaggio dal commercio di schiavi, quindi i discendenti di uomini che gli Ebrei avevano chiamato a tradimento nel Paese secoli prima. Ma il destino si compì, perché, come riferisce Heman nell'opera citata, proprio quando l'ultimo impero moresco fu rovesciato fu decisa l'espulsione degli ebrei.

A Roma, una città che era stata un centro di battaglie politiche e religiose per tutti i secoli, su cui si era avventato più di un saccheggiatore e dove le guerre civili erano all'ordine del giorno, la vita degli ebrei non si formava naturalmente in modo molto visibile. Anche lì imperatori e papi dovettero costantemente affrontare la questione ebraica. O si dovevano rafforzare i loro diritti e le loro libertà o, come ad esempio nel quarto Concilio Lateranense del 1215, si adottavano regolamenti, o si obbligavano gli ebrei a pagare la decima evitata, si proibiva loro di attaccare gli ecclesiastici, si sottoponevano i loro statuti a un tribunale, ecc.[37] Gli ebrei erano già da tempo ricchi proprietari di

---

[35] [Tudela è una città basca vicina a Pamplona].

[36] In tutti i Paesi europei la tratta degli schiavi fu abolita nel corso del 13 secolo.

[37] Vogelst ein-Rieger, Geschichte der Juden in Rom, Berlin 1895-1896, Vol.], p.230. Il fatto che, durante il concilio, si sia protestato anche contro l'usura dei cristiani ogni volta che si presentava, dimostra che i sacerdoti non biasimavano affatto gli ebrei per odio cieco, ma si lasciavano guidare da ragioni di fatto.

immobili, ma non per lavorare direttamente la terra, bensì, come riferisce Vogelstein-Rieger:

> "La tratta degli schiavi fu condotta con tanta foga (in particolare molti schiavi furono importati dai territori gallici) per acquisire forza lavoro adatta alle proprietà possedute dagli ebrei".[38]

La storia mutevole e fatale degli ebrei a Roma non può essere discussa in questa sede in modo più dettagliato, ma questi suggerimenti possono bastare per mostrare che era simile a quella di tutti i Paesi.

Anche in altre città italiane gli ebrei acquisirono grandi ricchezze e potere, tanto che, ad esempio, a Cesena si temeva seriamente che, attraverso il loro capitale, sarebbero diventati signori dell'intera città, cosa di cui non c'è da meravigliarsi quando si apprende che il magistrato era estremamente contento quando gli "ebrei prestatori di denaro" non prendevano più del 20%.[39] A Livorno, i Giudei erano diventati così potenti che i cristiani dovevano celebrare il sabato[40] per loro, e così anche in molte altre città.[41]

Venezia, Genova e Firenze sembrano essere state, almeno per un certo periodo, un'eccezione, poiché si dice che gli uomini d'affari di queste città non fossero inferiori agli ebrei in quanto ad astuzia. In effetti, lamentele simili a quelle degli ebrei furono sollevate

---

[38] op. cit., vol. l, p. 147.

[39] Vogelstein-Rieger, Vol. I, p. 117.

[40] [Sabato]

[41] Misson, Reise nach Italien, Lettera 39, p.1009 [Maximilien Misson (1650(?)-1722) fu un esule ugonotto che accompagnò come precettore i nipoti del duca di Ormond nel loro Grand Tour in Olanda, Germania e Italia. Raccontò i suoi viaggi in Nouveau Voyage d'Italie (L'Aia, 1691), che fu tradotto in tedesco come Reise nach Italien (Lipsia, 1713)]; Schudt, Jiidische Merkwiirdigkeiten, Vol. I, p..228.

anche nei confronti dei lombardi, come ad esempio in Francia, dove furono emanate leggi contro di loro. Ciò dimostra che talvolta anche gli europei potevano essere "non cristiani, ma ebrei battezzati", come si diceva all'epoca. Ma proprio il fatto che i Longobardi dovessero essere osteggiati come gli Ebrei dimostra che l'usura in quanto tale era un fattore estremamente importante, che la difesa contro di essa era diretta contro chiunque la praticasse e che, di conseguenza, la denuncia diffusa in tutto il mondo contro l'usura ebraica e il tradimento ebraico - anche quando risuona dove non sempre ci sono prove scritte simili - ha le sue fondate ragioni.

Tra i principi gli ebrei erano in grado di rendersi indispensabili, e spesso cercavano di farlo, in quanto anticipavano loro denaro per le imprese militari e promuovevano la loro sontuosità e liberalità allo stesso modo, ma estraendo alti interessi e privilegi. Per questo i re proteggevano ovunque anche gli ebrei e la rabbia dei popoli doveva essere già molto alta prima che cedessero alle pressioni per la limitazione dei diritti preferenziali degli ebrei. Spesso proteggevano gli ebrei militarmente come, ad esempio, in Navarra, dove un insulto fatto a un ebreo era punito come se fosse stato fatto a un grande di Spagna; dove l'ebreo non poteva essere arrestato per questioni finanziarie; dove era liberato da tutte le tasse imposte sulle merci. A Tudela, il re Sancio assegnò (1170) la fortezza agli ebrei come loro domicilio per una maggiore sicurezza. Inoltre, gli ebrei non dovevano pagare alcuna decima sui beni che entravano in loro possesso per eredità; se un ebreo doveva qualcosa a un cristiano, questi doveva presentare due testimoni "di cui uno però doveva essere un ebreo".[42] Nel 1255 Tudela si sollevò, fu pacificata a fatica e ricevette una nuova costituzione, finché non fu ricominciato il vecchio imbroglio.[43]

---

[42] Kayserling, op.cit., pp.16,18,19.

[43] Le richieste del consiglio di ristabilire le vecchie leggi cittadine mostrano, secondo Kayserling, "chiaramente il tentativo di costringere gli ebrei a

Anche i re di Navarra si impoverirono definitivamente; tornando a casa non trovarono la cena, non poterono pagare i cereali acquistati dagli ebrei, ecc. Ora, se si pensa che gli ebrei avrebbero avuto la minima considerazione per la difficile posizione dei loro mecenati, i quali hanno ammesso di aver difeso i diritti degli ebrei come se fossero i propri, ci si sbaglia di grosso.

Furono in grado di rendersi ancora più "indispensabili". "Gli interessi sollevati dagli ebrei, non possiamo negarlo, sembrano aver raggiunto un'altezza smodata", ammette Kayserling piuttosto tristemente. "Tutto è stato ceduto come pedine: il contadino ha rinunciato al suo aratro, il cavaliere al suo castello, i re ai loro gioielli, l'alfiere al suo anello".

Così accadeva in tutti i Paesi: la frivolezza e la passione per lo splendore si univano alla meschinità e all'usura degli ebrei; le due cose potevano essere separate solo con la violenza e il popolo doveva pagarne le spese. Così Lutero dice giustamente: "Sento dire che gli ebrei danno grandi somme di denaro e con esse sono utili ai governanti; in effetti, da dove le danno? Non dai loro, ma dai beni dei sudditi e dei governanti che rubano e rapinano con l'usura... I sudditi devono dare denaro ed essere maltrattati dagli ebrei. Non deve l'ebreo ridere segretamente di questo, che ci permettiamo così vergognosamente di farci scimmiottare e prendere in giro". E un altro tedesco fa la seguente osservazione filosofica sull'usura ebraica:

> "Quando si strizza una spugna bagnata, essa emette acqua, ma prima aveva risucchiato l'acqua in sé; tali spugne bagnate sono i Giudei, che danno sì qualcosa al beneficio generale, ma prima

---

rinunciare ai loro diritti e di assumere potere su di loro". Questa frase dimostra ancora una volta che è impossibile anche per uno storico importante come Kayserling percepire che era del tutto evidente che gli stranieri dovevano essere classificati al di sotto dei cittadini e non pretendere con arroganza un trattamento speciale ovunque. L'avidità ebraica è una forza motrice demoniaca contro la quale anche il "buon" ebreo è impotente.

> hanno risucchiato i cristiani con la loro usura. I ragni catturano le mosche con le loro ragnatele, le accolgono, le fanno girare intorno, ma con grande danno per le povere mosche, perché le succhiano in modo che giacciano morte. Questi ragni sono i Giudei, che danno sì del denaro e fanno credere di farlo per il bene comune, ma succhiano via i cristiani con la loro usura. I soldi ebraici che vanno al benessere comune sono vere e proprie ragnatele in cui i cristiani rimangono appesi".[44]

L'uomo aveva tutte le ragioni per fare queste malinconiche osservazioni, perché la Germania non era un'eccezione nel ciclo della questione ebraica e si ripeteva qui, in ogni grande città, qualcosa di simile a quello di Tudela, Costantinopoli, Persia e, come abbiamo visto, del Portogallo e della Francia.

Ancora oggi circola la favola che gli ebrei in Germania sono stati oppressi e trascurati. Non è affatto così. Prima potevano circolare liberamente e stabilirsi ovunque. Ma non solo, l'uguaglianza di diritti con gli abitanti locali arrivava al punto che gli ebrei potevano essere perseguiti solo dai loro giudici. Il documento più antico che ci mostra questo diritto come un antico privilegio e lo conferma ancora una volta risale al 1230.

Inoltre, c'è la regola che nessun cristiano può sostenere una causa contro un ebreo se non è in grado di portare per sé almeno un testimone ebreo. Le riunioni del tribunale giudiziario ebraico si svolgevano per lo più nelle sinagoghe e persino i prelati della Chiesa cattolica dovevano prendersi la briga di recarvisi se avevano conflitti legali con gli ebrei.

Ma gli ebrei riuscirono a estendere questi privilegi a tutti i campi con la loro antica insolenza ereditata. Nel diffuso giro di pegni che conducevano, era considerato sufficiente che un ebreo dichiarasse di aver comprato onestamente un oggetto rubato che

---

[44] D. Müller, Jud. Detekt.; Schudt, op. cit., vol. 2, p. 205.

aveva trovato! Nel richiederne il possesso, il legittimo proprietario era obbligato a pagare il prezzo che l'ebreo aveva dichiarato di aver calcolato.[45] I diritti di Goslar[46] concedevano all'ebreo, e solo a lui, il privilegio di prestare denaro anche su oggetti che sapeva essere rubati. Così, mentre il tedesco, se veniva trovato in possesso di beni acquisiti legalmente, era obbligato a restituirli al proprietario senza alcun danno, l'ebreo poteva chiedere un prezzo stabilito da lui stesso![47]

L'ulteriore libertà dall'usura era l'obiettivo a cui si mirava con maggiore insistenza e che per lo più veniva raggiunto. Il tasso di interesse stabilito per legge oscillava tra il 33% e il 120%, ma quello effettivamente richiesto era spesso significativamente più alto. È per questo che vediamo ancora una volta la nobiltà, i cittadini e i contadini nella più grande dipendenza dagli ebrei; un sacco di documenti lo dimostrano.

Un conte Walram von Zweibrücken si trovò nelle mani di 17 usurai ebrei; nel 1338, nella piccola città di Oberwesel, furono nominati non meno di 217 debitori degli ebrei; il conte di Öttingen impegnò la sua corona d'oro; i langravi Balthasar, Friedrich e Wilhelm von Thuringen erano interamente nelle mani di cinque ebrei di Erfurt. Nel 1385, un solo ebreo di Ulm aveva 43 lettere di debito da mostrare; c'erano 55 obbligazioni a due ebrei di Erfurt.

---

[45] Stobbe, Die Juden in Deutsch/and, Braunschweig, 1866, p.119 [Johann Otto Stobbe (1831-1887) era un professore di giurisprudenza e storico la cui opera sugli ebrei, Die Juden in Deutschland wahrend des Mittelalters in politischer, socialer und rechtlich er Beziehung fu pubblicata a Braunschweig nel 1866].

[46] [Goslar, città della Bassa Sassonia, acquisì diritti comunali e mercantili indipendenti nel 1219].

[47] Per maggiori dettagli si veda l'ottimo lavoro di G. Liebe [(I 859-1912)], Das Judentum in der deutschen Vergangenheit, Leipzig, 1903, pp.12-15.

Quando un ebreo, Isaak, fuggì da Monaco e fu poi catturato, furono trovati in suo possesso gioielli dei cittadini, della nobiltà e persino il servizio d'argento del re. Questi resoconti possono continuare per pagine e pagine. Attraverso l'usura e il commercio dei pegni, l'ebreo era davvero potente alla corte di principi e prelati, dove spesso lavorava come consulente finanziario ed esattore delle tasse. Al fianco di questo ebreo di corte stava quasi sempre un membro della tribù come segretario, che teneva la contabilità in ebraico e che solo in questo modo aveva una visione d'insieme della situazione commerciale.

Da questi brevi suggerimenti si possono prevedere le necessarie conseguenze. Il potere degli ebrei divenne sempre più grande, di conseguenza crebbe l'ira del popolo e scoppiò una persecuzione ebraica. Ma non si deve pensare, come affermano sempre gli ebrei, che furono sempre cacciati e maltrattati dai tedeschi. Al contrario.

Fino al 13 secolo l'ebreo poteva svolgere tutte le professioni, tutto era aperto a lui. Ma egli stesso non pensava di lavorare fianco a fianco con i gentili, si isolava rigorosamente e aveva a che fare con i non ebrei solo quanto era necessario per il commercio. E non c'è traccia di alcun interesse per la vita della nazione ospitante. Il fatto che anche i ge1mani siano diventati più freddi a causa del loro sfruttamento da parte dell'immigrato senza scrupoli dovrebbe essere attribuito dagli ebrei a loro stessi. L'ebreo non era nemmeno, come si dice ancora, il paria della società. Certo, ebrei e usurai erano diventati sinonimi e il disprezzo per questa professione era giustificato.

> E non mi piacciono molto gli ebrei,
> Non fidatevi di loro,
> Sono i ladri della vostra anima,
> I violatori delle vostre donne.

dice innocentemente una vecchia canzone, ma non si può comunque parlare di maltrattamenti continui se il conte palatino Philipp si recava con il figlio in sinagoga, se a un ebreo poteva essere permesso, sotto la pena di dieci fiorini, di tirare fuori la lingua da un'immagine di Maria, se nel 1327 a Ratisbona un sacerdote fuggiva da due ebrei che volevano ucciderlo.

E quando la comunità ebraica evitava di punire i malfattori, la corte cristiana si accontentava di proibire i rapporti con loro. Secondo un cronista di Strassburg, chi aveva insultato un ebreo doveva aspettarsi una punizione più severa di chi aveva ferito un comune cittadino.

Gli ebrei erano addirittura, fin dai tempi più remoti, i prestatori di denaro del consiglio comunale e del governo; il popolo doveva già essere portato alla disperazione prima di ribellarsi violentemente al loro potere. È un evento che si ripete costantemente: il dominio degli ebrei coincide sempre con la caduta della nazione tedesca, il loro indebolimento con la sua ascesa.

Dopo la seconda crociata e all'epoca della peste nera (a metà del 14 secolo), la miseria della Germania raggiunse due dei suoi apici. Il tedesco incline alla legge e all'ordine non fu più in grado di resistere a dare espressione all'ira precedentemente repressa e a liberarsi dei suoi sfruttatori.

Ciò che si racconta dell'"avvelenamento dei pozzi", ecc. da parte degli ebrei, con l'intenzione di svelarne le "ragioni", è una sciocchezza vuota, diffusa o da persone incapaci di distinguere tra la pula e il nocciolo o da ebrei che vogliono rappresentare i tedeschi come fanatici idioti (come, ad esempio, Graetz).

I tedeschi avevano percepito con amarezza di avere nel paese un nemico del loro popolo e uno sfruttatore senza scrupoli. Che fossero consapevoli già durante la peste nera di cosa si trattasse lo si evince da una cronaca di Erfurt che indica come causa "l'incommensurabile denaro che baroni e cavalieri, cittadini e contadini dovevano agli ebrei".

Ma gli scoppi di disperazione non servirono a nulla. Infatti, pochi anni dopo, la situazione era di nuovo la stessa, il tasso di interesse peggiore di prima. Se il Paese soffriva per la guerra, in ultima analisi gli ebrei ci guadagnavano. Perché, esattamente come oggi, "tutti i commissari erano ebrei e tutti gli ebrei commissari; gli ebrei hanno una legge e una libertà che è quella di mentire e imbrogliare finché porta loro profitto", recita una profonda denuncia della Guerra dei Trent'anni.

> "La constatazione", dice Liebe, "è ineludibile: i periodi di confusione nella vita pubblica, che hanno portato immediatamente a una paralisi della vita economica e hanno garantito alla mentalità imprenditoriale la possibilità di un'attività spietata, non sono stati sfavorevoli agli ebrei".[48]

Non bisogna infatti dimenticare che nel caso di tutte le persecuzioni si trattava di eccezioni che venivano sempre commentate come tali, mentre i resoconti sulla vita quotidiana, per quanto questa sia la caratteristica di ogni epoca, scorrono naturalmente molto più scarsi. Il clamore che gli storici ebrei fanno sui "massacri ebraici" è molto esagerato; sarebbe bene indagare su quanta forza popolare fu saccheggiata e lentamente prosciugata, su quanta disperazione non dichiarata degli uomini tedeschi si trova nel mezzo.

In seguito, la rabbia sfogata periodicamente si trasformò in un disprezzo generale nei confronti dello spirito ebraico. Le corporazioni di artigiani, che fino ai secoli 13 e 14 erano aperte agli ebrei, anche se questi ultimi non si sentivano obbligati a cogliere l'opportunità di intraprendere un mestiere, erano ora chiuse agli ebrei per principio.

Se prima l'ebreo poteva vivere in città (per lo più preferiva vivere nel suo quartiere), ora seguiva un recinto, il ghetto, la situazione

---

[48] Op. cit., p. 67.

che esisteva prima era ora considerata la norma.[49] L'ebreo usuraio era esteriormente caratterizzato da un cappello a punta, i rapporti con lui erano proibiti, ecc.

Tuttavia, anche questa esclusione non era così grave, ma anzi divenne obbligatoria in quel periodo. Che l'ebreo non fosse in fondo alla classifica sociale lo si vede già dal titolo di "modesto" che anche il contadino portava e un resoconto di Francoforte riporta: "Si consiglia di interrogarli sul loro ordine ebraico tanto quanto l'imperatore turco di Costantinopoli". L'abate Trithemius[50] diede il seguente verdetto pratico nel 1516:

> "È comprensibile che si sia radicata un'avversione tra l'alto e il basso, tra i dotti e i non dotti, contro l'ebreo usuraio e concedo tutte le misure legali di massa per la protezione del popolo contro l'usura ebraica. O piuttosto un popolo straniero e immigrato dovrebbe governare su di noi, e per di più non attraverso una maggiore forza, coraggio e virtù, ma attraverso il denaro, il cui acquisto sembra amare più di tutto? Ma non attraverso violente persecuzioni e saccheggi ci si deve liberare dal fastidio ebraico, bensì tagliando agli ebrei ogni usura e imbroglio dannoso e spingendoli a lavori utili nei campi e nelle officine".[51]

Ma questi e altri progetti simili non portarono a nulla, come anche altrove. Se si sfogliano le pagine degli Annali di Norimberga e ci

---

[49] Anche il dottor Arthur Ruppin ammette in Die Juden in der Gegenwart che la separazione degli ebrei fu "prima volontaria" e solo in seguito "forzata". (Arthur Ruppin (1876-1943) era un sionista tedesco che dal 1908 diresse l'ufficio palestinese dell'Organizzazione sionista mondiale a Giaffa e dal 1926 fu titolare della cattedra di sociologia all'Università ebraica di Gerusalemme. Per il previsto Stato israeliano sostenne una selezione eugenetica degli abitanti e contribuì anche alla fondazione del programma dei kibbutz. Il suo libro Die Juden in der Gegenwart fu pubblicato nel 1904].

[50] [Johannes Trithemius (1462-1516) fu un abate, storico e occultista tedesco].

[51] Secondo Liebe, op. cit., p. 32.

si chiede cosa avesse spinto i cittadini a espellere gli ebrei nel 1499, la risposta è laconica:

> "Gli ebrei insediati a Norimberga se la passavano molto bene. Diventarono sempre più arroganti e sfrenati. L'usura smodata che conducevano, l'avidità insaziabile a cui si dedicavano, le calunnie dei cristiani, l'aumento quotidiano del loro numero, resero infine fastidioso al consiglio e alla cittadinanza ospitare tra loro tali ospiti e sanguisughe dannose per il commercio".[52]

Se già in precedenza erano scoppiate diverse questioni economiche e religiose a causa delle rivolte, si vide che il problema non si risolveva con queste e, nel 1499, gli ebrei furono condotti fuori sotto protezione militare (affinché non accadesse loro nulla di male) dalla città "in cui avevano vissuto per così tanto tempo e in cui avevano acquisito una così grande ricchezza attraverso l'usura divorante".[53] Che questa lamentela fosse del tutto giustificata lo si vede già dal fatto che, nel 1310, il Kaiser Heinrich VII concesse ai Norimberghi un "privilegio" in base al quale agli ebrei era vietato prendere dai cittadini più del $43^1/3$ per cento e dagli stranieri più del 55 per cento di interesse settimanale. Certamente un bel privilegio![54]

In altre città della Germania fu lo stesso, e ovunque il popolo tirò un sospiro di sollievo quando gli ebrei dovettero lasciare la città. Il predicatore Hartmann Creidius parla così in occasione dell'espulsione degli ebrei da Augusta:

---

[52] Würfel, Historische Nachrichten van der Judengemeinde in Nürnberg, Norimberga, 1775, p.83. [Lo studio di Andreas Würfel, Historische Nachrichten van der Juden-Gemeinde, -welche ehehin in der Reichsstadt Nürnberg angericht gewesen, aber Ao. 1499 ausgeschaffet warden, fu pubblicato nel 1755].

[53] Wilrfel, op. cit., p. 85.

[54] Zeitschrift für die Geschichte des Oberrheins, X,66, Karlsruhe, 1859; anche Würfel, op. cit.

> "Ed è un grande vantaggio per la cittadinanza locale, che ha la meglio sulle altre città, poiché i maledetti ebrei non solo succhiano il sangue dei poveri cristiani attraverso crudeli usurai ed eccessi, ma tolgono loro anche il pane di bocca attraverso ogni sorta di commercio e di affari, cosicché molti cittadini sono stati costretti, insieme alle loro mogli e ai loro figli, alla rovina e alla mendicità".[55]

Sarebbe troppo lungo discutere in dettaglio la storia di ogni città tedesca, e sarebbe anche superfluo visto che la stessa cosa si ripete ovunque. Nel 1539 fu emanato in tutta la Germania un editto in cui si leggeva che bisognava proibire l'usura agli ebrei, che bisognava esortarli a svolgere lavori manuali affinché imparassero a guadagnarsi il pane con il sudore della fronte, come i cristiani. Naturalmente tutto ciò era inutile.

Se si leggono i resoconti sul commercio ebraico del Medioevo, così come sono stati registrati dai cronisti tedeschi, si nota in essi il loro ricorrente stupore per le sempre nuove acutezze ebraiche che devono raccontare. Falsificazioni di cambio, falsi fallimenti, seduzione di giovani inesperti, figli di genitori ricchi, alla dissipazione, lettere di debito scritte in ebraico accettate in buona fede ma che, tradotte successivamente, non contengono altro che una proposta grossolana, cambio di pacchetti durante l'acquisto, per cui l'acquirente scopre, al posto della vera merce, pietre o paglia, ecc.

Spesso a tutte le lamentele si aggiunge una nota umoristica dello scrittore che si prende gioco della credulità dei tedeschi, spesso cerca immagini per descrivere drasticamente i rapporti tra ebrei e cristiani, come, ad esempio, quando dice:

> "Un principe che pone degli ebrei tra i suoi sudditi si comporta come un padrone di casa che possiede uno stagno con pesci

---

[55] Augsburger Wunderpredigt, p.508 [Hartmann Creidius (1606-1656) fu parroco della chiesa di Sant'Anna ad Augusta]; Schudt, op.cit., Bk.VI, p.47.

giovani e vi getta un luccio piuttosto grande che se ne mangia tutti; chi è infatti così sciocco da tenere una capra come giardiniere? Chi vorrebbe tenere una volpe come guardiano di oche o di polli? Siate certi, care autorità, che se volete tormentare la povera gente, basta che mettiate gli ebrei nelle vostre terre".[56]

Se volessi approfondire tutto questo, andrei oltre lo scopo di questo libro. Si deve constatare che in tutte le epoche e in tutti i Paesi in cui gli ebrei vivevano in gran numero si sono levate le stesse lamentele del popolo contro la frode e l'usura ebraica. A questo fatto e alla sua inoppugnabile giustezza si aggiunge un'altra intuizione più importante. Anche se ci fossero elementi malsani anche tra i cristiani e se non mancassero certo ladri e furfanti, almeno tutti sono uniti nel giudicare i loro imbrogli, mentre la legge ebraica fa una marcata differenza nella condotta degli ebrei tra loro e tra i non ebrei.

Leggi morali ebraiche

Non c'è dubbio che le cose stiano così, anche se naturalmente gli ebrei fanno del loro meglio per presentarsi come unti con l'olio dell'umanità. Ci riescono anche, perché tutti noi commettiamo l'errore di guardare al passato ebraico da una visione del mondo e della morale tedesca o cristiana, e siamo facilmente portati a trasferirvi pensieri che gli ebrei erano ben lontani dall'avere.

Quando, ad esempio, parliamo di un vicino e quindi intendiamo ogni uomo, l'ebreo intende solo l'ebreo. Quei comandamenti che ci sembrano così umani e che troviamo nel Pentateuco, che giacciono anche nel Talmud come oasi e che noi, felici di trovarvi qualcosa di umano, accetteremmo volentieri, acquistano un

---

[56] Jüdischer [abgestreifter] Schlangenbalg, cap. 3, 5,80. [Samuel Friedrich Brenz (fine XVI secolo) era un ebreo convertito al cristianesimo che attaccò i suoi ex compagni religiosi nel Jüdischer abgestreifter Schlangenbalg, pubblicato a puntate tra il 1614 e il 1715].

retrogusto amaro a causa della differenziazione ripetutamente insistita tra ebrei e gentili (non ebrei, pagani). Nel trattato Baba Kamma, fol.113b, leggiamo: *"Dt 22,3* dice: 'con qualsiasi cosa perduta di tuo fratello', il che significa: devi restituirla a tuo fratello, ma non devi restituirla a un pagano". Rabbi Chanina disse: "Che cosa significa ciò che è scritto in *Lev* 25,17: 'non si deve imbrogliare il prossimo'? Risposta: colui al quale si è legati dalla Torà e dalle norme non si deve fare del male".[57] In altri luoghi si insegna che il divieto di rubare riguarda solo gli ebrei tra di loro, anzi che è limitato al plagio".[58]

La conversazione di Giacobbe con Rachele riportata nel Talmud può essere definita classica. Giacobbe disse a Rachele: "Vuoi sposarmi?". Lei rispose: "Certo, ma mio padre è un ingannatore e non potrai trattare con lui". Al che Giacobbe disse: "Sono suo fratello nell'inganno". Poi chiese: "È dunque permesso che un uomo giusto sia grande nell'inganno?". Al che egli rispose: "Ai puri ti mostri puro, ai falsi infedele, vedi *Sal* 18,27".[59]

In queste massime del loro progenitore tribale Giacobbe i rabbini non trovano ovviamente nulla di ripugnante, dal momento che ripetono questa narrazione più volte con piacevole sicurezza. Anche in un altro contesto non si fanno scrupoli: quando Haman dice a Mordechai che non bisogna rallegrarsi della caduta di un nemico, quest'ultimo risponde: "Questo vale solo per un israelita, ma di te dice *Dt* 33,29: "Li calpesterai sulle loro alture""[60] L'intera forma del concetto ebraico di giustizia, tuttavia, emerge non solo in questi enunciati e regolamenti, ma soprattutto

---

[57] Bava Metzia, fol.59a. [Questo, come gli altri trattati citati di seguito, è uno dei 63 trattati della Mishnah, o Leggi giudaiche, che costituiscono la prima parte del Talmud, mentre la seconda parte è la Gemara, che fornisce una delucidazione della Mishnah].

[58] Sanhedrin, fol.86a.

[59] Tratto Megillah fol.12a.

[60] Ibidem, fol.15 a,b.

plasticamente nella narrazione di un evento concreto dipinto con visibile piacere. Rabbi Shila castigò un uomo che aveva vissuto con una donna egiziana. Quest'ultimo andò dal re e lo calunniò con queste parole:

"È un uomo che giudica tra i Giudei senza il permesso del re".

Il re gli inviò immediatamente un messaggio. Quando Rabbi Shila arrivò, i giudici parlarono: "Perché avete castigato quest'uomo?". -Perché ha vissuto con un asino", fu la sua risposta. "Hai dei testimoni?", gli chiesero. -Sì", rispose. Arrivò Elia in forma umana e ne diede testimonianza. "Uno con cui le cose stanno così", continuarono i giudici, "è condannato a morte".

Al che il rabbino rispose: "Dal giorno in cui siamo stati cacciati dal nostro Paese non abbiamo l'autorità di uccidere, ma voi potete fare di lui ciò che volete". Mentre i giudici esaminavano la questione, Rabbi Shila cominciò a pronunciare il detto di *Cron* 29,11: "Tua, o Eterno, è la grandezza e la potenza". I giudici gli chiesero: "Che cosa hai detto?". Egli rispose: "Ho detto: sia benedetto il misericordioso che ha fatto il regno della terra come del cielo e ti ha dato potere e misericordia nella giustizia". I giudici dissero: "L'onore del regno è molto caro", gli diedero un bastone e gli dissero: "Puoi giudicare".

Quando Rabbi Shila uscì, quell'uomo (che aveva castigato) gli parlò: "Il misericordioso fa tanta meraviglia ai bugiardi?". Il rabbino: "Vigliacco! Non sono forse chiamati asini? Come sta scritto in *Ezechiele* 23,20: "La cui carne è come quella degli asini"". Quando il rabbino vide che quell'uomo se ne andava a dire ai giudici che li aveva chiamati asini, pensò: "Questo è un persecutore e la Torah dice: "Impedisci a uno che vuole ucciderti"". Prese il suo bastone e lo uccise. Poi disse: "Poiché mi è capitata una meraviglia attraverso il versetto di *Cron* 29,11, lo spiegherò in questo modo: tua, o Eterno, è la grandezza, che è legata all'opera della creazione, ecc.".

Segue un'intera serie di detti biblici buttati insieme senza senso.[61] Questa breve narrazione dovrebbe parlare con parole chiare, senza tanti commenti; in essa è contenuto tutto: l'incredibile disprezzo per il non ebreo, la menzogna sancita dal profeta Elia e l'omicidio autorizzato dalla Torah. Se aggiungiamo le parole del quinto libro di Mosè 23:20: "Puoi praticare l'usura con lo straniero, ma non con tuo fratello", ecco la motivazione economica. Il sentimento nazionale risuona nella narrazione dell'imperatore persiano che, in modo del tutto simile agli europei di oggi, andò dagli ebrei e allargò le braccia in segno di tolleranza dicendo: "Venite, vogliamo diventare tutti un unico popolo!". "È vero", rispose Eabbai Tanchum, "noi circoncisi non potevamo essere come voi, quindi fatevi circoncidere e diventate come noi".[62]

Questa separazione nazionale e questa morale a doppio fondamento è un fatto innegabile del passato e del presente ebraico, sia nella teoria che nella pratica. Non voglio accumulare tante citazioni in questa sede, ma vorrei ricordare le parole di uno degli studiosi più autorevoli e allo stesso tempo estremamente filoebraici:

> "È uno schema che colpisce per la sua insolenza quando i rabbini riuniti cercano di persuadere il pubblico cristiano che gli ebrei sono obbligati alla stessa condotta morale nei confronti di tutti

---

[61] Tractate Berachoth, fol.58a. È caratteristico che di Rabbi Meir, una delle più grandi autorità del Talmud, i suoi contemporanei abbiano potuto riferire che non è mai stato possibile scoprire la sua opinione, poiché egli era in grado, attraverso paragoni, deduzioni da altri passi, ecc. di stabilire come un vero e proprio comandamento da una legge chiaramente inequivocabile l'esatto contrario di essa. Graetz, Geschichte der Juden, Vol. 4, p. 178.

[62] Sanhedrin, fol.39a.

gli uomini e bollano l'ebraismo come una religione di amore per l'umanità".[63]

Da questo fatto, tuttavia, derivano intuizioni estremamente importanti.

Se il cristiano, l'europeo, può smarrirsi, anzi se a volte può cadere più in profondità dell'ebreo, possiede nella sua dottrina morale assoluta qualcosa che gli indica, anche nella caduta più profonda, la strada per risalire. Contro il comandamento alla rapina e al tradimento si erge, scritto e non scritto, quello alla società europea. La tendenza dell'uomo ad abbandonarsi al proprio egoismo riceve dalla morale un contrappeso. Per l'ebreo, invece, la sua spinta naturale riceve una grande forza aggiuntiva dalla sua dottrina morale che si combina, per così dire, con una tenace energia razziale (maggiori dettagli in seguito).

Se l'ebreo vede nella proprietà di un non ebreo una cosa che gli appartiene di diritto, se i beni dei pagani sono simili al deserto senza padrone e se chiunque se ne impossessi lo ha acquisito onestamente,[64] se non c'è adulterio con una non ebrea: "Per i pagani non c'è moglie, non sono veramente le loro mogli",[65] questo significa una rapina legalmente autorizzata di tutti i popoli. Tutta l'usura, tutta la frode praticata nei secoli ai danni dei popoli del mondo non è quindi da considerarsi un'aberrazione ma, al contrario, il rispetto delle leggi del Sinai e degli studiosi del Talmud.

Per questo Lutero scrisse con indignazione su questo argomento, per questo Goethe disse degli ebrei: "Hanno una religione che

---

[63] Bernhard Stade, Geschichte des Volkes Israel, Vol. 1, p.510. [Bernhard Stade (1848-1906) era un teologo protestante la cui storia del popolo ebraico fu pubblicata in due volumi nel 1887-1888].

[64] Bava Batra, fol.54b.

[65] Sanhedrin, fol.81a,b.

permette loro di derubare gli stranieri", ecco perché Fichte gridava disperato: "Che gli ebrei continuino a non credere in Gesù Cristo, che non credano in nessun dio, purché non credano in due leggi morali diverse e in un dio ostile all'umanità".[66]

Così, quando si attaccano gli ebrei, ciò non avviene per imbavagliare la libertà di pensiero, come essi sostengono sempre con indignazione, ma per sferrare un attacco a un sistema di leggi che va direttamente contro quelle di tutti gli Stati. Bisogna stabilire una volta per tutte che una razza con questo sentimento giuridico non può essere in grado di rendere giustizia a quella degli europei e che, di conseguenza, agli ebrei deve essere per sempre negata l'influenza attraverso le cariche pubbliche da loro occupate, perché un giudice ebreo non può e non potrà agire altrimenti che per proteggere e difendere, sempre e ovunque, solo gli ebrei.

Gli ingenui entusiasti dell'umanitarismo sostengono oggi che le leggi ebraiche sono, nella nostra epoca progressista, cose del passato. A ciò si deve rispondere che quasi 9 milioni di ebrei, cioè due terzi dell'intera popolazione ebraica mondiale, sono ancora i più rigidi seguaci del Talmud. Ecco perché le leggi di tutti gli Stati sono sempre state per l'ebreo una spina nel fianco ed egli ha costantemente cercato di contrastarle o di spiegarle con acutezza talmudica per i propri scopi. Ecco perché vediamo anche che gli ebrei hanno raramente cercato di ottenere l'ammissione come cittadini in tutte le professioni, ma hanno sempre cercato di ottenere condizioni e leggi eccezionali per se stessi. Le leggi di un paese impedivano naturalmente agli ebrei di esercitare le loro pratiche in modo meccanico, ma quando questo divieto, per

---

[66] [Johann Gottlieb Fichte (1762-1814) fu uno dei fondatori dell'Idealismo tedesco. Questa osservazione è tratta dall'opuscolo di Fichte del 1793 "Beitrag zur Berichtigung der Urtheile des Publicums über die französische Revolution" (Un contributo alla correzione dell'opinione pubblica sulla Rivoluzione francese).

qualsiasi influenza, si allentava, l'ebreo si precipitava per primo, e con grande energia, nella breccia. Lo vediamo ora in Russia e lo abbiamo visto fino al 1933 in Germania. Non si può nemmeno spiegare con il fatto che gli ebrei metropolitani non hanno nulla a che fare con le leggi talmudiche. Perché non è il Talmud che ha fatto gli ebrei, ma gli ebrei che lo hanno fatto. Inoltre, questo libro ha governato la vita intellettuale ebraica per duemila anni, è stato inculcato ai bambini dall'età di 6 anni in poi, giorno dopo giorno, e ha quindi formato naturalmente il carattere di tutti gli ebrei in quella direzione, che siano oggi atei speculatori di borsa, fanatici religiosi o ebrei in costume talmudico. Inoltre, i nostri ebrei metropolitani provengono direttamente da piccoli villaggi della Galizia[67] o della Polonia.

Ora, se ammettiamo che, a prescindere da ciò che possono proporre i benpensanti amici degli ebrei, ci sono abbastanza speculatori cristiani, non si può negare che proprio il sentimento di giustizia sia stato particolarmente elevato tra il popolo tedesco.

Un popolo può assorbire una percentuale di cattivi esemplari, ma quando una mente fraudolenta e completamente priva di freni, preparata con la massima perizia dall'educazione più spicciola per tutte le sottigliezze e le corruzioni giuridiche, aderisce con incredibile tenacia ed è sostenuta da enormi ricchezze, questo è un pericolo per il popolo. Con frasi sull'umanità e sull'uguaglianza non si può risolvere alcun problema storico e razziale come oggi i maestri internazionalisti, attraverso la propaganda ebraica, credono di poter fare. Per questo è necessario riconoscere la direzione della volontà degli ebrei, ma per questo la nostra epoca, appannata dalle frasi fatte, non ha il carattere necessario.

---

[67] [La Galizia è una regione che oggi si trova a cavallo del confine tra Polonia e Ucraina.]

Intolleranza religiosa

Se l'ebreo si separava consapevolmente da tutti gli altri popoli nelle questioni morali, legali e nazionali, è comprensibile che il suo pensiero religioso non facesse eccezione. Poiché il suo popolo era l'eletto, la sua religione era per lui, in generale, l'unica religione.

Geova, la cui influenza era anticamente limitata al solo territorio di Canaan, si è gradualmente ingrandito e si è sviluppato nell'immaginario del popolo ebraico in una divinità sempre più potente. Ma questo non gli impedì di essere venerato anche come dio nazionale che guida e protegge il popolo d'Israele. Le alte mura che Neemia fece costruire intorno a Gerusalemme e che dovevano separare fisicamente gli ebrei dai pagani erano l'espressione della separazione interna fondamentale e dell'intolleranza religiosa. Dio è Dio e noi siamo il suo popolo: questo è l'alfa e l'omega della religione ebraica fino ai giorni nostri. "L'ebreo è il maestro di tutta l'intolleranza, di tutto il fanatismo religioso, di tutti gli omicidi in nome della religione; si appella alla tolleranza solo quando si sente oppresso, ma non l'ha mai esercitata e, secondo la sua legge, non potrebbe farlo", afferma Chamberlain nel suo *Foundations del 19 secolo,* di cui solo le epoche successive apprezzeranno il servizio che ha reso al popolo tedesco. Queste parole sono del tutto incontestabili. Fin dai tempi più antichi, ad esempio, furono gli ebrei a perseguitare i cristiani dove potevano e a ordinare ai pagani di opprimerli; quando Giuliano l'Apostata introdusse nuovamente il culto pagano, gli ebrei in Siria colsero l'occasione per istituire persecuzioni cristiane con un vigore raddoppiato.

Quando poi gli ebrei di Cipro divennero numerosi, decisero di massacrare tutti gli altri abitanti. Questa memorabile decisione costò la vita a 240.000 non ebrei.[68] Tertulliano racconta che a Cartagine, al tempo delle persecuzioni cristiane, gli ebrei si divertivano a portare in giro un'immagine dipinta che rappresentava un uomo con orecchie e zoccoli d'asino, con un libro in mano e con la scritta: il dio dei cristiani.

Ciò che ancora vive in tutte le nostre chiese del principio della "sola salvezza" è il residuo dell'influenza del Pentateuco e del profeta Ezechiele. Una fede forte senza sanguinosi dispetti è per l'ebreo ancora oggi un'impossibilità (purtroppo anche per molti cristiani contagiati dalla sua mentalità), per non parlare delle epoche precedenti. Lo attestano gli scrittori ebrei e i rabbini, certo in modo più gentile di Chamberlain, ma dicendo essenzialmente la stessa cosa.

Quando, ad esempio, Napoleone convocò nel 1807 il famoso sinedrio universale ebraico a Parigi[69] e, con l'obiettivo di chiarire le questioni controverse, diede agli ebrei molte grane da risolvere, questi ultimi redassero come risposta un'intera serie di articoli in cui si lavavano come agnelli innocenti.

Ma l'introduzione a queste note di risposta dice: "Sia lodato il Signore, Dio d'Israele, che ha posto sul trono di Francia e d'Italia un sovrano secondo il suo cuore". E alla domanda se gli ebrei considerassero tutti i francesi come fratelli, i rabbini diedero la risposta più diplomatica: che essi "secondo la legge di Mosè considerano fratelli tutti gli individui delle nazioni che riconoscono Dio, creatore del cielo e della terra, e che vivono tra i quali gli ebrei godono di privilegi o anche solo di un'amichevole accettazione". Qui dunque l'ebreo non è contrapposto al francese,

---

[68] Mommsen, Römische Geschichte. [Theodor Mommsen (1817-1903) fu uno storico tedesco la cui storia di Roma fu pubblicata per la prima volta in tre volumi nel 1854-1856. L'opera di Mommsen fu premiata con il Nobel per la letteratura nel 1902].

[69] [Vedi sotto pag. 86].

all'italiano e nemmeno al cristiano, ma a lui è rimessa la scelta di un "fratello" a seconda di cosa intenda per "privilegi" o "benevola accettazione" e di cosa faccia della fede dello stesso in Dio creatore del cielo e della terra.

Ma poiché questo Dio, come dimostrano le prime parole, è il Dio di Israele, i diplomatici del Gran Sinedrio dicono con belle parole esattamente la stessa cosa del Talmud, che chi non riconosce Geova come l'Unico non è certo un uomo, tanto meno un fratello.[70]

Scrittori più recenti, tuttavia, la pensano proprio in questo modo; ad esempio, un rabbino dei giorni nostri dice:

> "All'idea di scelta è naturalmente connessa una certa esclusività. Perché riconoscere una verità significa allo stesso tempo: cercare di tenersi lontano dall'errore. Israele ha compreso la sua religione sempre più chiaramente nella sua opposizione alle nazioni. La religione di Israele doveva quindi iniziare con il particolarismo".

E ancora,

> "L'ebraismo è la religione mondiale nella misura in cui tutte le religioni che hanno l'universalismo come obiettivo

---

[70] Maimonide dice quanto segue a proposito del comandamento di Geova di distruggere tutti gli idolatri: "Bastano quattro generazioni, poiché un uomo non può guardare oltre le quattro generazioni dei suoi discendenti. Si dovrebbe quindi, in una città idolatra, uccidere un vecchio idolatra e la sua famiglia fino al pronipote. [Si è quindi stabilito che ai comandi di Dio appartiene anche il comando di uccidere tutti i discendenti degli idolatri, compresi i bambini piccoli. Troviamo questo comando ripetuto ovunque nel Pentateuco (Dt 12,16)". E Maimon conclude con decisione: "Tutto questo per distruggere senza lasciare traccia ciò che porta una così grande corruzione". Traduzione di Munk di Le guide des égarées, Parigi, Vol. I, Cap. LIV. [Mosè Maimonide (1135-1204) era un rabbino sefardita che codificò la Legge talmudica nel suo Mishneh Torah in 14 volumi e scrisse un trattato filosofico sulla Mishnah, in arabo, sotto l'influenza della filosofia araba aristotelica, chiamato Delalatul Ha'yreen (Guida per i perplessi).

consapevolmente fissato sono emerse da esso e, in virtù del fatto che sono emerse da esso, si sono poste questo obiettivo".

In conclusione, egli afferma apertamente di considerare tutti coloro che credono in altre religioni come decaduti dall'unica religione.[71] Anche il dottor Arthur Ruppin vede la forza della religione e l'intolleranza andare necessariamente insieme quando dice degli ebrei: "L'ortodossia (ebraica) è stata fin dall'inizio tanto meno una religione quanto un'organizzazione di battaglia vestita di abiti religiosi per il mantenimento del popolo ebraico". "L'ebreo non conosce la tolleranza nelle questioni religiose; la religione è troppo importante per lui".[72]

Anche lo storico ebreo Bédarride chiude la sua opera con una glorificazione della religione ebraica, della razza ebraica e della legge ebraica, che non avremmo dovuto rinfacciargli se solo non fosse ricomparso il disprezzo rivelatore per i non ebrei.

Dice:

> "Gli ebrei sono gli amministratori di una legge che, risalendo alla culla dell'umanità, è all'apice della civiltà più avanzata. Possono abbandonare questa legge che considerano giustamente superiore a tutte le altre, per adottarne un'altra che ai loro occhi è solo una copia?".[73]

Il campo strettamente ortodosso parla naturalmente in toni più alti. Basta dare un'occhiata ai giornali ebraici di oggi: secondo

---

[71] L. Back, Wesen des Judentums, Berlino, I 905. [Leo Baeck (1873-1956) era un rabbino tedesco che rappresentava l'ebraismo liberale. Nel 1943 fu inviato nel campo di concentramento di Theresienstadt ma, anche grazie alla sua fama di intellettuale, sopravvisse alla guerra e nel 1945 si trasferì a Londra].

[72] Die Juden der Gegenwart, Berlino, 1904, pp.47.152.

[73] Les Juifs en France, en Italie et en Espagne, Parigi, 1861, p.433. [Jassuda Bedarride (18 04-188 2) è stato un giurista ebreo francese].

loro, gli ebrei sono tanto al di sopra di tutti gli altri popoli perché sono stati i primi tra tutti gli uomini ad aver riconosciuto Dio. Nel programma dell'Associazione giovanile dell'"Agudas Israel" è riportata la frase: "Gli ebrei sono i figli di Dio". Come punto del programma!

Uno studioso talmudico della Polonia (da cui provengono tutti i nostri ebrei) parla nel modo seguente:

> "I Vangeli non hanno alcun valore autorevole né come fonte storica né come letteratura etica"... "Il cristianesimo è caduto nello stabilire i suoi fondamenti morali all'opposto del giudaismo, nella fuga dal mondo, nella calunnia di ogni cultura, di ogni progresso", ed elogia il rabbino Ishmael, secondo il quale i Vangeli seminano invidia, odio e gelosia tra Israele e il suo Padre dei cieli".[74]

Come il dottor Lippe immagini il contrario della fuga dal mondo emerge a sufficienza dal Talmud, l'unico libro da lui riconosciuto. Lì, ad esempio, Isaia dice al re Chiskia:

> "Morirete perché non vi siete preoccupati della propagazione".[75]

Riguardo al valore della vita Rabbi Jehuda dice:

> "Tre cose allungano i giorni e gli anni dell'uomo: chi trascorre molto tempo in preghiera, a tavola e al gabinetto".[76]

Rabbi Elieser il Grande dice:

---

[74] Dr. K. Lippe, Rabbinisch-wissenschaflliche Vortrage, Drohobycz, 1897. [Karel Lippe (1830-1915) era un medico sionista in Romania].

[75] Tratto Berachoth, fol.10a,b.

[76] Ibidem, fol.54b e 55a.

"Uno che in sogno dorme con sua madre può sperare nella ragione. Chi dorme con una vergine promessa sposa può sperare nella Torah. Chi dorme in sogno con sua sorella può sperare nella saggezza. Chi in sogno dorme con la moglie di un uomo può essere sicuro che è un figlio del mondo futuro. Chi in sogno vede un'oca può sperare nella saggezza! Chi dorme con lei diventerà un dirigente scolastico. Chi in sogno si solleva, è un buon segno per lui. Ma questo è il caso solo se non si è pulito dopo, ecc."[77]

E il rabbino Ishmael, rispettato dal dottor Lippe, sostiene che i cristiani:

"Di loro Davide ha detto: "*Sal* 139,21: Non dovrei forse odiare quelli che ti odiano (il Dio di Israele) e detestare quelli che si ribellano a te? Pieno dell'odio più completo, odio quelli che ti odiano, sono nemici per me".[78]

Per concludere, si possono citare anche le parole di un antitalmudista che meritano di essere proclamate. Walther Rubens scrive:

"Il movimento di riforma iniziato da Mendelssohn,[79] l'identificazione pratica dell'ebraismo con l'umanità, questa corrente si è arginata, anzi di tanto in tanto è tornata indietro in un movimento retrogrado..., si nutrono gli stessi sentimenti di fanatismo che al tempo di Spinoza gli conficcarono un pugnale

---

[77] Fol.56b.

[78] Tratto Shabbath, fol.116a.

[79] [Moses Mendelssohn (1729-86) fu una figura importante dell'Illuminismo tedesco che cercò di aumentare l'accettazione degli ebrei nella società colta tedesca. Tuttavia, non rinunciò mai al senso di unicità della sua religione, come si evince dalla sua opera principale, Gerusalemme (1783). Si vedano anche le pp. 84 e 103].

traditore,[80] anche se attualmente gli ebrei sono sufficientemente politici per nascondere questo fanatismo e solo qua e là gli artigli del lupo spuntano dalla pelle della pecora. Lo Schulchan-Aruch,[81] quell'oscura opera di potere, piena di assurdità di ogni genere e di leggi fanatiche, è il codice infallibile di questo orientamento".[82]

Questi esempi possono bastare. Dovrebbero rivelare con che tipo di mentalità gli ebrei si sono trasferiti nei Paesi dell'Europa e dell'Asia, come erano disposti nei loro confronti in termini di relazioni morali, nazionali e religiose e come lo sono ancora oggi.

Alla principale intolleranza nei confronti dei non ebrei si affianca una non meno forte persecuzione dei membri della comunità divenuti infedeli alla legge. È noto che l'apostasia era punita con la lapidazione, lo strangolamento, il versamento di metalli fluidi nella gola, per inumidire l'anima, e quant'altro fosse praticato.

A questo proposito si dice, tra le altre cose:

> "Un criminale viene immerso nello sterco fino alle ginocchia; poi si mette un panno duro in uno morbido e lo si avvolge intorno al collo; un testimone tira un'estremità verso di sé e l'altro tira l'altra verso di sé, finché il criminale non apre la bocca. Nel frattempo si riscalda il piombo e lo si versa nella sua bocca in modo che scenda fino alle viscere e le bruci".[83]

---

[80] [Il racconto di un tentativo fallito di pugnalare Spinoza poco prima della sua scomunica formale è riportato nel dizionario biografico Dictionnaire historique et critique (1697) di Pierre Bayle].

[81] [Lo Schulchan Aruch è il codice giuridico più autorevole dell'ebraismo e fu scritto da Yosef Karo nel 1563 in Israele].

[82] [W. Rubens,] Das Talmudjudentum, Zurigo, 1893, p.3.

[83] Sanhedrin, fol.52a.

Attraverso le leggi dei popoli che ospitano gli ebrei questa brutalità è stata contrastata, il che tuttavia non ha impedito che i tentativi in questa direzione continuassero fino ai giorni nostri. Ma soprattutto nei tempi passati i rabbini non ebbero alcuna pietà né nel caso di singole persone né di sette apostate. Attraverso la scomunica e il boicottaggio economico i talmudisti erano in grado di sopprimere ogni altro movimento intellettuale. Istruttiva in questo contesto è la storia dei Karaiti (Karnes o Karaim).

Questi rifiutarono le discussioni erudite degli studiosi ebrei del Talmud e si attennero strettamente alla parola della legge dell'Antico Testamento. Sparsi per i Paesi, vivevano in aspro conflitto con le altre comunità ebraiche.

Vennero vituperati ovunque e furono composti scritti polemici contro di loro, tra i quali si distinse in particolare uno studioso di Toledo, Abraham Ben Dior,[84] che criticò aspramente i karaiti. Non contenti di ciò, fu interrotta ogni comunicazione sociale e umana con loro e li si trattenne dalle loro imprese in ogni momento.

Il risultato fu che i karaiti scomparvero gradualmente dall'Occidente, ad esempio dalla Spagna, dove erano stati più numerosi già molto prima dell'espulsione degli ebrei da questo Paese. Si spostarono sempre più a est ed esistevano solo come piccole colonie nel sud della Russia, soprattutto in Crimea, e in numero ridotto in Palestina. Un'inimicizia simile esisteva tra i Rabbaniti e i Sadducei. Ovunque il numero di una comunità fosse maggiore di quello dell'altra, si esercitava un costante terrorismo sulla minoranza. Di solito i Rabbaniti, essendo di gran lunga i più numerosi, erano i vincitori definitivi e facevano pressione sui Sadducei, ma, quando era possibile, questi ultimi non cedevano loro.

---

[84] [Abraham Ben Dior (morto nel 1199) era un rabbino di Toledo].

Così, una volta in maggioranza a Burgos, costrinsero i talmudisti a rinunciare a molte delle loro usanze; ad esempio, era severamente proibito accendere una lampada in festa il sabato, come era usanza talmudica. Questa proibizione naturalmente amareggiava molto i rabbini e un certo Rabbi Nehemiah, che non poteva più sostenere questa situazione, accese la lampada secondo l'antica usanza il sabato.

Ciò provocò un'agitazione selvaggia che sarebbe sfociata in uno scontro sanguinoso se non fossero intervenute le autorità spagnole a cui i talmudisti si erano rivolti. Il conflitto si decise a favore dei Rabbaniti, i Sadducei e anche i Karaiti furono soppressi, banditi dalla sinagoga, e il Talmud con i suoi seguaci trionfò.[85]

Come per intere sette, così accadeva, come detto, anche per singole persone. È nota la storia di Spinoza che, in seguito alle lamentele di Zofar della sinagoga di Amsterdam, fu scomunicato; ma particolarmente caratteristica è la storia di Uriel d'Acosta.[86]

Nato da genitori ebrei, che però si erano convertiti al cristianesimo, e cresciuto in quest'ultima fede, gli vennero tuttavia dei dubbi sulla verità di questa religione. Studiò avidamente l'Antico Testamento e, poiché questo lo attraeva più del Nuovo, decise di convertirsi all'ebraismo, lasciò la sua città natale, Porto in Portogallo, dove non poteva farlo apertamente, e si recò ad Amsterdam dove si fece circoncidere.

Tuttavia, scoprì presto che le dottrine dei rabbini erano diverse da quelle che Uriel aveva immaginato dopo lo studio del Pentateuco, sul quale non mancò di fare commenti. Questo infastidì i grandi

---

[85] Depping, Histoire des Juifs dans le Moyen âge, Parigi 1834, p. 104. [Georgl George-Bernhard Depping (1784-1853) era un tedesco emigrato in Francia e autore di articoli per riviste francesi e tedesche e di diversi studi storici].

[86] [Urie d'Acosta (1585-1640) era un filosofo ebreo portoghese.]

rabbini che gli diedero un ultimatum: o si assoggettava a tutti i loro punti di vista e statuti o si considerava bandito. Egli non cedette e fu scomunicato. Tutti gli ebrei, non esclusi i suoi stessi fratelli, ricevettero l'ordine di perseguitarlo con insulti, di riempirlo di pietre e sporcizia e di non lasciargli pace in casa. D'Acosta scrisse in sua difesa un libro in cui negava l'immortalità dell'anima, non trovando tale credenza in Mosè e facendo riferimento solo a un futuro corporeo e temporale.[87] I rabbini accusarono Urie! di essere un "epicureo" e un attaccante della religione cristiana. Fu quindi imprigionato, ma rilasciato dopo il pagamento di una multa e la confisca dei suoi libri.

Le persecuzioni da parte degli ebrei, tuttavia, non cessarono e, distrutto da un tormento durato quindici anni e dall'isolamento

---

[87] Va detto che la credenza degli ebrei nella resurrezione è di stampo completamente materialista. Non solo risorgeranno solo gli ebrei, come pensano tutti gli insegnanti, ma i morti strisceranno attraverso inferni sotterranei fino a Canaan per risorgervi. Salomon Jarchi scrive nel suo commento a Genesi 27,29 che Giacobbe desiderava essere sepolto in Canaan perché aveva previsto che la polvere in Egitto si sarebbe trasformata in pidocchi o perché chi muore fuori da Canaan non può essere rianimato se non attraverso un difficile rotolamento sottoterra. -E il Targum o la traduzione caldea di Cant 8,5 dice: "Quando i morti torneranno a vivere, il monte degli Ulivi si spaccherà e tutti i morti israeliti ne usciranno, anche i giusti che sono morti in prigione passeranno per il sentiero degli inferi sotto la terra e usciranno dal monte degli Ulivi". Questo è il significato delle parole di Dio: "Ecco, io aprirò le vostre tombe e vi tirerò fuori, popolo mio, e vi condurrò nella terra d'Israele (Ezechiele 37,12-13)". Questi pensieri folli sono espressi, ad esempio, nella Tractate Kethuboth, fol. 111 a: Rabbi Ilai: "I morti rotolano nella terra fino alla terra d'Israele e vivono di nuovo lì". Lì Rabbi Abba Sala il Grande gli chiese: "Ma il rotolare causerà dolore ai giusti?". Al che Abaii rispose: "Per loro saranno create delle cavità nella terra".

[Solomon ben Isaac Jarchi (1I 04-1180) fu un rabbino nato e morto in Francia, anche se viaggiò molto e conobbe Maimonide in Egitto. Tra i suoi numerosi commentari vi sono quelli sul Pentateuco, tradotti in tedesco da F. Breithaupt nel 1710].

[Il Targum è una traduzione in aramaico della Bibbia ebraica risalente al periodo del Secondo Tempio (516 a.C.-70 d.C.)].

dai suoi compagni di razza, decise di fare pace e cedette. Mentre l'accordo stava per essere concluso, suo nipote lo accusò di non aver seguito coscienziosamente tutte le norme alimentari. Ciò suscitò un nuovo aspro odio nella comunità, i suoi beni gli furono sequestrati, il suo matrimonio bloccato e, quando si sparse la voce che aveva dissuaso due cristiani che volevano convertirsi all'ebraismo, la furia degli ebrei non conobbe limiti.

Urie fu convocato nella sinagoga e gli furono chieste pubbliche scuse e una sottomissione incondizionata. Egli rifiutò, ma fu bandito e dovette subire le stesse persecuzioni di prima. Infine, ormai anziano, dichiarò di essere pronto a rinunciare alle sue opinioni e a sottomettersi ai rabbini. Acosta dovette confessare dal pulpito in abiti funebri, con una candela nera in mano, che a causa dei suoi peccati aveva meritato cento volte la morte, che si sottoponeva a qualsiasi punizione e prometteva che non sarebbe mai più diventato un apostata; poi dovette recarsi in un angolo della sinagoga e spogliarsi fino alla cintura, dopodiché fu legato a una colonna dove, tra il canto di salmi da parte di tutta la comunità, quindi in presenza di entrambi i sessi, gli furono somministrate 39 frustate sulla schiena.

Dopo di che il divieto fu revocato, ma Uriel fu costretto a sdraiarsi davanti all'uscita della sinagoga, dove tutti quelli che uscivano gli misero un piede addosso, e anche i suoi parenti non lo risparmiarono, anzi, lo calpestarono con grande rabbia. Umiliato e, allo stesso tempo, amareggiato da questi spaventosi maltrattamenti, il vecchio decise di vendicarsi. Sparò al fratello, che lo aveva trattato in modo crudele; il colpo andò a vuoto, Urie! sapendo che sarebbe stato scoperto, si rinchiuse e pose fine alla sua vita con un colpo di pistola.[88]

---

[88] Cfr. Boissi, Dissertazioni, Urie! d'Acosta; anche J. Millier, Prolegomeni e Schudt, Jiidische Merkwiirdigk eiten, I, p.286. [Louis Michel de Boissy (1725-1793) era uno storico francese la cui opera storica incompleta, Dissertations

Mentre in altri Paesi gli ebrei erano strettamente sorvegliati, ad Amsterdam godevano ancora di tutte le libertà ed è sorprendente vedere con quale odio tenace un uomo potesse essere perseguitato e perseguitato per decenni senza alcun intervento da parte delle autorità.

In effetti gli ebrei godevano ad Amsterdam di una tale libertà che Uriel d'Acosta poté dire a ragione nella sua autobiografia, composta poco prima di morire:

> "Se Gesù di Nazareth venisse ad Amsterdam e gli ebrei volessero crocifiggerlo, potrebbero farlo senza paura".

Alla fine del 17 secolo un predicatore errante ebreo, Nehemiah Haja Hajim, ottenne grande stima tra tutti gli ebrei e riuscì a farsi seguire da molte persone pie. Ma ben presto le sue intenzioni furono chiarite: dimostrare che anche l'ebraismo insegnava un dio trino. Quando la notizia si diffuse, ci fu una rivolta da tutte le parti contro questa "menzogna maligna".[89] Neemia fu aspramente perseguitato; preferì non soffrire come Acosta, ma fuggì in Oriente, dove gli fu lanciata la maledizione della scomunica della comunità ebraica, risultato dell'aspra guerra iniziata contro l'"eresia".

Quando Pinchas accoltellò un ebreo che fumava di sabato, fu pubblicamente lodato per questo e ricevette il sacerdozio ereditario. Abraham Geiger riporta il seguente caso del 1848:

> "Allora un uomo a Gerusalemme costrinse un proselito, che si era già lasciato circoncidere ma che, soffrendo per le

---

critiques pour servir d'eclaircissemens a l'histoire des Juifs, avant et depuis Jesus-Christ, fu pubblicata in due volumi nel 1785].

[89] Vogel stein-Rieger, Geschichte der Juden in Rom, [1895-1897] 11, p.277. [Sia Hermann Vogelstein (1870-1942) che Paul Rieger (1870-1939) erano rabbini liberali tedeschi contrari al movimento sionista].

conseguenze di questa operazione non poteva ancora fare il bagno del proselito, a lavorare di sabato e lo pressò così a lungo finché non si lamentò per iscritto".

Ciò suscitò il disappunto degli altri talmudisti presenti, che consideravano sconveniente una simile procedura e che non avevano mai sentito parlare di una cosa simile in casi analoghi. Solo che quell'uomo dimostrò di essere a tutti gli effetti un talmudista. Un convertito all'ebraismo che, anche se circonciso, non ha ancora fatto il bagno del proselito non è ancora ebreo e, secondo il Sinedrio 58b, un non ebreo che ha celebrato un giorno alla maniera del sabato (e ciò può avvenire in qualsiasi giorno della settimana) ha perso la vita".[90] Quando, nella prima metà del XIX secolo, il rabbino Drach si convertì al cattolicesimo, attirò su di sé la rabbia dell'intera comunità ebraica francese. I suoi figli gli furono tolti, lui stesso fu minacciato più volte di morte. Uno studioso filoebraico come Bernhard Stade scrive del comandamento di *Dt* 17,2-17 di lapidare gli apostati in relazione ai nostri tempi: "Non c'è dubbio alcuno, poiché fino ai nostri giorni il giudaismo ortodosso ha stabilito la pena di morte per l'apostasia - addirittura nel 1870 in Russia si tentò di eseguirla su un uomo convertito al cristianesimo, ancora vivo, di nome Elieser Baffin, che era stato riportato con la forza dall'estero dove si era convertito".[91] Chi conosce la Russia non troverà nulla di straordinario in questo, in Polonia e Galizia è peggio; che lo spirito sia lo stesso in Germania lo abbiamo visto prima.

Il già citato W. Rubens dice:

> "Secondo lo Schulchan Aruch. Art.223 del secondo volume, è fatto obbligo agli israeliti di uccidere con la forza o con l'astuzia

---

[90] Nachgelassene Schriften, 11, p.283. [Abraham Geiger (1810-1874) fu un rabbino tedesco che contribuì a fondare il movimento dell'ebraismo riformato].

[91] Geschichte des Volkes Israel, Vol.1, p.422.

un altro israelita che disobbedisce alle osservanze religiose (ad esempio, fuma di sabato)..."

"Certamente, se le leggi statali non avessero protetto l'insolente fumatore del sabato, in molti luoghi sarebbe stato esposto ai più grandi insulti, come ho potuto dimostrare con la mia esperienza personale.

L'ebreo ortodosso è ancora oggi tanto fanatico contro i compagni razziali intrattabili (l'ordine di Magonza) quanto lo zelota che infilava il coltello in Spinoza.[92] Oggi lo sciovinismo ebraico ha portato l'arte della falsificazione storica a tal punto da attribuire la procedura fanatica del collegio rabbinico di Amsterdam all'influenza dei cristiani e da sostenere con la massima impudenza che l'ebraismo ha sempre avuto come principio la libertà di apprendimento.[93]

L'ordine di Breslau ha un carattere più camaleontico. Sa adattarsi alle esigenze dei tempi, flirta persino con le scienze radicali, ma non rinuncia a certe regole cerimoniali, cercando di sostenerle con basi razionali, anche se queste sono così fragili e fragili che uno studente di scuola media può farle crollare".[94]

Anche in questo caso va sottolineato che la situazione non cambia se l'ebreo rinuncia al Talmud come libro religioso, perché l'immutabile carattere nazionale continua a rappresentare in altri campi una visione dogmatica altrettanto immutabile. Lo vediamo oggi nella vita pubblica, ad esempio, nella dottrina della visione del mondo socialista. Non voglio parlare delle misure e dei piani economici del marxismo, ma solo sottolineare l'intolleranza di fondo che sta alla base di tutto il suo sistema fino ad oggi.

Le idee comuniste si erano formate già molto prima di Marx, ma l'abile ebreo fu in grado di legarle insieme e di costringerle in una forma rigida. Ci sarà altro da dire sulla mente e sulla volontà

---

[92] [Vedi sopra pag. 31].

[93] Sezione artistica del Frankfz1rter Zeitung.

[94] Op. cit., p. 28,4.

ebraica come centro del carattere ebraico, qui si può sottolineare proprio questa qualità che rifiuta fermamente tutto il resto, esattamente come un Talmud.

Con la stessa infallibilità dottrinaria della grande sinagoga dopo Esdra, Marx e Lassalle hanno giurato sul loro manifesto. E questa rigidità del dogma che dà una risposta a tutte le domande ed esclude i dibattiti riesce come qualcosa di nuovo.

Ogni volta che la vitalità, l'elasticità e lo spirito di resistenza dell'uomo si indeboliscono, l'uomo si reca sempre in pellegrinaggio in un luogo dove il paradiso terrestre è promesso con infallibile certezza; e la mente ebraica, in questo caso atea, si erge rigida come sempre a capo della brutale lotta di classe che viene predicata.

Certo, quando si tratta della lotta vera e propria i capi ebrei scompaiono completamente sullo sfondo, inconsapevolmente fedeli al principio talmudico: "Se vai in guerra, non andare in testa ma vai per ultimo, in modo da poterti ritirare per primo, unendoti a colui che l'ora favorisce". Cinque cose raccomandò Canaan ai suoi figli: amatevi, amate la rapina, amate la dissolutezza, odiate i vostri padroni e non dite mai la verità".[95]

Le masse sbilanciate che devono avere una risposta a tutto ciò che li tranquillizza li seguono fino alla loro rovina.

Questo spirito che guida le truppe dell'anarchia in modo diplomatico e brutale allo stesso tempo, consapevole del suo obiettivo, è lo spirito religioso, economico, politico e nazionale di intolleranza fondamentale che si è sviluppato da un fondamento razziale; conosce solo l'universalismo della religione (cioè il dominio del dio ebraico), il comunismo (cioè gli Stati schiavisti), la rivoluzione mondiale (guerra civile in tutte le forme) e

---

[95] Tractate Pesachim, fol.l 3a e 113b.

l'internazionalismo di tutti gli ebrei (cioè il loro dominio mondiale).

Questo è lo spirito della rapacità sfrenata e senza scrupoli: l'Internazionale nera, rossa e dorata sono i sogni dei "filosofi" ebrei, da Esdra, Ezechiele e Neemia a Marx, Rothschild e Trotsky.

Prima di passare a un nuovo punto, vorrei porre in contrasto con la ristretta religione ebraica un altro pensiero. Non è la dottrina di Cristo, ma il pensiero della lontana India. Anche qui ci sono libri sacri riconosciuti come ispirati dalla divinità, anche qui il popolo ha deciso, nel corso del suo sviluppo, di adottare determinate immagini (sulle quali non possiamo approfondire in questa sede) sulla base del suo carattere nazionale.

Fin dall'inizio l'intera questione di Dio viene presentata all'indiano come cosmica ed egli trasferisce la sua anima, che si sente divina, in ogni creatura di questo mondo. Ma da questa base di libri sacri sono sorti ben sei grandi sistemi religiosi tutti ortodossi e, oltre ad essi, altri nove che, pur essendo considerati eterodossi, furono comunque perseguitati con strangolamenti, lapidazioni, ecc. Il pensiero indiano comprende ogni vita spirituale, da un ismo materiale, che non cede nulla al nostro, a un immaterialismo in cui quasi nessuna giustificazione è concessa al corpo come un involucro scomodo.

> Mangiare bene e indebitarsi,
> Vivere allegramente il breve tempo
> Quando la vita ti viene data
> Devi solo sopportare la morte,
> Non tornerai mai più!
> cantano alcuni, e gli altri rispondono:[96]

---

[96] Traduzione di Paul Deussen nella sua Allgemeine Geschichte der Philosophie. [Paul Deussen (1845-1919) fu uno studioso di sanscrito che si dedicò alla filosofia di Schopenhauer. La sua Allgemeine Geschichte der

Ma chi nella sua mente ha compreso se stesso come il Sé,
Come si può desiderare di ammalarsi di desiderio per il corpo?
A colui che nell'abissale contaminazione del corpo
è avvenuto il risveglio al Sé,
che conosce se stesso come onnipotente, come creatore del mondo,
Il suo è l'universo, poiché egli stesso è l'universo.

Quando il Buddismo iniziò la sua campagna contro il vecchio Brahmanesimo e quindi iniziò una battaglia, certamente si arrivò più volte a scontri fisici, ma questi erano talmente minori da poter essere completamente ignorati.

Si comprende allora la parola del re Ashoka, che fece scolpire tutto questo nella pietra per il popolo: "Si dovrebbe onorare la propria religione, ma non rimproverarne un'altra. Solo l'armonia rende santi. Che i confessori di ogni fede siano ricchi di saggezza e felici grazie alla virtù".[97]

Si può poi citare un altro detto di un'epoca successiva che evoca per noi l'intera atmosfera del pensiero indiano:

> "Un campo d'erba come accampamento, un blocco di pietra come sedile, i piedi degli alberi come dimora, l'acqua fredda delle cascate come bevanda, le radici come cibo, le gazzelle come compagne. Nel bosco, che da solo offre tutta questa ricchezza senza che la si chieda, c'è solo il difetto che lì, dove i bisognosi sono difficili da trovare, si vive senza la fatica di lavorare per gli altri".[98]

Philosophie fu pubblicata in due volumi dal 1894 al 1917 e il primo volume è dedicato alla filosofia indiana].

[97] Lassen, Indische Altertümer. [Christian Lassen (1800-1876) era un orientalista norvegese-tedesco che scrisse una storia dell'India antica in 4 volumi intitolata Indische Altertumskunde, pubblicata tra il 1847 e il 1861].

[98] Da L.v.Schroeder, Indiens Literatur und Kultur. [Leopold von Schroeder (1851-1920) è stato un indologo tedesco che ha lavorato in Austria. Tradusse

Quanto siamo lontani da ogni avidità di potere e di denaro, da ogni rapacità e intolleranza, da ogni meschinità e arroganza.

Anche i tanto bistrattati antichi Germani la pensavano in modo simile prima che lo spirito dei libri di Mosè ed Ezechiele fosse imposto loro. Questo, ad esempio, ci viene mostrato dagli antichi Goti di Spagna:

> "Non malignare una dottrina che non capisci", disse la gota Agila a un collega cattolico; noi, da parte nostra, pur non credendo a ciò che credi tu, non ti maligniamo comunque, poiché c'è un detto tra noi che dice che non è punibile chi, passando tra gli altari dei pagani e una chiesa di Dio, mostra rispetto a entrambi".[99]

Infine, esaminiamo una terza tribù indo-germanica, i Persiani. Alla tolleranza di questo popolo gli ebrei in generale devono la loro intera esistenza; grazie a loro poterono iniziare il loro ritorno in patria e furono inoltre riforniti di denaro. "L'ebraismo", dice lo storico Eduard Meyer, "fu creato in nome del re persiano e attraverso il potere dell'autorità del suo impero, e così gli effetti dell'impero achemenide arrivano potenti e immediati fino al nostro tempo".

---

la Bhagavad Gita in tedesco e si interessò anche al mito del Graal e alla sua rappresentazione nell'opera di Wagner].

[99] Helfferich, Der westgotische Arianismus, p.49. [Adolf Helfferich (1813-1894) era un professore di filosofia all'Università di Berlino, la cui opera Der westgotische Arianismusund die spanische Ketzer-geschichte fu pubblicata nel 1860]. [L'arianesimo è la dottrina proposta da Ario di Alessandria (III secolo d.C.), che innalzava Dio Padre al di sopra di Dio Figlio, poiché considerava quest'ultimo una divinità creata, a differenza del primo. La sua dottrina fu bollata come eretica dal Concilio di Nicea nel 325 d.C.. Tuttavia, fu propagata tra diverse tribù germaniche, tra cui i Visigoti (Goti occidentali), dal missionario ariano Ulfilas].

E sugli ebrei che se ne sono andati lo stesso studioso estremamente filogiudaico ha detto:

> "La separatezza religiosa, l'arrogante denigrazione per cui tutti gli altri popoli, rispetto al popolo scelto dal Dio dominatore del mondo, diventavano pagani destinati alla distruzione, era offensiva per tutti i popoli vicini.
>
> Il codice sacerdotale è la base del giudaismo che esiste immutato dall'introduzione della Legge da parte di Esdra e Neemia nel 445 a.C. fino ai giorni nostri, con tutti i crimini e le mostruosità, ma anche con l'energia spietata e orientata all'obiettivo che è stata insita in esso fin dall'inizio e che ha prodotto, insieme al giudaismo, il suo complemento, l'odio per gli ebrei.
>
> La circoncisione, l'osservanza del sabato, l'astinenza dalla carne di maiale e da simili stranezze alimentari, e il disprezzo di fondo per tutti i non ebrei, pienamente ricambiato da questi ultimi, sono le caratteristiche dell'ebraismo ai tempi di Antioco Epifane, Tacito e Giovenale, proprio come nel presente".[100]

Il ghetto

Attraverso i fatti discussi sopra si avrà un quadro più ravvicinato della costituzione intellettuale con cui gli ebrei si trasferirono in Europa; da essa si produssero di conseguenza tutti gli eventi di interazione reciproca tra gli ebrei e gli altri popoli. La marcata esclusività, sia nelle relazioni fisiche che in quelle intellettuali, nei confronti di tutti gli altri popoli portò quindi anche a un fenomeno il cui carattere è ancora oggi mal giudicato: il ghetto.

L'isolamento di un popolo straniero immigrato in mezzo alla popolazione locale è un fatto che appare ovunque e per spiegare il quale non è necessario cercare ragioni complicate. Tutti gli

---

[100] Die Entstehung des Judentums, Halle a.S., 1896, p.222. [Eduard Meyer (1855-1930) fu uno storico che pubblicò storie dell'antichità greco-romana e degli ebrei].

europei hanno fatto costruire il proprio quartiere nelle colonie. Tutti i posti di commercio dei portoghesi, degli spagnoli, dell'Hansa, ecc. si sono tenuti strettamente uniti. Allo stesso modo hanno fatto gli ebrei; e ciò che è valido nel caso di altri popoli dovrebbe essere improvvisamente, nel caso di questi, il risultato di una repressione unilaterale? Al contrario, proprio tra loro l'esclusività doveva essere attuata in modo più logico sulla base del loro carattere razziale intollerante.

Che fosse davvero così abbiamo sufficienti testimonianze dalla storia della migrazione ebraica; quando i Giudei, ad esempio, come già detto, si trasferirono in gran numero ad Alessandria, non si insediarono come una comunità chiusa, ma chiesero a gran voce di possedere una parte della città per sé. Flavio Giuseppe spiega questa richiesta con il fatto che in questo modo gli ebrei "potevano condurre una vita pura e non mescolarsi con gli stranieri". Infine, i Giudei erano così numerosi da abitare due quartieri su cinque.

Le relazioni a Roma si formarono esattamente nello stesso modo. Quando gli Ebrei si stabilirono in questa città, seguirono, come ovunque, la loro tendenza al commercio e piantarono le loro abitazioni di conseguenza dove si offrivano le migliori opportunità. A Roma, cioè, la riva destra del Tevere, dove i marinai fenici e greci si posizionavano e vendevano le loro merci. Anche gli ebrei appena arrivati si stabilirono qui, come attratti da una calamita, e presto il quartiere ebraico si espanse notevolmente. Quando la riva destra fu piuttosto occupata, i nuovi immigrati, per non essere svantaggiati, si spostarono sulla riva sinistra del Tevere e presto vi sorse un secondo insediamento. Il quartiere ebraico di Roma era già pronto prima ancora che venisse introdotta una regolamentazione coercitiva di massa. Le numerose inondazioni, a cui proprio questa parte della città era più esposta, le epidemie che ne derivarono, tutto ciò non riuscì, nel corso dei secoli, a costringere gli ebrei a lasciare i migliori luoghi di commercio della città. Le poche eccezioni non sono affatto degne di considerazione. Quando in seguito si fu costretti a costruire un muro intorno al quartiere ebraico di Roma, si suggellò una condizione che si era già formata da tempo, come del resto ammettono gli storici ebrei.

Così Vogelstein-Rieger, ad esempio, affermano:

> "Già dal 14 secolo il quartiere ebraico assunse le dimensioni del successivo ghetto".[101]

In tempi successivi il muro che fu costruito servì spesso come protezione degli ebrei contro le rivolte popolari, cosa che fu riconosciuta anche dagli ebrei.[102] Lo storico Heman riassume la necessità del ghetto, nata dalle circostanze dell'epoca, nel modo seguente:

"Come risultato dell'esclusione di tutto ciò che non è ebraico, la mente ebraica si è abituata, in tutte le relazioni, a concedersi solo fino al punto di favorire il proprio beneficio.

Ma le conseguenze non mancarono di concretizzarsi: il popolo sentì ben presto che gli ebrei non avevano alcun interesse reale per loro e per le loro istituzioni. Ebbero l'impressione che gli ebrei volessero solo sfruttarli. L'antipatia dei popoli nei confronti degli ebrei ha la sua base nell'atteggiamento che l'ebreo stesso ha avuto nei confronti di tutti i non ebrei".

"Il fatto che gli ebrei siano stati costretti, in tempi successivi, a rimanere nei loro ghetti è avvenuto tanto per proteggersi dall'odio della popolazione quanto per proteggere gli altri abitanti dalla loro avidità. Vediamo anche qui, ancora una volta, che ciò che gli ebrei decantano come la vergognosa oppressione dei cristiani è la mera conseguenza del loro particolarismo autoscelto".[103]

---

[101] Geschichte der Juden in Rom, Vol. l, p.301.

[102] Vogel stein-Rieger, op. cit., vol. 11, p. 237.

[103] Die historische Weltstellung der Juden, Leipzig, 1882, pp.13,18. [Carl Friedrich Heman era un missionario protestante che scrisse diversi libri sugli ebrei e sulla questione ebraica].

Come si vede, il desiderio di attribuire la responsabilità della creazione dei ghetti a sacerdoti malvagi è un'impresa molto unilaterale anche se, comprensibilmente, particolarmente favorita dagli ebrei.[104]

Le nazionalità che si sviluppavano in quel periodo richiedevano per il loro consolidamento una vita poco disturbata dagli stranieri. Il ghetto e le varie limitazioni di proprietà e le leggi sull'immigrazione erano allora una necessità, e lo diventano soprattutto in tutti i periodi in cui la coscienza nazionale non è molto marcata e gli ebrei vivono in gran numero.

Dobbiamo fare attenzione a non guardare con un sorriso di superiorità al Medioevo, tanto bistrattato, e a vantarci di essere arrivati così lontano. Gli uomini di allora si basavano su un'amara esperienza e non si lasciavano guidare da slogan palesemente stupidi e da un'effervescente mancanza di critica, come il nostro attuale pubblico "civilizzato" in Europa si permette di fare senza opporre resistenza. Solo le leggi sull'immigrazione possono salvare anche noi dall'attuale dominio ebraico, oppure dobbiamo decidere di diventare più efficienti e spregiudicati degli ebrei. (Lo Stato nazionalsocialista, ovviamente, lo ha fatto per la prima volta).

Dopo l'emancipazione degli ebrei, era comprensibile che una parte si trasferisse nel quartiere cristiano per opposizione, ma tuttavia le strade ebraiche erano ancora mantenute come nei tempi antichi. Non bisogna poi dimenticare che le metropoli sono una creazione di un'epoca recente, quando non era possibile per gli

---

[104] Basnage dice: "È la caratteristica tipica degli ebrei quella di essere separati dagli altri popoli", Histoire desJuifs, VoI.VI, Chs.3,14. [Jacques Basnage (1653-1723) era un teologo e storico protestante francese, emigrato nei Paesi Bassi nel 1685. La sua Histoire des Juifs depuis Jesus-Christ jusqu'à present fu pubblicata per la prima volta dal 1706 al 1711 e una seconda edizione ampliata apparve dal 1716 al 1726].

ebrei, anche con i migliori sforzi, vivere insieme e che, inoltre, il loro afflusso è stato piuttosto graduale.

Ma, nonostante tutto, la tendenza a vivere insieme è ancora presente. Si vedano, ad esempio, le relazioni nel "Paese più libero del mondo". Negli Stati Uniti vivono oltre tre milioni di ebrei. Di questi, più di due milioni vivono solo a New York e formano in questa città un vero e proprio ghetto.[105] Tutti i tentativi di liberare New York e di far vivere gli ebrei in campagna sono falliti. Sono tornati tutti a condurre una vita da rigattieri nella cosmopoli, il lavoro manuale sulla terra non li soddisfa.

"Gli sforzi filantropici per distribuire gli ebrei", dice Adolf Bohm,[106] "nel paese hanno avuto scarso successo... Gli immigrati arrivano dove già molti dei loro fratelli si sono stabiliti". L'antico istinto di essere intermediari (intermediari internazionali), ma di formare così un nucleo chiuso, riappare anche oggi quando si osservano i movimenti di massa; gli ebrei sono infatti gli immutabili, gli "uomini più cristallizzati", di cui parlava Goethe *(Faust* II).

Bruciare il Talmud

Proprio come nel caso del fenomeno del ghetto, un giudizio fortemente unilaterale si nasconde anche sotto quello della persecuzione dei libri ebraici. Vi si vede ancora un atto di massima barbarie e il fanatismo di fondo dei preti cattolici.

---

[105] Davis Trietsch, Paliistina und die Juden, 1916. [Davis Trietsch (1870-1935) fu un fervente economista politico sionista che, dopo lunghi viaggi in Europa, visse a New York dal 1893 al 1899, dove studiò i modelli e i problemi dell'emigrazione ebraica].

[106] Der jüdishe Nationalfonds, L'Aia,[1910], p.,17[Adolf Böhm (1873-1941) fu presidente del Fondo nazionale ebraico in Austria durante la seconda guerra mondiale].

Ciò che è giustificabile in questa denuncia sarà discusso in seguito; ma si deve accertare qui che la censura e il rogo del Talmud non erano affatto il risultato di una superstizione limitata, ma avevano le loro ragioni giustificate.

Immaginiamo la situazione: in uno Stato cristiano vive un popolo straniero che nei suoi libri critica aspramente il fondatore della religione di Stato, che nella sinagoga, per tutta la settimana, maledice il suo dio contro i cristiani e che anche in altri modi non fa mistero del suo odio.

Anche una Chiesa meno consapevole di quella romana avrebbe dovuto adottare misure di massa per porre fine a questa situazione; che sia stato così, però, oggi non si può più dubitare. Ascoltiamo innanzitutto una voce del cristianesimo più antico; Giustino scrive:[107]

> "Gli ebrei ci considerano nemici e ci tormentano ovunque possano. Infatti Bar Kokhba,[108] l'iniziatore della rivolta ebraica nella guerra giudaica che si è appena conclusa non molto tempo fa, ha permesso ai soli cristiani di blasfemare Cristo".
>
> "I sommi sacerdoti del vostro popolo hanno fatto sì che il nome di Gesù fosse profanato e vilipeso in tutto il mondo".[109] "Voi maledite nelle vostre sinagoghe coloro che credono in Cristo".[110] "Per quanto è in vostro potere, ogni cristiano viene scacciato non solo dalla sua proprietà, ma in generale dal mondo; non

---

[107] Prima Apologia, 31. [Giustino Martire (100-165 d.C.) fu un apologeta cristiano. La sua prima apologia, o elogio filosofico del cristianesimo, del 150 d.C. circa, fu indirizzata all'imperatore romano Antonino Pio].

[108] [Simon bar Kokhba (morto nel 135) fu il leader di una rivolta senza successo contro i governanti romani della Giudea].

[109] Cap. 16.

[110] Cap. 110.

permettete a nessun Cristo di vivere".[111] "Invece di provare rammarico per questo, per aver ucciso Cristo, odiate noi che crediamo attraverso di lui in Dio e nel Padre di tutte le cose e ci uccidete tutte le volte che ne avete la possibilità, e maledite costantemente Cristo e i suoi seguaci, mentre tutti noi preghiamo per voi come per tutti gli uomini in generale".[112]

A quel tempo gli ebrei riuscivano a tormentare liberamente i cristiani ed erano i più desiderosi di spingere i pagani a perseguitare i cristiani. Ma quando la Chiesa cattolica cambiò le carte in tavola, fece la parte dell'innocente perseguitato.

Questa relazione ostile a Cristo gli ebrei la mantennero con la massima coscienziosità e la formula della persecuzione fu pronunciata regolarmente dal loro pulpito in tutti i Paesi per secoli.

Quando, nel 16 secolo, l'"Imperatore di Persia", come narra una grande cronaca, chiese ai rabbini che vivevano lì il loro atteggiamento nei confronti di Cristo, questi risposero che i cristiani "erano davvero persone idolatre che adoravano, non Dio, ma un criminale crocifisso e un impostore".[113]

Questa era la convinzione degli ebrei dall'Asia all'Europa occidentale. Quando infine la Chiesa cattolica si oppose con forza alle formule di persecuzione, sottopose il Talmud a una severa censura e cancellò tutti i passaggi rivolti a Cristo, da parte degli ebrei si levò un grido di allarme per la violazione della libertà intellettuale. Non è il caso di denigrare la Chiesa, ma ogni persona imparziale deve ammettere che anche in questo caso si trattava di

---

[111] Cap. 133.

[112] Schudt, Jüdische Merkwürdigkeiten, Vol. I, p. 28.

[113] Tratto Sabbath, 116a.

un principio completamente ebraico in base al quale essa procedeva e che Rabbi Tarphon precisava in questo modo:

> "Per la vita dei miei figli, se gli scritti dei cristiani dovessero finire nelle mie mani, li brucerei tutti, compresi i nomi di Dio che contengono".[114]

Ora, cosa dice il Talmud su Cristo, cosa contenevano questi passaggi così ripugnanti per la Chiesa cattolica?

Così come la sua arguzia, i suoi giri di parole e i suoi giochi di parole hanno aiutato l'ebreo di oggi a raggiungere una fama sfortunata, l'ebreo del passato ha già utilizzato questo dono speciale in modo simile. E Cristo deve i suoi nomi più umilianti in parte a questo gioco di parole velenoso e sprezzante.

Riferendosi a Num 24,17: "Da Giacobbe è sorta una stella", i cristiani hanno spesso chiamato Gesù "il figlio delle stelle", Ben Stara; che gli ebrei hanno trasformato in Ben Stada (figlio di una prostituta, secondo P. Cassel).[115]

Il Talmud pensa a Maria solo come a un'amante e, poiché non tiene conto rigorosamente della cronologia (lascia che il più acerrimo nemico di Cristo, Rabbi Akiba, sia suo contemporaneo), identifica con Maria la moglie di un certo Paphos che viveva al tempo di Rabbi Akiba e che, a causa della sua vita indecente, era considerata una puttana assoluta. Il figlio di questa adultera abituale e di un soldato romano, quindi della creatura più depravata che l'ebreo potesse immaginare, è il "bastardo" Gesù Cristo.

---

[114] Tratto Sabbath 116a.

[115] Esistono molti giochi di parole di questo tipo: Il calice [tedesco: Kelch] era chiamato Kelf (cane), Pesach (Pasqua) Kesach (dissezione).

Di tanto in tanto compare un altro nome di Gesù: Ben Pandera, letteralmente "figlio della pantera". Questa denominazione si spiega nel modo seguente: nel contatto con la vita greca, l'ebreo (vedi, tra gli altri, Paolo) tra i greci successivi fu colpito dalla loro lascivia e nulla lo respinse più delle orge della setta dionisiaca del mondo antico in declino. Ora, per Bacco la pantera era un animale particolarmente sacro; gli adoratori di Bacco dormivano su pelli di pantera, la pantera era raffigurata sulle monete greche, ecc. Quindi questo animale era per l'ebreo l'animale "osceno", il simbolo della lascivia in generale. Da questo punto di vista nacque il seguente gioco di parole: i cristiani chiamarono Gesù Figlio della Vergine (dal greco Parthenos, Ben Parthena), da cui gli ebrei formarono lo spregevole Ben Panthera (figlio dell'animale osceno). Laible[116] sottolinea il fatto che l'odio non era rivolto tanto a Maria quanto direttamente alla persona di Gesù, e quindi il Ben (figlio) era esposto a ogni insulto.

Inoltre, Cristo è chiamato lo Stolto, il seduttore delle genti (Bileam) e, come tale, è, secondo la visione ebraica, il più grande che sia mai sorto in mezzo a Israele, il mago che raccolse droghe segrete dall'Egitto e "tentò e sedusse Israele".[117]

In occasione della sua morte, il Talmud chiama Gesù semplicemente "l'Impiccato" e ritiene che la forca e la gogna siano la punizione che merita. In 2. Thargum su Ester 7,9, Dio chiede a tutti gli alberi se si può impiccare Haman su di loro; tutti rifiutano questa richiesta, finché il cedro non propone di impiccarlo sulla sua stessa forca progettata per Mordechai. Quest'ultimo Dio chiama "l'ascesa all'aula di Ben Pandera"[118]

---

[116] Jesus Christus im Talmud, Berlino, 1891. [Heinrich Laible era un teologo di Rothenburg].

[117] Sanhedrin 43a.

[118] [Cfr. Luca 2,46, dove Cristo discute con i rabbini nel tempio].

Questa presa in giro della persona e della dottrina di Gesù messa in bocca a Dio non richiede commenti.

Fino a che punto può spingersi l'odio per Cristo che, secondo Laible, "rasenta la follia", lo si vede in una narrazione in cui un seguace di Cristo, Giacobbe di Kephar Sekhania, a cui il rabbino Elieser trasmise una risposta che Cristo avrebbe dato alla domanda, trattata come molto importante dagli ebrei, se si potesse costruire la porta d'ingresso del sommo sacerdote con le tariffe delle prostitute o se anche questo fosse un luogo sacro. Si trattava del fatto che "ciò che viene dalla sporcizia deve di nuovo trasformarsi in sporcizia" (Micha 1:17) e piacque molto al rabbino. Questo accordo con una parola di Cristo, anche se solo presunta, suscitò il massimo furore dei Giudei ed Elieser sfuggì a fatica alla lapidazione; poi si rimproverò amaramente di aver ascoltato in generale una parola di Cristo.

Quando lo stesso Jacob Sekhania fu chiamato da Rabbi Ishmael per la guarigione di un nipote morso da un serpente, il rabbino non lo fece entrare. E quando il ragazzo morì, il rabbino disse: "Che tu sia benedetto, perché hai mantenuto il tuo corpo pulito e non hai violato le parole dei tuoi compagni".[119]

In un altro passo, Gesù è stato allievo di Rabbi Joshua ben Perachia e, poiché a un certo punto pensava che il rabbino volesse ripudiarlo, "Gesù andò a erigere un mattone e lo adorò".[120]

Nel trattato Sota, fol.49a,b, si legge: "Questi sono da osservare come segni del Messia: l'impudicizia aumenta, l'ambizione cresce, la vite dà frutti, ma il vino è più caro, il governo si converte all'eresia, non c'è rimprovero, la casa di riunione è usata per fare baldoria, la saggezza degli studiosi comincia ad affondare, coloro che evitano i peccati sono disprezzati e la verità è assente; il figlio

---

[119] Aboda Zara, 27b.

[120] Sanhedrin, fol.107b.

denigra il padre, la figlia si ribella alla madre, i nemici di un uomo sono i suoi compagni di casa, l'atmosfera dell'epoca è canicolare...".

Rabbi Jehuda parla in modo simile dell'era cristiana e conclude allo stesso modo: "... e l'aspetto dell'epoca sarà come quello di un cane".[121]

E alla fine del 19 secolo un rabbino ci insegna che le parole: "Con l'aumento dei dissoluti i giudizi si invertono e le condotte si corrompono... Mentre aumentano i leccapiedi, aumentano anche i superbi..." (Sota fol.47b) si riferiscono ai cristiani, poiché questi ultimi hanno imparato la guarigione delle ferite attraverso lo sputo dal loro maestro Gesù Cristo. Questo odio verso gli ebrei ha qualcosa di inquietante, perché forse mai sono stati dati e mantenuti nei millenni tanti appellativi ingiuriosi a un uomo che anche i popoli più estranei non rifiutano di rispettare, come bastardo, figlio di una puttana, figlio di un animale osceno, l'Impiccato, figlio di un'adultera e di una donna mestruata (Rabbi Akiba) e, per coronare il tutto, il "cane morto sepolto in un letamaio".[122]

Anche all'inferno i rabbini pensano a una punizione per Cristo come solo un odio spaventoso può inventare: Gesù viene "punito con escrementi bollenti" *(Gittin 57a)*.

Tuttavia, oltre al Talmud, gli ebrei possiedono un'altra opera sviluppata da esso e dedicata a Cristo, che è stata distribuita in tutta l'ebraismo in migliaia di manoscritti: il Toledot Yeshu (Vita di Cristo) "che non era stampato ma scritto in ebraico cifrato e che gli ebrei leggevano segretamente a casa la vigilia di Natale", come si legge in un vecchio libro.

---

[121] Sanhedrin, fol.96b e 97a.

[122] Zohar. Przemysl, 188 0, lll,282a

Questi diversi Toledot Yeshu narrano ora, in un gran numero di versioni, la vita di Cristo. Qui di seguito si riportano alcuni punti salienti che si ripetono.

Miriam (Maria) era la fidanzata di un uomo della famiglia reale chiamato Jokanan. Era un grande studioso e temeva molto Dio. Giuseppe, figlio di Panthera, viveva vicino a Maria e la guardava con attenzione. Un sabato sera aveva bevuto molto e, passando davanti alla porta di casa sua, entrò da lei. Lei disse che aveva le mestruazioni e gli chiese di andarsene. Ma lui non se ne andò, andò a letto con lei e lei rimase incinta. Quando si sparse la voce, il promesso sposo Jokanan ne fu molto addolorato e si recò a Babilonia. Ma Maria diede alla luce un figlio a cui fu dato il nome di Jeshu.

Gesù studiava il Talmud, era istruito nella Torah ed era un uomo arrogante. Il cattivo andò dai rabbini a testa alta e a capo scoperto e non salutò nessuno. Allora un rabbino disse: "È un bastardo" e un altro aggiunse: "E figlio di una donna mestruata".

Quando lo seppe, Gesù inorridì per l'insulto alla sua nascita, andò da sua madre e le chiese di dirgli la verità: "Dimmi la verità, affinché non mi comporti male con te, perché non posso prestare attenzione a una donna prostituta". Ora, poiché Maria non voleva che si ammettesse la sua vergogna, Gesù la costrinse a farlo. Secondo una lettura, chiudendola in una cassa e non facendola uscire finché non avesse confessato, secondo un'altra incastrandole i seni tra gli angoli della porta.

Poiché Gesù, in quanto seduttore e mago, era in possesso di un incantesimo, compì una serie di azioni miracolose, molti rinnegati di Israele lo seguirono e nacque una divisione tra il popolo. Quando si vantò di poter salire al cielo, fu costretto a fare una scommessa con Giuda Iscariota. Gesù pronunciò l'incantesimo (o le lettere) e volò in aria. Allora anche Giuda lo pronunciò e si alzò in volo come un'aquila. Nessuno dei due riuscì a superare l'altro, finché Giuda non urinò su Gesù, sporcandolo e facendolo cadere. Gesù fu giustiziato come impostore e criminale politico, ma tutto il legno del crocifisso si ruppe sotto il suo peso. Ma quando gli stolti videro che nessun albero poteva sopportarlo, dissero che ciò era avvenuto a causa della sua pietà. Ma era solo l'incantesimo che aveva il potere sul legno. Allora portarono un gambo di cavolo e lo crocifissero. Dopo la sua morte, Gesù fu sepolto da Giuda nel giardino. I suoi seguaci dissero poi che era andato in cielo.

Così corre il nucleo narrativo delle Toledot Yeshu, che era diffuso in diverse varianti in tutto il mondo ebraico. In Germania fu scritto e narrato in tedesco, solo successivamente tradotto in ebraico, e fu quindi un libro nazionale. Un manoscritto ebraico riporta quanto segue:

> "Questo volume è una tradizione trasmessa da un uomo all'altro, che può essere solo copiata ma non stampata. Non si legge pubblicamente, né davanti a bambine e sciocchi, tanto meno davanti a cristiani che capiscono il tedesco... L'ho copiato da tre volumi, che non provengono da un solo Paese, ma che sono in accordo tra loro, solo che l'ho scritto nella lingua degli intelligenti (l'ebraico), perché Egli ci ha scelti tra tutte le nazioni e ci ha dato la lingua degli intelligenti. Aggiungerò qualcosa, perché il discorso si può prolungare un po' con lo scherno..."[123]

Come in Germania, il Toledot Yeshu fu ampiamente diffuso anche in Polonia e nei Paesi latini. Già il vescovo Agoberto di Lione (IX secolo) lo conosceva. Ma anche i karaiti, come i rabbaniti, pur essendo i loro più acerrimi nemici, favorirono l'amato racconto popolare. Per quanto riguarda l'odio della personalità di Cristo, tutti gli ebrei erano uniti, dalle origini ai giorni nostri. Infatti, la risposta scontata degli attuali giudaizzanti (i mecenati degli ebrei di un tempo si chiamavano così), secondo cui tutto ciò avveniva in passato ma oggi è stato senza dubbio superato, è falsa. Chi ha

---

[123] Samuel Krauß, Das Leben Jesu nach jüdischen Quellen, [1902], p.11. [Samuel Krauß (1866-1948) è stato un teologo ebreo che ha studiato attentamente le origini delle Toledot Yeshu].

osservato attentamente i giornali e i libri ebraici potrà rintracciare chiaramente questo odio per Cristo, questo tratto più nazionalistico dell'ebraismo,[124] fino ai tempi più recenti; perché la battaglia contro la sua personalità, condotta sotto diverse spoglie, è il motto di tutti gli uomini di pensiero ebrei ortodossi o "liberi". Ma a chi non conosce la cruda verità va detto che gli ebrei chiamano "perle e gemme" i suddetti passi del Talmud che predicano l'odio più sfrenato verso Cristo; che l'appellativo di "cane morto" deriva dallo Zohar appena pubblicato nel 1880, che, alla fine del 19 (!) secolo, i passi censurati furono tutti raccolti e stampati (soprattutto in Germania) e distribuiti tra gli ebrei. Ma, affinché i buoni cristiani e gli europei non fossero inutilmente provocati, queste raccolte furono, quasi senza eccezione, stampate senza indicazione di luogo e non si trovavano nelle librerie.

E le Toledot sono diffuse oggi come in passato. Secondo le testimonianze dell'ebreo S. Krauss, i manoscritti delle Toledot si trovano "anche oggi nelle mani di semplici ebrei"[125] e gli ebrei istruiti "scrivono anche oggi in Russia, ecc. (quindi anche in altri Paesi) la loro forma delle Toledot".[126] Il dubbio che le Toledot non corrispondano al punto di vista degli ebrei viene fugato una volta per tutte da Krauss. "I miei correligionari", dice, "protesteranno contro il fatto di dover valutare le Toledot come un'autentica rappresentazione delle opinioni ebraiche; salvo poi protestare anche contro il Talmud".[127] L'odio degli ebrei contro Cristo, che sia stato o meno represso, è un'eredità comune a tutto il popolo ebraico. È ora che la conoscenza di ciò entri finalmente nei circoli più ampi, perché qui si nasconde la chiave per comprendere l'efficacia degli ebrei. Gli europei devono vedere che ci sono cose

---

[124] Laible, op. cit., p. 86.

[125] Op. cit., p. 22.

[126] Op. cit., p. 155.

[127] Op. cit., p. 238.

che dormono nascoste sotto una sottile patina di cultura cristiana. Se questa cade, oggi ci troviamo di fronte allo stesso spirito e allo stesso carattere che, quasi duemila anni fa, colpì il fondatore del cristianesimo sulla croce.

Sulle omissioni degli ebrei i cristiani erano ben informati già da tempo, ma dovette passare ancora molto tempo prima che venisse intrapresa seriamente una censura degli scritti ebraici. Solo all'inizio del XIII secolo iniziarono la confisca e il rogo del Talmud, sulla base di controversie interne all'ebraismo stesso. Gli scritti di Maimonide, ad esempio, avevano messo in grande agitazione il pensiero ebraico. A dire il vero, il "più grande uomo dopo Mosè", come veniva chiamato, era completamente d'accordo con il talmudista più severo sul punto che solo gli ebrei sono uomini e sarebbero risorti: il beneficio della pioggia è per i buoni come per i cattivi, ma la resurrezione è solo per gli ebrei giusti.

Egli è anche d'accordo con il fatto che si possano imbrogliare i non credenti, e condivide persino l'opinione più severa che si debba effettivamente farlo, e segue Levi ben Gerson, che sostiene: "Questo comandamento di praticare l'usura con gli stranieri è uno dei 248 comandamenti che Dio vuole sostenere e in effetti in modo tale che non dobbiamo solo prestare denaro allo straniero, ma dobbiamo anche arrecargli danno, per quanto possibile, e non è una scelta per noi se vogliamo praticare l'usura o meno, ma è un comandamento di Dio, perché gli stranieri servono un dio straniero". Maimonide è anche del parere che gli epicurei e gli altri non credenti debbano essere distrutti per ricondurli all'unica vera fede. Vediamo quindi che essenzialmente egli era completamente fedele al Talmud.

Ma cerca comunque di aprirsi un varco in questo spaventoso labirinto di spiccioli e di ricondurre l'intera tradizione ad alcuni punti fermi. Questo sforzo suscitò, come detto, grande indignazione. L'ebraismo era diviso in due parti che si insultavano reciprocamente e si scacciavano a vicenda. Per strappare il potere a se stessi, i Rabbinati si rivolsero con una richiesta di aiuto alla Chiesa cattolica romana. Questo aiuto fu effettivamente concesso, ma costò loro gran parte dei loro seguaci. L'appello al Tribunale dell'Inquisizione per l'arbitrato delle controversie interne alla comunità ebraica ebbe come prima conseguenza il rogo degli scritti di Maimonide da parte dei domenicani di Montpellier e Parigi, sempre zelanti in materia.

Dopo questo primo attacco se ne verificò presto un secondo, e anche in questo caso l'impulso venne dalla parte degli ebrei. Un ebreo francese convertito al cristianesimo, Nicolaus Donin, intervenne pubblicamente al Concilio Lateranense contro le dottrine del Talmud che denigravano il cristianesimo. Gregorio IX emanò, come primo papa, una bolla (1239) in cui ordinava la confisca di tutte le copie del Talmud. Gli ebrei mossero cielo e terra per ostacolare questa norma, ma non ci riuscirono. Papa Innocenzo IV la confermò e ordinò di bruciare il Talmud nella bolla "Impia Judaeorum Perfidia". Questa bolla fu effettivamente eseguita molte volte in Spagna, Portogallo, Roma e altri Paesi. A Parigi, pare che 24 carri carichi siano stati gettati nel fuoco.

In seguito, i processi contro il Talmud furono nuovamente avviati su istigazione di molti ebrei convertiti. Soprattutto Salomo Romano, discendente di un famoso grammatico ebreo, svolse alla corte di papa Giulio III il ruolo di querelante e indicò i passi del Talmud che bestemmiavano Cristo e il cristianesimo. Nell'agosto del 1553 fu emanato un severo ordine papale di confisca di tutti i libri ebraici. Questi, il maggior numero possibile, furono bruciati nel settembre 1553 a Roma, altri a Ferrara, Mantova ecc.

Ma in seguito il papa rilasciò il permesso di lasciare agli ebrei i loro libri, solo il Talmud doveva essere perseguito con fermezza come prima.

Che in questo caso Roma avesse ragione in linea di principio e che solo in pratica qualche volta avesse oltrepassato il limite, è dimostrato dai tempi successivi. Con l'avvento della stampa, l'ordine del rogo passò in secondo piano e al suo posto ci fu la censura, con la quale gli ebrei furono costretti a cancellare tutti i passaggi che si riferivano a Cristo. A malincuore i rabbini omisero le loro "perle e gemme", ma si aiutarono nel modo seguente: al posto delle osservazioni che denigravano Cristo fu fatto un segno a forma di croce, a proposito del quale fu emesso il seguente ordine rabbinico (1631):

> "Poiché abbiamo sperimentato che molti cristiani hanno fatto grandi sforzi per imparare la lingua in cui sono scritti i nostri libri, vi ordiniamo, sotto la minaccia di un grande divieto, di non pubblicare in nessuna edizione della Mishnah o della Gemara nulla su Gesù di Nazareth... Ordiniamo che, quando pubblicherete una nuova edizione di questi libri, i passaggi relativi a Gesù di Nazareth siano rimossi e la lacuna sia riempita con una croce. I rabbini e gli insegnanti sapranno come istruire oralmente i giovani. Allora i cristiani non avranno più nulla da produrre su questo argomento contro di noi e potremo aspettarci la liberazione dalle difficoltà".[128]

Questo scritto è interessante non solo perché i rabbini erano pienamente consapevoli che una parte delle persecuzioni ebraiche aveva la sua causa nella denigrazione di Cristo, ma anche perché dimostra che gli ebrei non avevano nemmeno per un momento l'intenzione di rinunciare a questa denigrazione di Cristo.

La preghiera nella sinagoga, che doveva concludersi con una richiesta di benessere per i governanti del Paese, aveva la seguente formula:

> "Che Giuda nei suoi e nei nostri giorni sia liberato e che Israele viva in sicurezza e che il salvatore venga da Sion". A questo Isaak Abrabanel dà la spiegazione: "L'intera liberazione annunciata agli israeliti avverrà con la caduta di Edom (la cristianità)".

---

[128] Strack, Einleitung in den Talmud, Lipsia, 1894, p.74. [Hermann Strack (1848-1922) fu un teologo protestante e orientalista che cercò di combattere l'antisemitismo e fondò un Institutum a Berlino nel 1833 per incoraggiare gli ebrei a convertirsi al cristianesimo].

Oggi si è davvero arrivati a tanto. Queste brevi osservazioni stabiliranno in questo caso la giustezza dell'azione della Chiesa cattolica romana. Ma, poiché non posso evitare di parlare brevemente del principio cattolico romano in generale, vorrei menzionare le seguenti osservazioni.

Se Roma era giustificata nel proibire agli stranieri la denigrazione della religione del popolo ospitante, questa giusta azione non derivava tanto dalla conoscenza di questa giustificazione, ma era solo l'espressione di un'intolleranza che non tollerava nulla al di fuori di essa. Infatti, non solo i denigratori del cristianesimo furono perseguitati, ma anche gli uomini ad esso fedelmente devoti, che tuttavia si esprimevano a favore del libero pensiero e della ricerca, furono calpestati senza pietà, inseguiti in ogni paese, pugnalati e bruciati. Ruggero Bacone, Galilei, Bruno sono esempi chiarissimi.

Un Copernico dedica devotamente il suo scritto al papa, quest'ultimo mette la sua opera al bando della Chiesa, mette all'indice tutti i libri che insegnano il sistema eliocentrico del mondo, dove rimasero fino alla fine del 19 secolo. Questo rigido sistema romano rispose anche nel 1904 agli sforzi più tolleranti del clero cattolico con un inasprimento della censura ecclesiastica. Se le cose fossero andate secondo la volontà di Roma, ancora oggi intere opere scientifiche sarebbero bruciate tra le fiamme.

Questo è abbastanza logico: se si possiede l'intera verità, tutto il resto è una menzogna e deve essere distrutto. Senza dubbio la maggior parte dei nostri cattolici la pensa diversamente e intende la propria fede come un simbolo, come i credenti di altre confessioni; ma ciò non impedisce di riconoscere la correttezza dell'osservazione precedente. Ecco perché si può anche arrivare a dire che i prelati cattolici tedeschi "respingono con indignazione" l'arte di un Goethe come un "veleno volgare". Se un pastore tedesco comprende così poco l'opera del più grande dei tedeschi, rivela una lacuna che può essere ricondotta solo all'influenza di una mente completamente straniera.

Uno storico ebreo divenuto abate cattolico convinto, Lémann, nella sua opera *L'entrée des Israélites dans la société française* (Parigi, 1886)[129] ha fatto la giusta osservazione che i popoli antisemiti contestavano allo stesso tempo il principio cattolico romano (anche in questo caso, non ho in mente la religione cattolica dei tedeschi).

Questa osservazione si basa sulla sensazione, certamente non espressa, che alla base dello spirito di Roma e Gerusalemme ci sia qualcosa di comune. Dopo quanto detto in precedenza, è superfluo dire in cosa consista questo rapporto: si tratta dello spirito di intolleranza di fondo ripreso dai semiti a danno dell'Europa. Renan[130] lo ha già evidenziato, Chamberlain lo ha discusso chiaramente, quindi rimando a loro.

Osservo inoltre che non solo l'abate citato, ma anche altri ebrei avevano questa sensazione, persino questa mentalità.

Lo storico ebreo Bloch,[131] che vorrebbe incolpare gli ariani, colpisce - anche se consapevolmente serve la vecchia favola ebraica - la verità quando, a proposito delle dispute basate sugli scritti di Maimonide e sull'appello di aiuto sopra descritto, dice quanto segue:

---

[129] [L'abbé Joseph Lémann (1836-1915) era un ebreo che si convertì al cristianesimo dall'ebraismo e divenne sacerdote cattolico. Scrisse diverse opere sulle relazioni tra cattolicesimo ed ebraismo].

[130] [Ernest Renan (1823-1892) è stato un orientalista francese che ha scritto importanti studi sulle lingue, soprattutto quelle semitiche, e storie del primo cristianesimo e degli ebrei].

[131] [Josef Samuel Bloch (1850-1923) fu un rabbino e deputato austriaco che combatté vigorosamente le accuse del Prof. August Rohling di omicidio rituale tra gli ebrei nel suo libro Der Talmudjude (1871). Bloch dichiarò che Rohling era incompetente a commentare il Talmud quando non sapeva nemmeno leggere l'ebraico e Rohling fu di conseguenza costretto a perdere la cattedra di teologia all'Università di Praga].

"Allora ogni altra disputa fu dimenticata, monaco e rabbino andarono come fratelli a braccetto - era un autodafé[132] in onore del dio comune".[133]

Ma anche per altri ebrei non era difficile concordare pienamente con il principio cattolico romano.

Il simbolismo della fede cattolica veniva naturalmente lasciato da parte, ma la gioia per le persecuzioni religiose trovava negli ebrei convertiti i suoi rappresentanti più tipici. Così, anche al tempo della dominazione gotica in Spagna sotto il re Egika,[134] fu lo statista e arcivescovo ebreo Giuliano di Toledo a portare avanti le crudeli decisioni di un concilio di questa città secondo cui i bambini di sette anni di genitori ebrei dovevano essere separati da questi ultimi, per essere educati alla sola religione cristiana.[135]

Va aggiunto che la confisca dei beni decisa in questo concilio aveva, come sempre, altre ragioni oltre a quelle religiose: gli ebrei di Spagna avevano ordito una congiura per uccidere il re, che fu scoperta e per cui furono ordinate misure severe.[136] Il Grande Inquisitore di Cordova, Lucero, all'epoca uno dei più temuti persecutori di eretici, era un ebreo. Lo storico ebreo Kayserling lo descrive nel modo seguente:

---

[132] ["atto di fede", il termine usato per la penitenza pubblica imposta agli eretici e agli apostati dalle Inqisizioni spagnole e portoghesi].

[133] Die Juden in Spanien, Lipsia, 1875, p.80.

[134] [Egika fu re dei Visigoti dal 687 al 701. I Visigoti avevano stabilito un regno in Spagna dal V secolo. I Visigoti avevano stabilito un regno in Spagna a partire dal V secolo].

[135] Kayserling, Sephardim, Leipzig, 1879, p.2; anche Helfferich, op. cit.

[136] Jean de Sueur, Histoire de l'Église, Vol.VI, p.274. [L'Histoire de l'église et de l'empire del pastore protestante Jean le Sueur fu pubblicata in sei volumi a Ginevra nel 1674].

"Vedeva in ognuno un eretico, un ebreo, un cavaliere, nobildonne, monaci e monache, le persone più rispettate di tutte le classi erano state scelte da lui come vittime del rogo. La crudeltà di Lucero era proverbiale a Roma".[137]

Un assistente di quest'uomo era un certo Henriquez Nunez che, presentandosi come fratello tra gli ebrei locali, li denunciò tutti e li spinse nelle braccia dell'Inquisizione. Operò poi nelle Isole Canarie e raggiunse una tale fama nell'arte della tortura che il re del Portogallo, su raccomandazione, lo chiamò a sé, dove svolse anche un servizio di spionaggio.

Anche Johann Pfefferkorn era un ebreo, che nel XVI secolo si pronunciò per la distruzione degli scritti ebraici e per la persecuzione degli ebrei; anche Margaritha era un ebreo che nel 1330 compose un'opera sulla "religione di tutti gli ebrei" in cui si batteva contro la sua pietà ipocrita. Uno dei persecutori ebrei più fanatici fu Abner di Burgos, che si era convertito al cristianesimo, il "primo degli antisemiti in Castiglia".[138] Anche i famigerati Pablo de Santa Maria, Josua Lorqui, Fray Vicente e, soprattutto, il più grande persecutore di eretici di tutti i tempi, Torquemada, erano ebrei.

In breve, il loro interesse per la punizione religiosa era senza dubbio molto grande. Bastava che l'ebreo facesse il punto sulle sue leggi talmudiche contro i fratelli razziali e gli eretici, ed ecco il Grande Inquisitore.

Questo dovrebbe bastare a delineare, nel caso del rogo di opere ebraiche, la mente che governava Roma e i rabbini e che non di

---

[137] Sephardim, p. 129.

[138] Graetz, Geschichte der Juden, Vol. VIII, 317. [Heinrich Graetz (1817-1891) fu uno storico ebreo che lavorò soprattutto a Breslau. La sua *Geschichte der Juden von den iiltesten Zeiten bis auf die Gegenwart*, in 11 volumi, fu pubblicata tra il 1853 e il 1875].

rado lasciava divampare l'odio. Tuttavia, va sottolineato che questo fattore ecclesiastico-religioso non fu decisivo. Ciò dovrebbe essere spiegato in ciò che segue nel caso di fatti storici, in modo da avere tutto il materiale a disposizione per tentare una sintesi della mente e del carattere ebraico.

II. PANORAMICA STORICA

Se ci si accosta senza il dogma ben collaudato di una sensibilità lacrimosa all'intero complesso dei fatti storici riguardanti gli ebrei e le loro relazioni con le altre nazioni, si può accertare già una cosa: se i risultati nella condotta di tutte le nazioni contro il solo popolo ebraico sono gli stessi, ciò può essere dovuto, almeno in gran parte, solo al carattere di questo popolo ebraico. Infatti, se le individualità dei Persiani, degli Spagnoli o dei Tedeschi sono i fattori mutevoli della storia che riguarda gli Ebrei, la personalità degli Ebrei è invece il fattore uniforme e immutabile, accentuato da un rigido allevamento razziale.

Molti scrittori storici, forzati dall'equilibrio storico a causa delle brutalità effettivamente esistenti contro gli ebrei, percepiscono troppo facilmente un vantaggio in un giudizio puramente umanitario; bisogna riconoscere questo impulso sentimentale che fa onore all'uomo ma degrada lo storico per poter comprendere la storia, al di là dei sentimenti, nelle sue necessità più profonde. Se si fa questo, e se si utilizzano soprattutto rappresentazioni amichevoli nei confronti degli ebrei, o almeno non orientate in modo predeterminato verso l'antisemitismo, appare davanti ai nostri occhi una curva davvero sorprendentemente simile della vita ebraica, dell'influenza ebraica e della sofferenza ebraica in tutti i Paesi del mondo. Dappertutto gli ebrei sono inizialmente accettati senza riserve, dappertutto li vediamo fin dall'inizio separarsi consapevolmente sia fisicamente che intellettualmente dalla popolazione autoctona, dappertutto si preoccupano ardentemente di conquistare il favore dei principi e, anticipando loro il denaro, acquisito attraverso il commercio appassionato e l'usura, per le loro imprese, si assicurano la loro sicurezza e acquisiscono ogni sorta di privilegi per se stessi. Emergono poi tra tutte le nazioni movimenti antisemiti, che dapprima divampano in alcuni luoghi, poi travolgono un'intera terra e si scaricano in una furia spaventosa. I motivi di queste persecuzioni ebraiche sono stati diversi, sia che un ebreo sia stato sorpreso con monete false, sia che un vilipendio del cristianesimo, il furto di un crocifisso o qualcosa di simile, sia stato attribuito a un ebreo. Ma se l'osservazione storica, ovunque, deve prendere atto della struttura sociale per scoprire non le occasioni ma le ragioni degli eventi inquietanti che si verificano, ciò è particolarmente vero nel caso dello studio della questione ebraica in tutti i Paesi. Certo, le questioni politiche e culturali, e in particolare le relazioni con la Chiesa, sono state importanti, sono venute alla ribalta di tanto in tanto, come ai tempi dell'Inquisizione, ma costituiscono solo i fattori più visibili; di pari passo sono sempre andate le questioni di natura economica e caratteriale. Se oggi la questione ebraica è per molti aspetti più importante, essa rimane comunque ancorata alla posizione sociale degli ebrei.

Senza l'incommensurabile ricchezza di cui dispongono, non sarebbe possibile dirigere la politica del mondo e lasciare che gli statisti di molti Paesi entrino come burattini della volontà ebraica; non sarebbe possibile instillare il veleno della degenerazione, del conflitto con il proprio carattere, nei cuori degli europei e mantenere le menti in uno stato d'animo favorevole agli ebrei se l'oro onnipotente, sistematicamente amministrato, non assoldasse complici in tutti i Paesi. Ma proprio come accade oggi, quando il capitale bancario schiacciante tiene in pugno intere nazioni attraverso gli interessi, la situazione era la stessa, anche se in misura minore, anche in Spagna, Francia, Germania e molti altri Stati. Ovunque l'ebreo era il signore degli interessi dei principi, del clero, del popolo; e le persecuzioni ebraiche, se possiamo anticipare, sono principalmente un tentativo intrapreso più e più volte di spezzare il giogo dell'usura, tanto più che proveniva da un intruso razzialmente estraneo, religiosamente e moralmente ostile. Il popolo stesso lo sapeva e, quando la sua voce non veniva ascoltata, i sacerdoti alla fine usavano la loro agitazione per i loro fini e imprimevano all'odio un'impronta puramente ecclesiastica.

I giornalisti ebrei e amici degli ebrei della nostra epoca parlano con toni eloquenti delle crudeli persecuzioni dei poveri ebrei innocenti. Possono raccontare questa favola in modo molto più esteso perché sanno bene che oggi al massimo un uomo su mille conosce i dettagli delle relazioni reali. Le persecuzioni erano crudeli, se si assume un punto di vista umanitario, ma comunque necessarie. Infatti, la storia degli ebrei, in uno stato di reciproca interazione con quella dei popoli dell'Occidente, non dovrebbe iniziare con l'Inquisizione, come avviene per lo più per gettare sabbia negli occhi, ma dal punto di vista dell'immigrazione ebraica, attraverso la quale solo si impara a capire come si sia preparato il terreno per le persecuzioni della Chiesa.

Gli ebrei in Portogallo

Non è possibile stabilire con precisione quando gli ebrei siano immigrati in Portogallo; tuttavia, già a partire dal secolo XI possediamo alcuni resoconti che non lasciano dubbi sul fatto che essi fossero in possesso di tutti i diritti civili, che potessero acquistare terre e proprietà, anzi che in diversi casi godessero di diritti preferenziali.[139] Vediamo quindi che, già a quell'epoca, non esisteva alcuna avversione da parte dei portoghesi o, nel caso in cui anche gli ebrei fossero, in quanto stranieri, non considerati in modo amichevole, da nessuna parte furono create loro difficoltà nella vita o nell'attività ma, al contrario, furono presto concessi loro privilegi. Essi costituivano uno Stato nello Stato, avevano una propria giurisdizione che, sebbene diversa dalle leggi statali, era riconosciuta dal governo. Il rabbino capo era allo stesso tempo un funzionario reale e godeva costantemente di influenza a corte, aveva autorità giudiziaria su tutte le comunità ebraiche, riuniva nelle sue mani le cariche di autorità ufficiale e penale, che altrimenti erano considerate un diritto del solo sovrano.

---

[139] Kunstmann, Rechtsverhältnisse der Juden.

In una controversia legale tra un ebreo e un cristiano, l'ebreo, nel caso in cui fosse perseguito, poteva essere portato in tribunale solo dal suo rabbino; il cristiano doveva presentarsi di persona al foro dell'imputato. I giudici cristiani non potevano in alcun modo interferire nelle dispute tra ebrei ed ebrei, e nessun ebreo poteva denunciare il suo compagno di tribù in un tribunale statale. Le usanze religiose ebraiche erano rigorosamente seguite, gli ebrei non potevano essere convocati ad alcuna attività ufficiale durante il sabato e le loro festività, poiché, come si legge in un decreto del re Alfonso III (1248-79): "Poiché gli ebrei sono obbligati dalla loro religione a celebrare il sabato, nessuno li deve convocare in tribunale in questo giorno". Inoltre, poiché agli ebrei vennero tolti diversi oneri fiscali che la popolazione locale doveva sopportare, si verificò che, in quanto stranieri nel Paese, essi non solo godevano di pari diritti, ma costituivano una parte privilegiata della popolazione.

Gli ebrei avevano acquisito grandi ricchezze attraverso il commercio degli schiavi e le attività finanziarie, che utilizzarono subito per prestare denaro alla popolazione locale bisognosa e ai cittadini ad alto interesse. Già sotto il regno del già citato Alfonso III, che aveva generosamente concesso loro tutte le libertà, in molte località dell'impero comparvero lamentele per un'usura inaudita e il re fu costretto a emanare leggi contro questo fenomeno, che stabilivano che gli interessi sul capitale non potevano aumentare.

Poiché queste clausole portarono pochi frutti, il re successivo, Don Diniz (1279), cercò di costringere per legge gli ebrei al lavoro agricolo e alla residenza per allontanarli dalle attività usurarie. Egli stipulò un ordine agli ebrei di Braganza, secondo il quale essi dovevano acquistare ogni anno una certa somma di case, vigne e terreni agricoli, senza avere il diritto di disporre di queste proprietà fondiarie. Ogni ebreo appena arrivato doveva contribuire con la propria quota all'acquisto. Grazie a questa opportunità, tuttavia, tutti i diritti degli ebrei furono allo stesso tempo ulteriormente rafforzati, ogni attacco contro di loro e ogni disprezzo nei loro confronti fu severamente proibito.

Questo desiderio di fare degli ebrei dei contadini e dei cittadini fallì completamente, perché fu facile per il rabbino capo e ministro delle Finanze Don Juda (che, secondo Graetz, era così ricco da poter anticipare denaro per l'acquisto di intere città) e per altri alti personaggi di Israele ostacolare gradualmente l'applicazione di tali clausole. La ricchezza degli ebrei e, di conseguenza, la loro usura aumentarono, possedevano i più bei palazzi di Lisbona, dirigevano gli affari finanziari del re e sapevano come portare i poveri e i ricchi in un rapporto di dipendenza economica. Quando tutte le richieste di aiuto al re non portarono alcun frutto, nel 1309 fu indirizzata al Papa una denuncia in cui si esprimeva l'indignazione per il fatto che il re si fosse circondato di statisti ebrei, che non ci fosse affare che non passasse per le mani degli ebrei, che persino i vescovi fossero tenuti prigionieri nei chiostri. "Gli ebrei si stanno inorgogliendo e affermando", si legge ancora, "adornano i loro cavalli con dei parrucchini e si concedono un lusso che ha un effetto svantaggioso su tutti gli abitanti della terra".

Il malcontento del popolo fu così intenso che Alfonso IV (1325-57) proibì severamente agli ebrei di pavoneggiarsi per strada con catene d'oro e di adornare i loro cavalli con gioielli, cosa che era già stata vietata ai cristiani in precedenza. Altre nuove lamentele costrinsero il re a un decreto contro l'usura (1353) in cui si stabiliva che nessuno poteva essere costretto a pagare più del $33^1/3\%$.

Questa sentenza, che fu avvertita dagli ebrei come una limitazione senza precedenti della loro libertà, fece sì che molti di loro emigrassero, segno che tutti speravano di non subire una simile violazione in altri Paesi. Ma poiché, insieme a loro, sarebbero partite ricchezze incommensurabili, Alfonso decise, nell'interesse del Paese, di appropriarsi per lo Stato di gran parte delle ricchezze degli ebrei che volevano emigrare. Questa legge lo segnalò agli occhi degli ebrei come uno dei più terribili oppressori dell'ebraismo.

Il suddetto decreto contro l'usura non sembra aver portato molti frutti, poiché quando le città imperiali si riunirono nel 1361, furono nuovamente sollevate lamentele contro l'impresa commerciale ebraica che stava rovinando l'intero Paese.

Ma questo non servì affatto; al contrario, gli ebrei fecero in modo che l'allora re Pedro I, il "modello di giustizia", come lo definisce uno storico ebreo,[140] abolisse tutte le sanzioni contro l'usura e concedesse agli ebrei l'inedito privilegio di rendere nulle tutte le obiezioni di un cristiano riguardo a un'attività commerciale che avevano giurato di condurre onestamente!

Questo "sollievo" (Kayserling) aumentò a dismisura l'influenza degli ebrei. Erano i tesorieri del re, gli esattori delle tariffe a Lisbona, in generale i più alti funzionari del Paese. Nel 1383 si arrivò a una grande rivolta popolare e solo grazie agli sforzi dell'amato amministratore imperiale e poi re Joao fu possibile preservare gli ebrei da una punizione sanguinosa. Il loro comportamento nei confronti del loro salvatore è notevole. Quando Joao ebbe bisogno di denaro per una guerra contro la Castiglia, i cittadini di Lisbona gli donarono come regalo 1.000.000 di ducati, ma gli ebrei solo 70 marchi in argento e 6000 reis, come prestito!

Così gli ebrei erano ancora i signori della terra, tenevano cavalli con finimenti d'argento, andavano in giro con le cappe più belle e i pugnali dorati, occupavano le cariche più importanti, riscuotevano le decime dalle chiese e dai chiostri e avevano l'insolenza di farlo anche durante la messa. Un re successivo si lamentò con un ebreo di sua fiducia per il comportamento provocatorio dei suoi compagni di tribù, poiché il popolo doveva ritenere che gli ebrei, che sguazzano nell'oro e nelle pietre preziose, avessero acquisito questo lusso grazie alle rapine che avevano commesso ai danni dei cristiani. "Tuttavia non voglio

---

[140] M. Kayserling, *Geschichte der Juden in Portugal*, p. 23.

che tu mi risponda", disse, "perché so bene che solo il saccheggio e la morte vi daranno la meglio, e allora vi pentirete delle vostre azioni".

Una nuova rivolta scoppiata in assenza del re (1449) fu nuovamente repressa, ma l'eccitazione del popolo portoghese era già salita a tal punto da essere rivolta anche contro il re e poteva essere sedata solo con un intervento spietato. E così andò avanti per un altro mezzo secolo. I rappresentanti popolari continuarono a chiedere che le tasse ecclesiastiche non fossero esentate agli ebrei, che, in caso di controversie tra ebrei e cristiani, si ricorresse a un giudice cristiano, che si perseguissero le prediche che insultavano il cristianesimo nelle sinagoghe, eccetera, il tutto senza alcun risultato. Allora può essere giusto che, come è stato riferito,

> "L'odio incandescente del popolo portoghese contro la razza ebraica non conosceva più limiti e ora divampava in fiamme libere".[141]

All'inizio del 16 secolo, in occasione di uno scontro tra ebrei e cristiani, il malcontento che era stato represso per tanto tempo esplose in modo devastante. Le persecuzioni contro gli ebrei iniziarono a Evora e si diffusero poi in tutto il Portogallo. La sua massima estensione si ebbe naturalmente a Lisbona. Prima di tutto, si cercò di catturare il più ricco ebreo ed esattore delle tasse, Joao Mascerenhas, che aveva applicato le leggi più dure contro il popolo. Pensava di potersi atteggiare a signore, si era barricato nel suo palazzo e rimproverava la folla dal balcone. Alla fine fu sorpreso in volo sui tetti e colpito a morte. Nel corso di 48 ore, secondo alcuni storici, sarebbero stati uccisi 2000 e, secondo altri, 4000 ebrei. La pena per gli abitanti del luogo fu eseguita con la massima severità e molti furono esiliati e 50 uomini giustiziati.

---

[141] Kayserling, op. cit., p. 145.

Non molto tempo dopo, gli ebrei ripresero il controllo e riuscirono ad assicurarsi il monopolio della vendita del mais, cosicché il popolo si trovò, attraverso la sistematica forzatura dei prezzi, di nuovo nella sua vecchia situazione. Tuttavia, il malcontento dei portoghesi si rafforzò con l'istituzione del Tribunale inquisitoriale e d'ora in poi le persecuzioni contro gli ebrei si svolsero sotto il segno del fanatismo religioso.

Tuttavia questo è solo l'aspetto esteriore, poiché tutti i battesimi e i tormenti non risolvevano la questione ebraica e il loro carattere rimaneva lo stesso. Vennero introdotte persecuzioni maggiori, fino all'espulsione sistematica dal Paese, attuata con grande severità. Il Tribunale inquisitoriale costituirà sempre uno dei capitoli più oscuri e sarà un esempio, da nessuno difeso, di ciò che il principio ebraico-romano nella sua forma pura deve portare se lasciato a se stesso.

Tuttavia, per ottenere una corretta prospettiva degli eventi ben noti, occorre sottolineare che l'Inquisizione non fu diretta solo contro gli ebrei, ma soprattutto contro gli albigesi,[142] i valdesi[143] e i protestanti. Questi ultimi non furono meno crudelmente perseguitati da Roma, anzi, per lo più peggio degli ebrei. Mentre i papi prendevano spesso questi ultimi sotto protezione e li chiamavano addirittura "sudditi fedeli", i primi eretici venivano consegnati senza pietà al terribile tribunale.

Ma il tempo delle persecuzioni ebraiche era finito, la proclamazione dei diritti umani introdusse per gli ebrei di tutto il

---

[142] [Gli Albigesi, o Catari, erano una setta eretica che fiorì nel XII e XIII secolo in Italia e nella Francia meridionale. Erano dualisti che ponevano una netta distinzione tra i regni dello spirito e della materia e trovavano ripugnante l'ostentazione mondana della Chiesa].

[143] [I valdesi erano una setta eretica fondata da Pietro Waldo di Lione nel XII secolo. Durante la Riforma protestante molti valdesi si unirono alla Chiesa riformata].

mondo una nuova era e anche per gli ebrei locali battezzati del Portogallo; oggi vi prospera una ricca comunità e costituisce un bel ramo dell'albero dello Stato ebraico mondiale.

Gli ebrei in Francia

Se il Portogallo era un piccolo Stato in cui le relazioni al centro e nelle province non si sviluppavano in modo particolarmente diverso, la Francia era un Paese più grande con una popolazione di carattere diverso che non era facile governare da un unico centro. Di conseguenza, il destino degli ebrei varia a seconda della forza dei re francesi. Tuttavia, prima o poi si assiste allo stesso risultato: l'odio reciproco e la persecuzione degli ebrei. La data di arrivo degli ebrei in Francia è incerta.

I primi resoconti scritti risalgono agli inizi del VI secolo e ci mostrano che già a quell'epoca gli ebrei vivevano sparsi in tutto il Paese. Come dimostrano i primi documenti, il rapporto tra gli ebrei e i francesi era del tutto pacifico; gli ebrei potevano praticare i loro costumi e le loro attività senza ostacoli, ricevevano e ricambiavano le visite degli abitanti locali, erano accettati nella polizia e nell'esercito della città, insomma godevano di diritti civili totali.[144]

Ma ben presto si manifestarono delle tensioni. Se si ricorda con quali leggi alimentari e morali gli ebrei arrivarono nel Paese, persone che, per preservare gli eletti dalla mescolanza e dall'inquinamento con i gentili, indirizzavano le loro barde contro tutti i non ebrei; se si immagina che l'odio per Cristo e per i cristiani era una caratteristica degli immigrati che non si poteva scacciare e che, nonostante l'assimilazione, doveva colpire anche all'esterno, si potranno capire bene le lamentele della popolazione locale quando dichiara che il rifiuto del pane e del vino dei

---

[144] M. de Boissi, Dissertations pour servir à l'histoire des Juifs, Paris, 1785, Vol. II, p.18.

cristiani rappresenta un disprezzo, che l'arroganza è spesso chiaramente espressa nelle loro dichiarazioni sul cristianesimo.

A ciò si aggiungeva il fatto che gli ebrei, come richiesto dalla loro legge, obbligavano tutti gli schiavi cristiani a seguire le usanze cerimoniali ebraiche e li circoncidevano con la forza, cosa che divenne una lamentela costante in tutti i Paesi. Abusavano del loro potere sugli schiavi in modo tale che questi ultimi dovevano spesso chiedere protezione contro i maltrattamenti.[145]

Non sorprende quindi, soprattutto se si considera il carattere di Roma, che i concili ecclesiastici si siano bruscamente opposti alla tolleranza degli abitanti del luogo, abbiano vietato le visite reciproche tra ebrei e cristiani e proibito i miscegenari sotto pena di scomunica,[146] abbiano emanato ordinanze che impedissero agli ebrei di costringere i loro schiavi a costumi offensivi per le religioni cristiane e di assumere incarichi giudiziari in cause cristiane.[147] A questi conflitti si aggiungevano ora altri eventi che dovevano minare ulteriormente il buon rapporto tra ebrei e cristiani che ancora prevaleva, nonostante tutto, e che anche i prelati mantenevano in opposizione alle decisioni conciliari.

Quando, ad esempio, la borgognona Arles fu assediata con successo e si difese dagli attacchi solo con difficoltà, un ebreo dovette stare di sentinella una notte sulle mura della città. Per ottenere un trattamento mite per sé e per i suoi fratelli di razza, lanciò un pezzo di carta appesantito da una pietra in direzione degli assedianti con l'invito ad avvicinarsi alle mura a una certa ora con scale d'assalto. Promise loro di farli entrare in città a condizione che risparmiassero lui e i suoi compagni di tribù. Ma la lettera non volò abbastanza lontano e fu trovata il giorno dopo

---

[145] Boissi, op.cit., Vol. II, p.26

[146] Orleans, [d.C.] 533.

[147] Clermont, [A.D.] 535

da un soldato della guarnigione. Questo naturalmente suscitò una grande agitazione in città, l'ebreo fu portato davanti al tribunale e condannato a morte. Gli altri ribadirono di essere innocenti del tradimento e di non aver avuto idea del complotto. Non si sa nulla della loro sorte, anche se P. Daniel dice che si era vicini a una persecuzione ebraica, che alla fine fu soddisfatta con il divieto per gli ebrei di fare la guardia.[148]

Non è possibile dimostrare se ciò sia giusto o meno. Un altro episodio suscitò un grande tumulto. Nel 576, quando un ebreo di Clermont volle essere battezzato e, come era consuetudine, si recò in abiti bianchi al battistero, fu inzuppato di olio puzzolente da un altro. Fu solo grazie all'intervento del vescovo che l'aggressore non fu picchiato a morte dal popolo infastidito. Tuttavia, quest'ultimo non si lasciò trattenere dal distruggere la sinagoga in seguito.[149]

Questi e molti altri fatti innegabili che ci sono stati tramandati dimostrano che la colpa non è solo del clero quando, in casi simili, gli ebrei furono espulsi da molte diocesi o, secondo l'usanza di allora, dovettero essere battezzati. I monaci di allora non sapevano che la religione è solo l'espressione del sentimento nazionale e che quest'ultimo non può essere cambiato con il battesimo, e come avrebbero dovuto saperlo se ancora oggi ci sono persone che considerano il semplice battesimo sufficiente a fare di un ebreo un europeo.

Gli ebrei furono ora esclusi da tutte le cariche ufficiali e statali e infine espulsi dalla Francia, anche se tornarono con il declino del

---

[148] Daniel, Histoire de France, 1729, Vol. I, p.66. [Gabriel Daniel (1649-1728) era un sacerdote gesuita la cui Histoire de France depuis l'établissement de la monarchie française fu pubblicata nel 1713.

[149] Boissi, op. cit. Vol.II, p.31.

potere dei Merovingi.[150] Carlo Magno, e soprattutto Luigi il Pio, favorirono ovunque gli ebrei e così si instaurò ben presto un commercio e un'usura senza scrupoli da parte degli ebrei, con una totale assenza di limitazioni in tutte le terre francesi. Li vediamo godere di grandi ricchezze in breve tempo e occupare alte posizioni e un potente contingente a corte, che era controllato dal loro denaro. Metà di Parigi è ipotecata e appartiene loro come proprietà, gli innumerevoli debitori sono imprigionati o lavorano come schiavi per i loro ebrei.[151]

Il potere e la mancanza di coscienza degli ebrei ci appaiono con particolare chiarezza dagli Annali di Lione. Lione era, già in epoca romana, per la sua fortunata posizione, una città dal commercio attivo: sotto Cesare, Augusto e Traiano assunse un'importanza maggiore, e anche quando la capitale dell'Impero fu trasferita sotto Costantino sul Bosforo, non perse la sua importanza. Era un mercato di seta, profumi, pietre preziose dall'India, vasi, oggetti d'oro, d'argento e d'alabastro dalla Persia. Leoni e tigri dall'Asia, pantere e uccelli dall'Africa, sculture in bronzo da Corinto e Atene, insomma merci commerciali e rarità da tutto il mondo, venivano vendute nel foro di Lione.[152]

Quando Roma si disintegrò e i popoli del Nord si precipitarono distruggendo tutto ciò che avevano davanti, questa ondata

---

[150] [La dinastia merovingia ebbe inizio con Childerico I (ca. 457-481), il cui figlio Clodoveo I (481-511) unì tutta la Gallia sotto il dominio merovingio. La dinastia merovingia terminò nel 752, quando Childerico III fu deposto dal Papa].

[151] J. de Bruel, Theatre des [Antiquitez] de Paris, Parigi, 1612, Vol.IV, p.1232. [Jacques du Breul (1528-1614) era un priore dell'abbazia di Saint-Germain-des-pres a Parigi].

[152] C. Beaulieu, Histoire du Commerce de Lyon, Lyon, 1838, p.11. [Storia del commercio dell'industria e delle fabbriche di Lione dalle origini fino ai nostri giorni].

travolse anche Lione e distrusse la vita tranquilla del mercante. Dopo che il sud della Francia fu nuovamente invaso, questa volta dagli arabi, la città si riprese solo nell'VIII secolo. Romani, Burgundi, Goti e soprattutto molti ebrei scacciati dai maomettani si trasferirono a Lione. Attraverso un astuto commercio, soprattutto di schiavi, acquisirono grandi ricchezze, tanto che Lione divenne presto una "Nuova Gerusalemme".[153]

Gli ebrei si introducevano nelle città e nei sobborghi dei cristiani e li vendevano ai loro correligionari in Spagna e in Italia.[154] E poiché i Mori della penisola iberica avevano bisogno di eunuchi, producevano e fornivano anche questi. Poiché erano protetti dai funzionari che preferivano avere i ricchi ebrei come amici piuttosto che come nemici, ben presto si comportarono in modo provocatorio e arrogante nei confronti dei locali.

Ma i cristiani si comportarono comunque in modo molto collaborativo nei confronti della progenie di Abramo, osservarono il sabato più della domenica, fecero loro visita, mangiarono con loro durante la Settimana Santa, ascoltarono i sermoni rabbinici, ecc.

Questa esagerata cordialità nei confronti degli stranieri, che a loro volta mantenevano le loro osservanze religiose e le loro leggi morali in modo rigido e rigoroso senza curarsi minimamente di quelle dei locali, creò un'atmosfera ostile tra molti cattolici, soprattutto tra i prelati. Quando Agoberto era vescovo di Lione,[155] decise di porre fine a queste ingraziazioni unilaterali, proibì ai cristiani di avere rapporti con gli ebrei, vietò loro di vendere schiavi e di prestare servizio agli ebrei. Emanò persino una legge

---

[153] Beaulieu, op. cit., p. 16.

[154] J. Schudt, Jüdische Merkwürdigkeiten, Francoforte, 1718, Vol. IV, p.74.

[155] [Agoberto (769-840) fu uno dei più dotti prelati della sua epoca e vescovo di Lione dall'816 all'840].

che proibiva la vendita di carne e bevande da parte degli ebrei, poiché questi ultimi vendevano ai cristiani solo merci che consideravano in qualche modo impure.

Quest'ultima ordinanza mise particolarmente in agitazione gli ebrei, che si rivolsero a Parigi e da lì furono inviati due commissari per indagare sulla vicenda. A Lione gli ebrei li ricevettero con ricca ospitalità e oro, affinché le loro "libertà" fossero confermate e ne ricevessero altre. Gli ebrei potevano vendere tutti i loro prodotti ai cristiani, erano sottoposti a punizioni corporali solo quando la loro legge lo richiedeva, erano esenti dalle prove divine del fuoco e dell'acqua; avevano il diritto di portare schiavi da terre straniere per fare affari con loro in Francia e, per poter celebrare il sabato secondo le loro leggi senza perdere nulla del loro commercio, il giorno del mercato fu spostato dal sabato alla domenica.

Grazie a questo successo dei Giudei la loro cresta si gonfiò potentemente, mentre tra i cristiani questi privilegi inauditi suscitarono naturalmente la massima indignazione, che si espresse in furiose manifestazioni, ma che ebbero come risultato solo l'arresto dei loro capi, per cui molti dovettero rimanere nascosti o fuggire dalla città. I Giudei si vantavano pubblicamente di godere della protezione del re, che li onorava in virtù dei loro patriarchi e che li riceveva sempre come ospiti. Gongolavano del fatto che le persone di qualità della corte cercassero la loro compagnia e riconoscevano che ebrei e cristiani avevano un solo legislatore, Mosè.[156]

Agoberto, che non poteva credere che i suddetti editti del re fossero stati emanati dopo un attento esame delle circostanze, gli scrisse una lettera in cui si lamentava del commissario di partito e chiariva al re che non poteva esserci amicizia tra ebrei e cristiani, dal momento che i primi bestemmiavano il nome di

---

[156] Boissi, op. cit., Vol. II, p. 68.

Cristo, parlavano dei cristiani solo con disprezzo come nazareni e che era impossibile, con rispetto, avere rapporti con i nemici. Inoltre, informava il re di casi attestati di rapimento e commercio di schiavi con terre straniere. Questa lettera non fece alcuna impressione a corte, per cui Agoberto ne inviò una seconda di contenuto simile, che però non ebbe lo stesso successo. Disgustato, si recò lui stesso a Parigi, ma lì gli fu indicato molto freddamente di tornare a casa.

Ma la vicenda non si concluse così. Infatti, quando alcuni schiavi appartenenti a ebrei stranieri si presentarono dopo qualche tempo al vescovo per essere battezzati, quest'ultimo, dopo tutte le brutte esperienze, non osò farlo subito. Offrì agli ebrei il riscatto stabilito canonicamente, ma questi lo derisero; si rivolse a diversi prelati vicini alla corte con la richiesta di sostegno, senza successo. Al contrario, gli ebrei avevano esercitato la loro influenza attraverso il commissario per gli affari ebraici, che non aveva altro scopo che quello di vigilare sui privilegi degli intoccabili, e apparve un nuovo decreto reale con l'espresso divieto di battezzare gli schiavi ebrei senza il permesso dei loro proprietari.

Agoberto si rivolse ora al cappellano di corte e gli chiese di esercitare la sua influenza per ottenere la revoca di questo decreto che esprimeva disprezzo per tutte le leggi della Chiesa. Egli si difese dal rimprovero di aver tratto dagli ebrei i loro schiavi e di averli costretti a convertirsi, ma, disse, doveva esigere che il battesimo non fosse facilmente ostacolato dagli ebrei. Anche questo passo fu vano e il risultato fu un rifiuto da parte del governo.

Si può immaginare di che umore fosse l'uomo quando vide tutti i tentativi di preservare i diritti degli abitanti locali e della Chiesa nazionale dagli stranieri infrangersi deplorevolmente e i proprietari del palazzo ebraico atteggiarsi in modo sempre più provocatorio.

Non c'è quindi da stupirsi se in una lettera all'arcivescovo di Narbonne egli riversa il suo cuore, gli racconta gli intrighi di corte e le condizioni insopportabili della sua diocesi prodotte dal commercio e dal potere finanziario ebraico e, alla fine, maledice potentemente gli ebrei:

> "Tutti coloro che vivono sotto la legge di Mosè sono rivestiti come di un mantello dalla bassezza; la bassezza entra nelle loro ossa e nei loro vestiti come l'acqua e l'olio scorrono nel corpo umano. I Giudei sono maledetti in città e in campagna, all'inizio e alla fine della loro vita; sono maledetti gli armenti dei Giudei, la carne che mangiano, la loro vigna, le loro attività e i loro negozi".

Aggiungo queste parole perché uno storico del 19 secolo le usa per proclamare in modo bigotto:

> "Questa è la moderazione di uno dei vescovi più dotti del suo secolo. E poi si osa rimproverare ad alcuni rabbini di aver parlato male dei cristiani".[157]

Non si sa quale lettore Bédarride immagini, per l'odio verso Cristo e i cristiani, questo "tratto più nazionalistico dell'antichità",[158] aveva all'epoca già 800 anni, era inequivocabilmente sancito nelle sacre scritture dei rabbini, era già predicato da secoli dal pulpito ed espresso in una specifica formula di maledizione, era espresso nei discorsi sui "nazareni", nelle leggi morali ebraiche, ecc.

Certo, Bédarride tratta con leggerezza la vicenda del vescovo Agoberto, trova del tutto in regola i privilegi degli "ebrei che sono in tutto e per tutto superiori" ai cristiani, e si mostra sorpreso che il vescovo di Lione sia di altro avviso. L'insolenza disarmante e

---

[157] Bédarride, les Juifs en France, Parigi, 1861, p.462.

[158] Laible, op. cit., p. 14.

anche ingenua degli ebrei emerge anche qui. Che si fosse istruiti in una certa misura anche nel IX secolo sui segreti degli ebrei è dimostrato da una lettera del vescovo di Lione, intitolata alla morte di Agoberto, in cui riprende l'argomento. In questa lettera chiede all'arcivescovo di Reims di rivolgersi al tribunale per sottoporre gli ebrei, come tutti gli altri cittadini, alla stessa legge dello Stato, tanto più che sono stranieri e hanno trattato i cristiani con disprezzo, hanno chiamato gli apostoli apostati, si sono fatti beffe del Vangelo attraverso la distorsione, hanno chiamato il culto cristiano il culto di Baal e persino Cristo stesso un figlio di prostituta, nato dall'adulterio di Maria con un gentile.

Che tutte queste lamentele siano giustificate non ha più bisogno di essere dimostrato oggi. Anche il gioco di parole sulla parola Evangelion è inteso in modo diverso da come lo pensava il vescovo, ma è comunque giusto. Infatti, dell'Evangelion (messaggio di salvezza) l'umorismo ebraico aveva fatto avongillajon (scrittura peccaminosa), così come della beth-galja (luogo di luce) aveva fatto beth-karja (porcile).[159]

Luigi era morto e al suo posto era entrato Carlo il Calvo, un sovrano altrettanto ben disposto nei confronti degli ebrei. Tuttavia, nuove rimostranze sembrano aver portato a una limitazione delle "libertà" ebraiche, almeno sulla carta. Non si conoscono i dettagli, ma sembra che gli ebrei dovessero pagare 1/10 e i cristiani 1/11 del loro reddito.

Ho trattato l'intera vicenda dei vescovi di Lione in modo più dettagliato di quanto lo spazio a disposizione consentisse, poiché mi è sembrato importante indagare da vicino un singolo caso. Solo in questo modo si ottiene uno sguardo reale sulle relazioni e sugli intrighi legali, solo in questo modo si ha anche la possibilità di gettare uno sguardo dietro le quinte dei casi meno chiari, poiché

---

[159] Laible, op. cit.

le forze che a volte emergono chiaramente sono, in altri momenti, attive solo in modo nascosto.

Come esempio elaborato, vediamo ora all'opera due forze motrici del Medioevo: le relazioni finanziarie e il fanatismo religioso. Da parte degli ebrei, vediamo una mostruosa ricchezza acquisita attraverso il commercio e l'usura che impegna gli assistenti ovunque sia necessario e si organizza per i loro obiettivi, unita a rigidi principi religiosi e a un disprezzo smodato di tutto ciò che non è ebraico.

Da parte dei cristiani, si nota una forte resistenza contro la sottomissione ai privilegi ebraici che va di pari passo con un fervore religioso altrettanto fanatico, almeno dopo una conoscenza più approfondita degli ebrei. Nella maggior parte dei casi l'oro trionfa e gli ebrei diventano più provocatori dopo ogni successo.

Di conseguenza, l'odio della popolazione sale sempre di più fino a quando basta una goccia, sotto forma di un evento reale o di una voce emergente, per far traboccare il vaso e produrre le più aspre persecuzioni ebraiche. Al termine della vicenda lionese del vescovo Agoberto, lo storico tedesco J. Schudt (1718) aggiunge la seguente pacata osservazione valida per tutte le epoche e soprattutto per la nostra:

> "Si vede che, come dice l'adagio, sul palcoscenico di questo mondo si recita sempre lo stesso dramma, e solo nuovi personaggi entrano in scena uno dopo l'altro; già più di 800 anni fa la ricchezza ebraica aveva un potere così grande; ce l'ha anche oggi; ecco perché ci sono nascosti ovunque tanti boss ebrei, tra i grandi e i piccoli; li si rispetta, si parla con loro, spesso li si preferisce ai cristiani e si scopre di essere ascoltati più facilmente e volentieri".[160]

---

[160] Op. cit., Vol. IV, p. 78.

Dopo diverse altre agitazioni a causa della questione ebraica, il dominio straniero a Lione ebbe una terribile fine all'inizio del 14 secolo. Nel 1310, gli ebrei vennero violentemente derubati di tutte le loro proprietà immobili dal popolo insorto e cacciati dalla città. Fuggirono nei sobborghi, trovarono asilo a Trevour, Chatillon e Dombes, ma anche lì continuarono le loro vecchie pratiche, così che già dopo qualche decennio la situazione si sviluppò in modo simile a quella di Lione e finì anch'essa in modo simile: nel 1429 furono cacciati da questi luoghi di asilo.[161]

Quando, nel secolo XI, un'ondata di isteria iniziò a travolgere l'Europa e le Crociate nacquero da un misto di brama di saccheggio e di avventura, di entusiasmo religioso e di odio per i pagani, è comprensibile che questo movimento non potesse rimanere senza un'influenza sul destino degli ebrei. Infatti, accanto ai predicatori erranti che rappresentavano la conquista della Terra Santa come un dovere del cristianesimo e che portavano il fanatismo religioso al punto di ebollizione, si muovevano molte persone che non avevano nulla da perdere nella loro patria.

E ora, dove le fasce che tenevano unito lo Stato in tempi di pace erano state spezzate, vediamo le passioni represse dei sacerdoti e dei debitori manifestarsi senza freni. Prima della partenza, furono predicate e seguite persecuzioni giudaiche formali, Giudei condotti di città in città e di casa in casa, saccheggiati e uccisi. Se si leggono i capitoli della caccia agli ebrei di quei giorni, nessun pensatore umano potrà farlo senza rabbrividire e dovrà vergognarsi di trovare tali pagine nella storia d'Europa. Ma quando le rileggerà, non per scusare questa spaventosità ma per comprenderla, vedrà anche con un brivido che, in tutti i centri

---

[161] Guillaume Paradin, Memoire de histoire de Lyon, 1573, Vol. II, p.245. [Guillaume Paradin era decano di Beaujeu. Le sue Mémoires de l'histoire de Lyon furono pubblicate per la prima volta nel 1550 come Mémoire pour servir à l'histoire de Lyon].

della Francia, della Germania e di altri Paesi, sono vissuti per secoli dei parassiti che facevano usura con la forza lavoro e il denaro delle persone che li ospitavano. Se una nube temporalesca si scarica all'improvviso si rimane inorriditi davanti ai sacrifici della catastrofe, ma non si deve trascurare il fatto che ciò rappresentava una conseguenza necessaria di una forza popolare oppressa ma non ancora lambita.

Ma anche durante le Crociate gli ebrei rimasero, nonostante tutte le persecuzioni, persone ricche. A Parigi, i cittadini e i contadini erano fortemente indebitati con loro e dovevano, a causa degli interessi, lavorare in lavori di estrema fatica direttamente o indirettamente al servizio degli ebrei. I cavalieri, per avere denaro per le Crociate, avevano impegnato più volte i loro beni presso gli ebrei; infatti uno storico (Paul Émile) afferma che fu proprio la necessità di denaro per questo scopo a far sì che la nobiltà richiamasse gli ebrei che erano stati cacciati.

Nel 1146, l'abate di Cluny descrive la situazione nel modo seguente in una lettera a Luigi VII, in cui protesta contro le persecuzioni ebraiche e chiede i seguenti mandati:

> "Quale punizione è più giusta per questo popolo odioso (i Giudei) se non quella di privarli di ciò che hanno guadagnato con l'inganno e il furto? Non hanno riempito i loro granai di frutti, né i loro forzieri di oro e argento, ma nascondono ciò che hanno sottratto con l'inganno ai cristiani e acquistano a prezzi ridicoli gli oggetti più belli, che comprano dai ladri.
>
> Quando un ladro ruba un oggetto sacro, va da un ebreo e vende l'oggetto rubato. Una vecchia ma spregevole legge li incoraggia in questo scandaloso commercio. Secondo questa legge, un ebreo presso il quale si trovano oggetti rubati non è obbligato a restituirli, anzi non è nemmeno tenuto a denunciare il ladro.
>
> Il loro crimine rimane quindi impunito; e ciò che rende punibile il compagno meno ladro di un cristiano, rende ricco l'ebreo. Ma che gli vengano tolte le ricchezze acquisite con la disonestà; l'esercito cristiano, che sacrifica le proprie terre e il proprio

denaro per sconfiggere i Saraceni, non deve risparmiare i tesori degli Ebrei".[162]

Sotto Filippo Augusto,[163] gli ebrei godevano di un'agiatezza e di proprietà simili e il re, come tutti i governanti, non era mal disposto nei loro confronti. Quando si trovava a St. Germain en Laye, ricevette la notizia che a Bray un cristiano, a causa di una rapina ai danni di un ebreo, era stato consegnato a quest'ultimo per essere condannato e che gli avevano legato le mani dietro le spalle, coronato la testa di spine, trascinato per le strade e infine impiccato. Ciò permise al re di bruciare oltre 80 ebrei.

L'umore del popolo contro gli ebrei, tuttavia, si inasprì a tal punto che Filippo Augusto si trovò costretto a indagare sulle oppressioni, a confiscare molti beni degli ebrei e a espellerli dal Paese, cosa che tuttavia non fu rigorosamente seguita. "Quest'anno", scrive lo storico Rigord,

> "merita di diventare un anno celebrativo, perché grazie a queste misure i cristiani hanno ottenuto per sempre la libertà che era stata soppressa dagli ebrei".[164]

Dal 1181, tuttavia, gli ebrei furono definitivamente cacciati da alcune città: da Rouen, Étampes, ecc. anche se rimasero in molte altre.

---

[162] André Réville, Les paysans au Moyen-Âge, p.3 [Les Paysans au Moyen-Âge (XIIIéme et XIVéme siécles) dello storico sociale André Reville è stato pubblicato nel 1896]; e Deppind, Histoire des Juifs dans le Moyen-Âge.

[163] [Filippo Augusto (1165-1223) fu l'ultimo dei re dei Franchi e, dal 1190, il primo re di Francia, Filippo II].

[164] Depping, op. cit., p. 137.

Il 13 e i secoli successivi furono per gli ebrei, nonostante le ripetute espulsioni, un'epoca di ricchezza e potere come quella che hanno riacquistato solo nel 20 secolo.

I rapporti con gli ebrei si svilupparono in modi diversi nelle varie parti della Francia; la gente era più tollerante nel sud, dove gli albigesi, per la loro opposizione ai principi della Chiesa cattolica, trattavano gli ebrei come loro apparenti confederati, per cui questi potevano tranquillamente raccogliere ricchezze infinite fino a quando anche per loro arrivò l'amara fine, un po' più tardi che nel resto della Francia.

Osserviamo innanzitutto la situazione nella Francia centrale. Impoveriti dal tumulto della guerra e delle Crociate e bisognosi di denaro come gli abitanti, gli ebrei si trovarono nella fortunata posizione di poter fissare il tasso di interesse a un livello sempre più alto. Il risultato fu che l'alleviamento temporaneo attraverso il prestito finanziario si trasformò nel suo opposto.

Il popolo si trovò privato di tutto il denaro, che si concentrava sempre più nelle mani degli ebrei. Duchi, conti, baroni e vescovi erano indebitati, ma soprattutto la gente comune, e la situazione diventava di giorno in giorno più disperata, con gli ebrei che nella loro insaziabilità non pensavano a prendere le distanze dall'usura smodata. Anzi, avevano addirittura rinunciato quasi del tutto al commercio, non partecipavano alle fiere per vendere la propria merce come gli italiani, i fiamminghi e altri popoli immigrati, e nemmeno per fare da intermediari, ma solo per prestare denaro ai mercanti a interesse. Non cercavano nemmeno di ottenere privilegi commerciali per se stessi, ma solo il permesso di chiedere un interesse sempre più alto. Ma dove gli ebrei conducevano piccole attività individuali, le autorità si trovavano costantemente costrette a insistere sul commercio di merci fresche, poiché i discendenti di Abramo lo svolgevano solo in modo fraudolento.[165]

Gli ebrei ebbero per molto tempo la possibilità totale di dedicarsi a un mestiere regolamentato, al lavoro manuale o all'agricoltura, ma non erano interessati. Luigi IX volle addirittura indurli con un editto a guadagnarsi il pane con il lavoro manuale, ma invano. Il tasso d'interesse era fissato al 40%, naturalmente non veniva rispettato, gli ebrei sapevano come aggirare tutte le regole in materia. Naturalmente non chiedevano più del 40%, ma si permettevano di emettere la cambiale per un importo molto più alto di quello effettivamente prestato. Anche questo era vietato nel modo più rigoroso. Invano!

Poi, per proteggere i più poveri, fu vietato agli ebrei di prestare denaro ai braccianti a interesse, ma proprio questi erano i più bisognosi. Negli archivi di Parigi si trova, tra l'altro, un manoscritto lungo 12 piedi con le iscrizioni di persone che hanno presentato denunce contro le illegalità dei finanzieri ebrei. Un documento certamente molto importante! Le leggi per la protezione della popolazione depredata sotto Luigi VIII e IX non ebbero alcun risultato; gli abitanti delle campagne, incapaci di pagare i loro debiti, vendevano i loro beni e spesso venivano messi in prigione dagli ebrei. Alla fine gli ebrei furono espulsi dal Paese da Filippo il Bello (1306).

Ma la questione ebraica non era finita qui. I beni immobili degli ebrei furono effettivamente confiscati, ma per i debitori fu fissato un termine di 20 anni per il pagamento. Poiché gli ebrei, pur non vivendo più in Francia, erano comunque costantemente informati sul corso degli eventi, offrirono il loro aiuto quando scoprirono che doveva essere preparata una determinazione dell'intero ammontare del debito a loro dovuto. La proposta fu accettata; essi approfittarono del loro soggiorno per corrompere

---

[165] Per maggiori dettagli, si veda Depping, op. cit.

immediatamente i funzionari francesi e per iniziare nuove attività usurarie. Le vecchie liste dei debitori che presentarono presentavano così tanti nomi di vedove, orfani e altri poveri che furono dichiarate false e disoneste e gli ebrei furono nuovamente espulsi.

Questo però non impedì loro di mettere in moto tutte le leve per poter tornare indietro, cosa che fu poi concessa anche a loro. Tutti i debiti furono dichiarati giusti, fu assicurata l'impossibilità di penalizzare tutti i rapporti precedenti, furono stabiliti tutti i privilegi e furono accettati come cittadini.

Ma si ripeté ancora una volta esattamente la stessa cosa di prima. Gli ebrei praticano l'usura e vengono espulsi; tuttavia, Jean II permette loro di continuare a vivere in Francia (1360). Le gravi faide che si erano verificate sotto Jean il Buono, le sanguinose guerre civili, lo sfortunato trattato di Brétigny,[166] tutto questo aveva ulteriormente minato i poteri finanziari; ora sembrava una buona occasione per rimpinguare un po' le casse dello Stato, se si permetteva l'ingresso agli ebrei, ma sottraendo loro una buona somma di denaro. Ma queste misure si rivelarono costose per il regno. Infatti, il rappresentante degli ebrei a Parigi, Manasse de Vesou, astuto diplomatico, seppe esigere privilegi inauditi: gli interessi sui prestiti vennero aumentati fino all'80%, il solo pronunciamento di un ebreo bastava a dimostrare un credito nei confronti di un cristiano. Gli ebrei furono sottratti alla giurisdizione di tutte le autorità giudiziarie del Paese e sottoposti solo a uno speciale commissario governativo.

---

[166] [Il Trattato di Brétigny fu firmato nel 1360 tra il re d'Inghilterra Edoardo III e il re di Francia Jean II (il Buono), quattro anni dopo che Jean II era stato fatto prigioniero nella battaglia di Poitiers del 1356. Con questo trattato la Francia perse molti territori a favore dell'Inghilterra, ma fornì ai due Paesi una tregua di nove anni durante la Guerra dei Cento Anni (1337-1453).

E accadde di nuovo, come doveva accadere. Le persone che avevano fatto ricorso al denaro ebraico videro presto i loro debiti aumentare a dismisura e molti, privi di ogni bene, dovettero prestare servizio come schiavi agli ebrei. Nella loro cecità e insaziabilità, gli ebrei non si accontentarono più dell'80% consentito, ma superarono anche questo limite. I reclami contro questa situazione furono stroncati dal denaro ebraico, il re stesso si trovò a dipendere, per cui gli furono strappati nuovi favori per quanto riguarda il commercio al mercato annuale.

Ora, quando nel 1380 scoppiò una rivolta a Parigi e molti ebrei furono cacciati e uccisi, gli altri ne approfittarono per lamentarsi della loro povertà e per far sapere che avevano perso tutte le loro pedine. Inoltre, fecero in modo che il loro ritorno venisse annullato. Ma, a prescindere da questa finta povertà, sostenevano il re con denaro, sia in guerra che in altri compiti, rendendolo ancora più obbligato nei loro confronti.

Alla fine ottennero dall'inetto Carlo VII (1388) il massimo: il permesso di prendere non solo l'80% ma anche l'interesse composto! E quando un forte mormorio attraversò il popolo, il re emanò un editto in base al quale gli ebrei erano protetti da ogni reclamo per dieci anni.

Mai in Francia l'usura aveva raggiunto un'altezza così mostruosa e legalmente approvata, ed era naturalmente chiaro - cosa che, tuttavia, gli avidi usurai non riuscirono mai, nella loro cecità, a percepire al momento giusto nel corso della loro intera storia - che questa condizione non poteva essere sostenuta a lungo. Un breve periodo di trionfo fu concesso agli ebrei in Francia, Borgogna, Provenza e altrove, poi la questione ebraica finì come ovunque. Un incidente di per sé senza importanza diede il via definitivo alla persecuzione ebraica e, il 17 settembre 1394, gli ebrei furono definitivamente (cioè fino al giorno della "libertà dei diritti umani") privati dei loro privilegi, i loro beni furono confiscati e furono espulsi dalla Francia. Da quel momento non vi condussero più una vita legalmente consentita.

Il sud della Francia, come detto, era stato inizialmente molto indulgente nei confronti degli ebrei, ma anche lì le lamentele si fecero sempre più numerose. Nel 1484 si verifica una grande persecuzione ebraica ad Arles; la Provenza si rivolge direttamente al re di Francia con una richiesta di aiuto contro la spregiudicatezza degli ebrei, Marsiglia invia dei delegati a Parigi nel 1487 con l'esplicita richiesta di imporre l'espulsione degli ebrei poiché hanno rovinato la terra con l'usura. E così, dal 1498 al 1501, gli ebrei vengono espulsi anche dal sud così ospitale.

Per quanto riguarda il nord, avevano abbreviato il processo in modo energico, a volte brutale, soprattutto in Bretagna. Nel 1239, le tenute dei duchi si riunirono, dichiararono i debitori liberi dai loro obblighi, ordinarono la restituzione del denaro impegnato e decisero di espellere gli ebrei dalla terra.

Il duca, i baroni e i vescovi giurarono di non far più entrare gli ebrei in Bretagna; da allora non c'è più nessun ebreo qui, poiché sembra che questa decisione, a differenza di tante altre province e terre, sia stata eseguita realmente e senza pietà.

Un controesempio interessante, anzi piccante, è offerto dal destino della piccola comunità ebraica di Pamiers, ai piedi dei Pirenei. Qui i rabbini avevano imposto regole di tipo severo che disciplinavano l'intera vita degli ebrei. Gli ebrei erano obbligati alla moderazione in ogni relazione, alle donne era vietato indossare gioielli ricchi, ai bambini non potevano essere regalati abiti pregiati, ai figli era lasciata in eredità solo una piccola somma di denaro, il gioco d'azzardo era severamente vietato, ecc.

Queste regole furono energicamente rafforzate dalle autorità cristiane affinché non rimanessero solo sulla carta. E qui, nonostante le differenze religiose, non c'è stata alcuna questione ebraica nel corso degli anni. Quando i discendenti di Abramo furono espulsi dalla Francia, il conte di Foix, sotto la cui protezione si trovava la comunità di Pamiers, chiese al re di fare un'eccezione per i suoi ebrei.

Questo desiderio, tuttavia, non è stato esaudito e coloro che sono stati costretti a comportarsi in modo innocente qui hanno dovuto condividere il destino dei loro fratelli di sangue disonesti delle altre province.

Questa sarebbe in brevissimo tempo l'intera storia degli ebrei fino alle avvisaglie della Rivoluzione francese. Ho tralasciato nelle ultime osservazioni le differenze religiose per poter evidenziare meglio il tema centrale dei conflitti sociali che le attraversano. In realtà, oltre all'usura, altri fattori furono all'opera nel determinare il destino degli ebrei, come ogni grande movimento è in effetti costituito da molte forze.

I sacerdoti si scagliavano con fervore nei loro consigli contro gli infedeli, spesso tentavano con sermoni e anche in modi meno gentili di farli entrare nel cuore della Chiesa; facevano bruciare il Talmud, dove riuscivano a procurarselo, perdonavano agli ebrei l'insulto alla Chiesa, il sacrificio di un bambino cristiano il Venerdì Santo, ecc.

Gli ebrei, da parte loro, inasprirono le loro leggi di separazione e maledissero Cristo e i cristiani per tutta la settimana nelle loro sinagoghe. Purtroppo l'Inquisizione mieteva vittime anche in Francia, poiché provocava una follia religiosa, ma, d'altra parte, il sentimento pubblico si sollevò contro di essa con più forza qui che in Spagna e Portogallo (a questo proposito, tuttavia, va osservato che i tribunali per l'eresia in Spagna erano non di rado tribunali penali e mascheravano casi di veri e propri conflitti socio-nazionali).

Più il sentimento nazionale francese diventava forte e consapevole, più si contrapponeva all'arroganza razziale degli ebrei e faceva emergere più chiaramente l'avversione che prima era solo vagamente percepita.

Si può quindi dimostrare che entrambe le forze hanno contribuito a inasprire le relazioni tra ebrei e cristiani. Ma la situazione divenne catastrofica per entrambe le parti a causa del saccheggio degli abitanti portato avanti con energia demoniaca in tutta la struttura sociale.

Se gli studiosi filo-ebraici e, naturalmente, tutti gli ebrei gettano l'intera colpa di questi sconvolgimenti della vita nazionale sui re e sostengono che essi avevano solo usato il povero ebreo, sottraendogli il denaro, ma costringendolo così a vivere di usura, è ovviamente lontano dalla mia intenzione di rappresentare i re come angeli innocenti. Avevano bisogno di denaro per le guerre e per il mantenimento della corte e non erano particolarmente selettivi nei metodi per procurarselo. Che l'ebreo, che disponeva sempre di denaro, sembrasse loro molto gradito molte volte può essere ben creduto, anche se non è espressamente dimostrato.

Nella vita delle giovani nazioni di quel tempo le cose fermentavano e fermentavano dappertutto, grandi movimenti di fermenti selvaggi attraversavano il mondo; le guerre scoppiavano, ma allo stesso tempo formavano le personalità nazionali. Ogni principe si difendeva a costo della vita da un altro, finché un maggiore non li riuniva entrambi sotto il suo scettro.

In questi tempi, in cui si trattava soprattutto di esistenza nazionale, non si può ottenere molto con giudizi moraleggianti, e voler concedere l'impunità assoluta in caso di ogni disordine alla sola piccola minoranza di ebrei sarebbe anche chiedere troppo. Tuttavia, anche se potessimo tranquillamente considerare il principe costantemente bisognoso di denaro come un tentatore dell'ebreo, resta il fatto che furono proprio gli ebrei a svolgere sempre il ruolo di usurai sopra descritto.

All'opinione unilaterale secondo cui gli ebrei non avrebbero potuto fare altro che praticare l'usura si può opporre la semplice domanda sul perché non si siano rivolti, come Luigi le Hutin[167] e Luigi IX avrebbero voluto costringerli a fare, alla manifattura e

---

[167] [Luigi X (1289-1316) era conosciuto come "le hutin", il litigante].

all'agricoltura.[168] Allora non ci sarebbe stata nemmeno la questione ebraica.

Se lasciamo da parte ogni valutazione morale, dobbiamo intendere tutti gli eventi che si ripetono costantemente, con gli stessi risultati, come necessità della natura che hanno formato conseguenze dal contatto dei popoli d'Europa e d'Asia con il popolo ebraico ovunque non siano stati consapevolmente trattenuti, così come li formano oggi e li formeranno domani. Dopo l'ultima espulsione, gli ebrei hanno vissuto in Francia non in comunità chiuse, ma sparsi sul territorio.

Con la conquista dell'Alsazia, tuttavia, esse si moltiplicarono e ben presto la questione ebraica tornò ad essere all'ordine del giorno. Attraverso gli intrighi del fornitore della corte reale, Cerfbeer,[169] per molti anni, attraverso un processo da lui avviato contro la città di Strasburgo, durante il quale l'ebreo riuscì a nascondersi dietro la persona del re, si prepararono le strade per porre la questione dell'emancipazione degli ebrei.

Dopo l'assalto alla Bastiglia, naturalmente, furono messe in moto altre leve. All'Assemblea Costituente si osò, certo non direttamente - poiché si attendevano dai deputati dell'Alsazia le verità più sgradevoli sui saccheggi degli ebrei - ma prima ci si assicurò le spalle attraverso la decisione dell'amministrazione comunale di Parigi di pronunciarsi a favore dell'abolizione delle leggi ebraiche.

---

[168] Il divieto di possedere terreni risale solo al XIII secolo.

[169] [Herz Cerfbeer (1730-1793) era un appaltatore ebreo francese dell'esercito francese e filantropo. Luigi XVI gli concesse un permesso speciale per abitare a Strasburgo, nonostante le leggi che vietavano agli ebrei di stabilirsi in quella città. Cerfbeer fondò a Strasburgo fabbriche in cui impiegava ebrei e, tramite Mendelssohn, ottenne il sostegno di Christian Wilhelm von Dohm nel sostenere il miglioramento della condizione degli ebrei in Francia].

Mirabeau,[170] che era pienamente in debito con gli ebrei, era già da tempo obbligato nei loro confronti. Il già citato Cerfbeer si era rivolto a Moses Mendelssohn con la richiesta di utilizzare la sua grande reputazione anche tra i cristiani per sostenere l'emancipazione degli ebrei attraverso un'opera scritta.

Ma quest'ultimo non lo ritenne pratico e fece ciò che molti della tribù di Giuda prima e dopo di lui fecero: spinse un non ebreo come suo portavoce, il giovane Dohm,[171] che poi, ispirato da Mendelssohn, scrisse un'opera "epocale" sulla riforma della politica ebraica. Come oggi, anche allora si faceva politica nei salotti ebraici di Berlino. Uno particolarmente suggestivo era quello di Henriette Herz.[172] Qui si incontravano i diplomatici di tutti i Paesi, qui Mirabeau fece la conoscenza del tirapiedi tedesco Dohm. Mirabeau aveva "motivi pressanti" per essere entusiasta degli ebrei, scrisse persino un'opera sulle riforme ebraiche e si presentò all'Assemblea Nazionale come loro rappresentante.

A che cosa è servito l'alsaziano Rewbell[173] che ha fatto notare che non si poteva risolvere la questione ebraica con delle clausole, è stato messo da parte.

---

[170] [Gabriel Riqueti, conte Mirabeau (1749-1791), era un rivoluzionario moderato e massone].

[171] [Christian Wilhelm von Dohm (1751-1820) era uno storico tedesco che sosteneva con forza l'emancipazione degli ebrei].

[172] [Henriette Herz (1764-1847) era una mondana ebrea il cui salotto a Berlino era frequentato da molte delle migliori figure letterarie e filosofiche tedesche dell'epoca. Sotto l'influenza di Friedrich Schleiermacher si convertì al protestantesimo].

[173] [Jean-François Rewbell (1747-1807) fu un avvocato francese che si distinse nell'Assemblea Nazionale Costituente per la sua oratoria e il suo sostegno alle riforme, pur opponendosi alla concessione dei diritti di cittadinanza agli ebrei alsaziani].

Infatti, quando volle intervenire in un'altra seduta contro la falsa considerazione della questione ebraica (che era stata nuovamente discussa in ambito puramente religioso), fu sgridato da Régnault,[174] uno dei firmatari:

> "Chiedo che vengano richiamati all'ordine tutti coloro che desiderano parlare contro questa proposta (dell'emancipazione degli ebrei) perché in questo modo si attacca la Costituzione stessa".[175]

Rewbell, tuttavia, non diede per persa la questione e, in una delle sedute successive, raccontò la mostruosa usura degli ebrei in Alsazia.

Parlò dei beni degli abitanti che non ammontavano a più di 3 milioni, che però erano gravati da 15 milioni di debiti, di cui 12 milioni puramente usurari, del saccheggio di molte famiglie, ecc. Invano, la clausola vinse.[176]

Nel 1806 e nel 1807, Napoleone si occupò molto energicamente degli ebrei e diede ai delegati dodici domande a cui rispondere: se la poligamia fosse permessa, se l'usura fosse permessa, se gli ebrei considerassero i francesi come loro fratelli, ecc. Dopo centinaia di anni si riunì il Grande Sinedrio, 71 delegati di tutta l'ebraismo, per dare una risposta. La risposta fu, naturalmente, che le leggi ebraiche erano piene di umanità, l'usura era proibita, i francesi erano fratelli degli ebrei, ecc. Il tutto, però, in un

---

[174] [Michel-Louis Étienne, conte Regnault de St. Jean d'Angély (1761-1819) fu membro dell'Assemblea Nazionale Costituente che durò dal 1789 al 1791 e un liberale che cercò di conciliare le nuove idee dell'epoca con quelle monarchiche].

[175] Hallez, Les Juifs en France, Parigi, 1845, p.174. [Théophile Hallez, Des Juifs en France : De leur état moral et politiques depuis les premiers temps de la monarchie jusqu'à nos jours. Hallez era un avvocato che criticava la segregazione degli ebrei, ma incolpava gli stessi ebrei di questa condizione].

[176] Hallez, op. cit., p. 176.

linguaggio distorto e rigirato secondo la tradizione talmudica. L'intera costruzione era naturalmente falsa dall'inizio alla fine.

Lo ha detto anche lo storico ebreo Abraham Geiger:

> "In Francia c'era ancora un dopoguerra, cioè a causa degli ebrei alsaziani, che erano disgustosi a causa dell'usura. Questo e la separazione dalla cittadinanza francese attirarono l'attenzione di Napoleone, che volle anche qui fornire assistenza con una presa di posizione coraggiosa. Una Collezione di notabili e un Sinedrio dovevano documentare il loro atteggiamento con le proprie spiegazioni e influenzare i loro correligionari.
>
> Solo che all'ebraismo manca l'autorità, per cui è necessario uno sviluppo interiore. I vecchi attori Beer e Furtado operarono in modo aggressivo, rabbini come Sinzheim e Vita di Cologna furono in grado di condurre abilmente, ma il tutto era una grande menzogna o almeno una messinscena. Il riconoscimento dei francesi come fratelli era una clausola falsa rispetto alla separazione legale, alla domanda se un'ebrea potesse sposare un cristiano si rispondeva in modo non veritiero, che solo i matrimoni con popoli stranieri idolatri sono proibiti e i popoli europei non sono idolatri... Le domande erano immature, le risposte semplici e intelligenti serpentine, il tutto senza alcuna conseguenza".[177]

Queste parole di un dotto ebreo mi esentano da qualsiasi argomentazione più approfondita (un piccolo esempio dei sofismi utilizzati è già stato presentato in precedenza); i 71 uomini scelti che invocavano sentenziosamente il Signore Dio ovunque avevano semplicemente mentito. Se si è compreso lo spirito del Talmud, allora si capisce che, per i suoi seguaci, non era considerato un crimine ingannare i gentili. Ma era una venerata "erudizione" dei rinomati Saggi di Pumbedita[178] che, già dai

---

[177] Nachgelassene Schriften, Vol.II, p.239.

[178] [Pumbedita era una città dell'antica Babilonia (vicino all'odierna Falluja) dove fu elaborato il Talmud babilonese].

tempi più antichi, "era in grado di rendere il nero bianco e il bianco nero". L'importante era che cadessero le ultime frontiere; l'obiettivo fu allora pienamente realizzato: gli ebrei entrarono armati con la stessa spregiudicatezza legalmente riconosciuta di un tempo nella società degli Stati europei, che venivano a loro volta disarmati. Dopo cento anni, li abbiamo visti come i padroni finanziari del mondo.

Ebraismo e politica

Una delle tante menzogne del nostro tempo che viene diffusa con foga dagli ebrei e dai difensori degli ebrei consiste nell'opinione che solo nel tempo presente la nazione ebraica può agire politicamente, che solo nel tempo presente viene presa in considerazione. La falsità che ancora una volta, come molte altre in passato, mira a coltivare la compassione per il popolo ebraico "innocentemente perseguitato" e "oppresso" deve finalmente smettere di condurre le sue malefatte.

Infatti, sebbene gli ebrei fossero diffusi in tutto il mondo (si noti, per loro stesso impulso), essi mantenevano una comunità molto stretta non solo dove vivevano insieme all'estero, ma anche in costante collegamento con i loro compagni di tribù nelle terre più lontane: navi mercantili e carovane portavano notizie di ogni genere da tutti i luoghi del mondo e le riportavano indietro.

In questo modo gli ebrei erano informati non solo degli eventi della propria comunità e nazione, ma anche delle condizioni commerciali e politiche di tutti i Paesi, il che garantiva loro un vantaggio sugli altri popoli in ogni relazione.

Ci sono corrispondenze che offrono prove convincenti del costante collegamento internazionale degli ebrei. Così nel 13 secolo visse a Barcellona uno dei più noti talmudisti del suo tempo, Salomon ben Adereth.[179] Il suo nome fu diffuso in terre lontane dai viaggiatori ebrei e i rabbini delle loro comunità rivolgevano domande di ogni tipo al saggio spagnolo. Le sue "risposte", in tutto 6.000, dimostrano che egli era in immediata corrispondenza scritta con gli ebrei del Portogallo, della Francia, della Boemia, della Germania, anzi era in collegamento persino con Costantinopoli e con le città dell'Asia e del Nord Africa". Scorrendo queste risposte non si può evitare lo stupore", dice uno storico ebreo, "per i notevoli mezzi di comunicazione che erano a disposizione degli ebrei nonostante tutti gli ostacoli...; per uno studioso di Austerlitz o della tedesca Mühlhausen non sembra essere stato meno facile inviare le sue lettere in Spagna che per uno di Vienna, Roma o Avignone".[180] Un'ulteriore prova della rete di notizie ben organizzata dagli ebrei è data dal seguente episodio:

Sulla costa africana c'erano sempre sacche di innumerevoli pirati turchi. Qui gli ebrei si annidavano di preferenza. I turchi li trattavano bene, perché pagavano loro un pedaggio, compravano subito le merci rubate e le facevano arrivare; soprattutto, però, per il loro servizio di spionaggio.

> "Essi mantenevano", dice uno scrittore dell'epoca (17 secolo) "una corrispondenza capillare in tutta la cristianità, cosicché i Turchi godevano attraverso di loro di un grande guadagno nel commercio degli schiavi.
>
> Allo stesso tempo, potevano essere avvisati in tempo su ciò che si stava progettando di intraprendere nella cristianità. Così accadde che, nel 1662, la città di Amburgo equipaggiò due navi da guerra per proteggere le proprie navi dai pirati. Le navi non erano ancora completamente in mare quando degli schiavi provenienti dall'Algeria scrissero che i pirati conoscevano tutte

---

[179] [Solomon o Shlomo ben Aderet (1235-1310) fu un noto banchiere e rabbino sefaradico].

[180] J.S. Bloch, Die Juden in Spanien, Lipsia, 1875, p.86.

le circostanze: quanto forte, quante persone sulla flotta e quale rotta avrebbe preso la nave".[181]

Anche il fatto che gli ebrei fossero meglio orientati nelle relazioni con l'estero e che possedessero buone conoscenze in tutti i Paesi non è una conquista del nostro tempo, ma era già così da secoli. È quindi comprensibile che i principi europei cercassero spesso gli ebrei come consiglieri politici: Carlo Magno, ad esempio, diede ai suoi inviati in Persia (che stranamente morirono entrambi durante il viaggio) un ebreo come scorta, nel giusto calcolo che questi ultimi avrebbero potuto imparare meglio e più rapidamente dagli ebrei del luogo tutto ciò che valeva la pena di sapere; i re spagnoli erano costantemente circondati da consiglieri ebrei, e non di meno i principi di Fez e Tripoli, il Sultano e altri governanti.

Così questi popoli, sparsi per il mondo eppure indissolubilmente legati tra loro, hanno giocato un ruolo percepibile nella politica delle nazioni già nei tempi più remoti. È indubbio che abbiano reso servizi a molti principi, ma non è meno certo che più spesso abbiano portato loro grandi calamità. A questo punto è d'obbligo un'osservazione fondamentale. Gli Ebrei, indipendentemente dal regno in cui sono entrati, sono arrivati come un popolo chiuso in se stesso che non ha mai mostrato il minimo desiderio di entrare in contatto con la popolazione locale più di quanto fosse assolutamente necessario per il commercio.

Fin dall'inizio, a causa di un'arroganza naturale e molto sviluppata, consideravano tutti i popoli inferiori ed era fuori discussione che l'ebreo si fondesse con l'ospite che lo ospitava. E poi è naturale (tralasciando la valutazione morale) che egli, quando era chiamato o riusciva a insinuarsi in posizioni eminenti,

---

[181] J. Schudt, Jüdische Merkwürdigkeiten, 1714, Vol. I, p. 88.

si comportasse nel modo che sembrava più adatto alle sue esigenze personali e nazionali.

Gli interessi del Paese potevano coincidere con quelli degli ebrei, in tal caso venivano sostenuti; in caso contrario, venivano abbandonati. Chiunque abbia un'idea di quanto tenacemente gli ebrei si siano mantenuti uniti nella religione e nella politica, nonostante tutte le persecuzioni autoindotte, di come, passando da un Paese all'altro, siano diventati solo più rigidi e duri, non faticherà a capire che queste persone, a parte naturalmente pochissime eccezioni, non erano in grado di concepire l'idea di cittadinanza statale e in generale di elevarsi al concetto disinteressato di dovere.

Anche se nelle epoche precedenti la politica ebraica era limitata ad alcune nazioni, e non ancora a tutto il mondo, e se forse non era condotta in modo così deliberato come oggi, il fattore nazionale è sempre stato, insieme a quello puramente personale, in primo piano.

All'inizio questa attività era diretta soprattutto contro le popolazioni che li ospitavano e, come detto, solo quando si promuovevano gli interessi degli ebrei si rendevano servizi al Paese in questione. Johann Chrysostomus[182] si trovò già costretto ad alzare la voce:

> "Questi traditori, questi peggiori scellerati, tradiscono la nostra patria, la nostra forza ai Turchi; e noi li tolleriamo, li nutriamo!

---

[182] [Joannes Chrysostomus (347-407 circa) fu arcivescovo di Costantinopoli e padre della Chiesa. Le sue omelie esegetiche sulla Bibbia sono dei classici della letteratura cristiana e la sua Divina Liturgia è ancora utilizzata dalla Chiesa ortodossa orientale. Le sue otto omelie contro gli ebrei e i cristiani giudaizzanti sono state pubblicate collettivamente come Adversus Judaeos (Contro gli ebrei) dal monaco benedettino Bernard de Montfaucon (1655-1741)].

Questo è fomentare il danno al nostro cuore, scaldare il serpente al nostro petto!".[183]

Già prima dello scoppio delle Crociate, i Saraceni venivano informati in ogni occasione dagli Ebrei europei delle intenzioni dell'Europa e potevano prendere misure contro di loro in tempo. Quando i re di León, Castiglia e altre terre (1221 ca.) erano in guerra con i Mori, questi ultimi utilizzavano gli ebrei vicini alle corti spagnole come spie che tradivano i piani e i preparativi della cristianità; Allo stesso modo, quando il Duca di Firenze stava preparando un attacco all'isola di Negroponte, l'impresa fu presto tradita ai turchi dagli ebrei livornesi,[184] che anzi fornirono ai turchi armi e munizioni, così come i veneziani nella guerra di Kandish in Istria[185] nel 1646 catturarono anche una nave caricata dagli ebrei con materiale bellico e diretta a Costantinopoli. Quando nel 1509 il cardinale Jimenez iniziò la campagna contro Orano,[186] la conquista della città sarebbe stata difficile per lui se non fossero stati trovati alcuni traditori, alla cui testa si trovava l'ebreo Catorra,[187] che in questo modo chiese molte libertà per i suoi correligionari. Nel 1513, i portoghesi assediarono la città di Azamor.[188] I loro attacchi furono coraggiosamente contrastati dai Mori, ma il loro capo cadde in uno di essi, il che causò un disordine nel loro campo. I numerosi ebrei rappresentati ad Azamor tennero una riunione in cui decisero di aprire le porte della città ai portoghesi se avessero giurato di salvare gli ebrei. Il comandante portoghese, il Duca di Braganza, felice di evitare un

---

[183] Citato in des Mousseaux, *Le Juif, le judaïsme et la judaïsation des peuples chrétiens*, p. 106.

[184] A. Favyn, *Histoire de Navarre*.

[185] [L'Istria è una penisola del Mare Adriatico che oggi è condivisa da Italia, Slovenia e Croazia].

[186] [Una città sulla costa nord-occidentale dell'Algeria].

[187] Boissi, *Dissertazioni*.

[Città del Marocco a sud-ovest di Casablanca] [188]

duro assedio, accettò e Azamor gli fu consegnata dal tradimento degli ebrei. La città fu saccheggiata, secondo l'usanza di quei tempi, e solo le case degli ebrei, con gli avvisi davanti, ne furono protette.[189]

Sempre con l'aiuto degli ebrei, i portoghesi conquistarono la città di Safi[190] nel 1508; poiché però i conquistatori non erano molto numerosi, furono costretti a rintanarsi nel castello. Nella città c'era un conflitto tra due parti in lotta tra loro e, poiché una lotta tra i cittadini era molto opportuna per il comandante dell'esercito portoghese Azambuja, egli fece recapitare ai capi delle parti rivali, che l'ebreo conosceva molto bene, lettere di contenuto simile, in cui era scritto che un avversario cercava di uccidere l'altro, e poi arrivava l'invito a unirsi comunque ai portoghesi. Entrambi i capi caddero nella trappola e Azambuja poté finalmente conquistare la città.[191]

La città di Cithibeb[192] si era dichiarata indipendente dai principi di Fez e aveva condotto per tre anni una guerra per la sua indipendenza. Doveva il suo successo soprattutto ai suoi comandanti. Riconoscendo ciò, il principe di Fez decise di uccidere il leader, se possibile segretamente. Per questo un medico ebreo di Cithibeb si offrì, avvelenò il capo e, così demoralizzata, la città si consegnò agli assedianti.[193]

Quando, al tempo di Traiano,[194] gli ebrei in Cirenaica erano così numerosi da costituire la maggioranza della popolazione, fecero

---

[189] Boissi, Dissertazioni.

[190] [Una città sulla costa atlantica del Marocco].

[191] Kayserling, Geschichte der Juden in Portugal.

[192] [In Marocco]

[193] Jean Leon, Description de l'Afrique, in Boissi.

[194] [Trajen (53-117) fu imperatore romano dal 98 al 117 d.C.].

come più tardi a Cipro: massacrarono tutti gli altri abitanti, 220.000 in tutto. Nonostante ciò, Isacco Orobio de Castro[195] poté, molto più tardi, riferire con grande orgoglio:

> "Come i re turchi e persiani e i loro governatori non intraprendono nulla senza gli ebrei, così gli inviati possono portare a buon fine gli affari dei loro re solo con la mediazione degli ebrei".

Questi pochi casi possono essere moltiplicati a piacere, ma va sottolineato che si possono ignorare quelli in cui agli ebrei andò effettivamente male, anche se mai senza una loro provocazione, e quindi poterono agire sulla base di un sentimento di vendetta come, all'epoca delle persecuzioni ebraiche, fece Duarte de Paz, famoso per le sue astuzie, che era l'inviato portoghese a Roma e in questa veste mise in moto tutte le leve con il Papa contro il re del Portogallo con un'espressa licenza e il generoso sostegno dei suoi compagni di tribù a Lisbona.

Così l'attività ebraica ha operato nei Paesi del mondo dall'antichità fino al Congresso di Vienna, [196] in cui già i Rothschild portarono avanti le loro politiche disastrose per la Germania, e fino al Trattato del 1871[197] e, più che mai, nel nostro tempo presente. A questo proposito la seguente osservazione.

---

[195] [de Castro (1617-1687) fu un medico e filosofo ebreo portoghese che visse dapprima in Spagna, dove fu perseguitato dall'Inquisizione, e poi si trasferì a Tolosa e ad Amsterdam, dove continuò a professare e praticare la medicina; cfr. infra, p.181].

[Il Congresso di Vienna si svolse nel 1814-1815 e fu presieduto dal principe austriaco Metternich. Dopo le guerre rivoluzionarie e napoleoniche, cercò di ridisegnare i confini nazionali all'interno dell'Europa in modo da ottenere un equilibrio di potere]. [196]

[197] [La guerra franco-prussiana si concluse con un trattato di pace firmato prima a Versailles nel 1871 e poi ratificato, nello stesso anno, a Francoforte. Segnò l'ascesa dell'Impero tedesco unificato].

L'ebreo e il tedesco

È bene distinguere, nel caso del freddo intelletto della personalità ebraica, tra due fattori: tra le motivazioni razionali e quelle di natura più sentimentale. Alle prime appartengono il chiaro perseguimento di interessi personali e nazionali e la loro valutazione nell'ingresso nella politica degli Stati; alle seconde la passione dell'odio contro le altre nazioni che spesso brucia attraverso questi calcoli.

Non sempre l'ebreo, appena acquisita l'influenza, è stato un freddo uomo d'affari e politico; spesso una certa insaziabilità lo ha spinto alla smodatezza e ha avuto per sé le conseguenze più amare. Uno sfruttamento e un'usura meno avidi, un'arroganza religiosa e nazionale meno enfatizzata gli avrebbero risparmiato molti dolori; ma il principio ebraico dello sfruttamento di tutti i popoli, come lo riconoscevano Dostoevskij, Fichte, Goethe e altri grandi, nato dalla profonda avversione per tutto ciò che non è ebraico, fece infine dell'apparentemente freddo ebreo un appassionato odiatore. Questo odio è antico quanto l'ebraismo stesso e si manifesta ovunque, a seconda della direzione che gli si apre. L'epoca attuale è ora un'arena di passioni ebraiche difficilmente controllabili, che si sono combinate con una politica mondiale orientata agli obiettivi e guidata da uomini immensamente ricchi; e in linea di massima questo odio ebraico è diretto contro due popoli: contro il russo e il tedesco. Questi fatti, che sono sempre stati presenti, possono essere liquidati con un sorriso solo da un bambino o da un capo ebreo. Trasuda da tutte le foglie della foresta dei giornali ebraici e risuona, solo seminascosto, dalle bocche dei politici ebrei.

E per capire più a fondo la stessa cosa: nessun popolo al mondo disprezza il misticismo, la comprensione di un segreto che può essere espresso a parole solo con difficoltà, quanto gli ebrei. Essi considerano l'assenza di tale qualità non come una mancanza, al contrario, come il segno di un dono eccezionale, e si vantano di non possedere né mitologia né allegorie (la conseguenza necessaria di ogni misticismo). Basta dare uno sguardo alla storia delle religioni per averne conferma. Vi riporto solo una frase del 1905: "L'ebraismo è l'unica di tutte le religioni che non ha creato alcuna mitologia e, cosa ancora più importante, contraddice sostanzialmente ogni mitologia". [198] Inoltre: "La religione è lontana da ogni misticismo e da ogni esoterismo",[199] e molti altri passaggi. Ora, in Europa non c'è forse nessuna nazione che abbia esplorato e spiegato il mistero interiore dell'uomo come quella tedesca. Pertanto, esso costituisce nel suo carattere più profondo l'antitesi spirituale dell'ebreo; se qualcuno pensa che ciò sia rimasto senza alcuna influenza sulla condotta, si sbaglia di grosso. Infatti, ciò che nel nucleo più profondo dell'uomo si contrappone, legge e religione, formula e immaginazione, dogma e simbolo, si manifesterà sulla superficie della vita come un'opposizione, per lo più inconsapevole, ma non per questo meno evidente. E chi ha esplorato un po' l'anima russa ne sentirà anche i toni profondi che non raggiungono quasi mai una sintesi, ma si oppongono non di meno alla disposizione dell'ebreo.

A ciò si aggiunge, nel caso del tedesco, la sua proverbiale onestà e incorruttibilità (che purtroppo ha sofferto molto a causa di guerre e rivoluzioni), e anche la sua semplicità, goffaggine e affidabilità, tutti fattori che sono sempre stati per l'ebreo una spina nel fianco, che ha sempre cercato di minare, su cui faceva battute sconsiderate e si considerava sempre superiore, come esprime il classico detto dell'ebreo Auerbach[200]: "Noi ebrei siamo davvero la razza più intelligente. Prendete un ebreo polacco trasandato e vestito di stracci e mettetegli di fronte il contadino più intelligente della Foresta Nera: a chi dareste ragione? Certamente l'ebreo, perché il contadino tedesco è stupido, mentre

---

[198] L. Bäck, Wesen des Judentums, Berlino, 1905. p.62.

[199] Ibidem, p. 22.

[200] [Berthold Auerbach (1812-1882) è stato un romanziere ebreo tedesco].

l'ebreo più marcio è pur sempre un ebreo". Questa è ancora oggi l'affermazione istintiva o consapevole di tutti gli ebrei.

L'ebreo ha sempre odiato il popolo tedesco. Certo, non ama nemmeno i francesi e gli anglosassoni, ma si sente molto più vicino a loro. Il francese vanitoso e sempre più superficiale, l'anglosassone sobrio e allo stesso tempo tendente alle superstizioni bigotte sono personaggi molto più congeniali all'ebreo di quanto possa esserlo il tedesco, nonostante tutti i tentativi di ingraziamento. Così si è potuto constatare, fin dai tempi più remoti, che gli ebrei tedeschi sono i più acerrimi nemici del pensiero tedesco; e quanto più si sforzano di ottenerlo e se ne nutrono, tanto più chiaramente emerge l'odio. È per questo che un Heinrich Heine poteva sollevare nei confronti di Goethe il rimprovero di codardia morale;[201] è per questo che un Ludwig Börne calcolava l'inizio della libertà tedesca dalla morte di Goethe;[202] è per questo che tutti i giornalisti e i professori ebrei cercano di sminuire i nostri grandi uomini, di "descriverli oggettivamente", come viene chiamata questa falsificazione; per questo motivo, all'unisono, sminuiscono la mente di Bismarck; per questo motivo il professor Graetz, entusiasticamente lodato da tutti gli ebrei, ha riassunto il suo giudizio sui tedeschi dicendo che i tedeschi sono "gli inventori della bassa mentalità schiavista" e che i tedeschi devono "il gusto raffinato, il sentimento vitale e temerario per la verità e l'impulso alla libertà ai due ebrei Heine e Börne". Proprio a Heinrich Heine!

Quanto aveva ragione Lagarde[203] quando alla domanda su dove si debba cercare l'ebreo rispondeva così: "Sempre dalla parte di

---

[201] [Vedi sotto p.173]

[202] [Ludwig Börne ((nato Loeb Baruch) (1786-1837) fu un autore di satira politica ebreo tedesco che si trasferì a Parigi dopo la Rivoluzione di Luglio del 1830; cfr. pag. 173).

[203] [Paul de Lagarde (nato Bötticher) (1827-1891) era un biblista e orientalista la cui opera nazionalista tedesca, Deutsche Schriften (1878-1881), influenzò

coloro tra i quali si trova la minima comprensione della storia tedesca". Ecco perché, anche ai nostri giorni, possiamo constatare che un Isidore Witkowsky (Maximilian Harden), [204] presunto ammiratore di Bismack, tenne delle "conferenze didattiche" subito dopo lo scoppio della rivoluzione in cui osò sospettare del grande uomo del nostro tempo, Hindenburg, e allo stesso tempo scorgere nel crollo della Germania l'inizio di una "grande epoca".

Questa insormontabile opposizione delle anime nazionali è la causa principale dell'odio ebraico, il cui funzionamento si manifesta solo in seconda battuta. Gli ebrei in Russia non avrebbero dovuto odiare il popolo russo, ma solo lo zarismo, perché il russo stesso non aveva sofferto meno, anzi più dell'ebreo, sotto il precedente regime, e aveva teso una mano fraterna anche a quest'ultimo subito dopo la Rivoluzione. Ma il governo ebraico di Mosca, che aveva conquistato il potere con assoluta spregiudicatezza, perseguitava tutto ciò che era russo e cercava di eliminarlo alla radice. Il loro odio ha trionfato senza limiti; ma sarà distrutto nella sua insaziabilità - questo è il corso della necessità storica basata sul carattere nazionale.

In Germania, gli ebrei erano da tempo in grado di sentirsi a casa propria, acquisendo per sé e per i loro compagni, con l'aiuto di tutti i mezzi, i posti migliori, il che tuttavia non impedì che non passasse quasi un giorno in cui, grazie alla libertà di stampa, il tedesco o il cristiano non ricevesse battute insolenti o in cui (durante la guerra) l'indebolimento dello spirito di resistenza

---

Rosenberg nel suo antisemitismo. Per le letture di quest'opera si veda A. Jacob, Europa: German Conservative Foreign Policy 1870-1940, Lanham, MD: University Press of America, 2002].

[204] [Maximilian Harden era lo pseudonimo di Felix Ernst Witkowski (1861-1927), un giornalista ebreo tedesco che si finse monarchico e poi attaccò il Kaiser Guglielmo II per la sua presunta omosessualità, così come dapprima applaudì l'invasione tedesca del Belgio nel 1914 e poi sostenne il Trattato di Versailles del 1919. Poco dopo l'assassinio di Walther Rathenau nel 1922, fu attaccato da membri dei Freikorps e si trasferì nel 1923 in Svizzera, dove morì].

tedesco non fosse condotto con il massimo entusiasmo attraverso l'elogio delle nazioni dell'Intesa pronte alla pace e l'imbrattamento del "militarismo" tedesco.

In nessun altro paese al mondo si sarebbe potuto indulgere in un linguaggio così provocatoriamente antinazionale nel momento del destino della nazione come fecero gli ebrei Cohn[205] e Haase[206] in parlamento, e per giunta in modo del tutto spudorato e senza impedimenti! Preoccupato per il successo di un complotto di un compagno razziale a Mosca, il signor Hugo Haase una volta (nell'estate del 1918) gridò:

> "Se il governo tedesco dovesse intraprendere qualcosa contro il governo sovietico, è nostro sacro dovere chiamare il proletariato tedesco alla rivoluzione".

Queste parole di un facinoroso che ha tradito senza scrupoli la nazione tedesca e i suoi interessi hanno potuto risuonare senza essere punite!

Gli ebrei dell'Intesa

La guerra mondiale aveva contrapposto due potenti gruppi di potere e di conseguenza aveva diviso anche il popolo ebraico in due parti. A parte la Russia, le principali personalità ebraiche in Francia, Inghilterra, Italia e Nord America erano unite e chiuse dietro i governi antitedeschi di questi Stati e di fatto erano gli

---

[205] [Oskar Cohn (1869-1934) fu un politico ebreo che lavorò con Karl Liebknecht, il fondatore della Lega Spartachista, e fu un convinto sionista. Fuggì a Parigi nel 1933].

[206] [Hugo Haase (1863-1919) era un socialista ebreo che nel 1911 divenne presidente della Socialdemokratische Partei Deutschlands (SPD), insieme al tedesco August Bebel. Si professava pacifista e organizzò una grande manifestazione contro la guerra nel luglio 1914].

ebrei più ricchi e influenti del mondo, contro i quali la colonia di ebrei di Berlino non poteva giocare alcun ruolo decisivo.

Ma Londra era il centro; da qui si estendeva l'attività della federazione mondiale ebraica, qui si trovava il centro di gravità della questione ebraica. Si dice che gli ebrei siano uno Stato nello Stato. Ma questa è solo una mezza verità, perché è molto più importante sottolineare che rappresenta uno Stato sugli Stati. Rispetto al governo centrale di Londra dello Stato mondiale ebraico, la sezione tedesca si trovava in una posizione scomoda. Oltre agli outsider accecati e pieni d'odio Cohn, Haase, Luxembourg,[207] ecc., c'erano naturalmente anche uomini d'affari ebrei abbastanza tranquilli che, non potendo approvare in anticipo, nell'interesse di tutti gli ebrei, una vittoria tedesca completa, non volevano tuttavia rinunciare alle pecorelle che avevano catturato. Così cercarono di bilanciare la politica tedesca. Questo avrebbe rafforzato il loro potere, ma allo stesso tempo forse non avrebbe infastidito troppo i potenti di Londra.

L'intenzione dei finanziatori ebrei, che era già presente prima della guerra, fu resa pienamente chiara durante la stessa: gli obiettivi nazionali a guida internazionale dell'ebraismo dovevano essere considerati coincidenti con quelli dell'Impero britannico.

Ciò significava che gli ebrei erano determinati a concentrare il più possibile i loro interessi e a garantire ovunque la loro sicurezza nazionale attraverso un potente Stato mondiale o un consorzio da loro sostenuto. Percependo gradualmente l'utilità di un tale orientamento, i giornalisti ebrei tedeschi rallentarono sempre più

---

[207] [Rosa Luxemburg (1871-1919) era una marxista ebrea che fondò, insieme a Liebknecht, la Lega Spartachista che poi divenne il Partito Comunista Tedesco (KPD). Sia la Luxemburg che Liebknecht furono assassinati dai Freikorps nel 1919].

il carro tedesco e accelerarono costantemente quello anglo-ebraico.

Le critiche più aspre alla Germania sono risuonate sui giornali diretti da ebrei e sostenuti volentieri, naturalmente, per il loro chiaro sentimento antitedesco, dagli Stati dell'Intesa. Il lettore ritrovava le stesse idee in centinaia di forme e il significato di questo nei tempi attuali può essere immaginato da chiunque senza difficoltà. Qui c'era una cooperazione di una dozzina di ebrei nobilitati della Camera Alta.

Si sa che gli ebrei in Inghilterra divennero molto influenti, che i titoli di baronetto e di pari con tutti i privilegi furono spudoratamente venduti a loro per dieci, cinquanta, centomila sterline (durante la guerra lo stesso fu fatto con i fornitori dell'esercito). Due ebrei si distinsero in questo caso: Abraham Sassoon e Sir Ernest Sassel, immigrati dalla Germania. All'epoca i cambi di scena nella Camera dei Lord erano Montague (Montag, un ex orologiaio della Galizia), Rothschild, Burnham (Levy-Lawson), Herschel (Naphtali), Ludloy (Levi), ecc.

Ora, il centro della fraternità ebraica era costituito dall'Alliance israélite universelle. Ci sono ebrei e capi ebrei che ancora oggi si preoccupano di rappresentarla come una società filantropica e politicamente innocua e, naturalmente, ci sono altre persone che credono indiscriminatamente a questa evidente menzogna. Il sostegno degli ebrei senza mezzi naturalmente è solo di facciata; già il fondatore dell'Alleanza, Crémieux,[208] si era dato un compito politico fin dall'inizio: "Deve sorgere un nuovo impero... al posto dell'Imperatore e del Papa", disse alla prima Assemblea Generale e più tardi riferì: "Stiamo avanzando a grandi passi, l'Alleanza sta diventando una vera potenza".

---

[208] [Adolphe Crémieux (nato Isaac Moïse) (1796-1880) fu un politico ebreo francese liberale che fondò l'Alliance Israelite Universelle nel 1860].

Questo è abbastanza inequivocabile, e l'attività benevola dell'Alleanza è consistita per decenni nel reprimere gli affari scandalosi contro gli ebrei, i "perseguitati innocenti" e altre cose del genere. E oggi l'incommensurabile ricchezza opera in tutti gli Stati per il dominio mondiale ebraico. È più che mai giusto il detto che l'Alleanza: "ha accesso ai troni più potenti e che tutte le autorità politiche e municipali si sottomettono ad essa".[209]

A questa società segreta, si potrebbe dire onnipotente, appartenevano inoltre, oltre ai signori inglesi sopra citati, i seguenti statisti: Burnay, Herbert Samuel (già sindaco di Londra), il conte di Reading (Rufus Isaacs, ora morto, che era stato proposto come giudice di Guglielmo II, colpevole di "danneggiare l'etica internazionale"), George Ernest (Salomon), B. Putmann (Simonsohn), tutti in Inghilterra; i Rotschild e i Lauder. Putmann (Simonsohn), tutti in Inghilterra; i Rotschild e i Lavinos in Francia; il Gran Maestro Lemmi, il Segretario del Tesoro Luigi Luzzati, il Ministro degli Esteri Sonnino, il Ministro della Guerra Ottolenghi, Barzilai (Bürzel), tutti in Italia; Nathan Strauss, Bernhard Baruch (direttore di tutte le industrie belliche degli Stati Uniti e rappresentante di 26 nazioni dell'Intesa nelle transazioni in tutte le parti del mondo), tutti in America; Fronseca, Castro e Pereira in Portogallo e Brasile, ecc.[210]

Questi nomi parlano chiaro senza dover citare le imprese miliardarie e chiunque abbia un giudizio in qualche misura privo di pregiudizi deve dirsi che dimostrano una forte attività di

---

[209] Allgemeine Zeitung des Judentums, febbraio 1891; Heise, Ententefreimaurerei [Karl Heise, Entente-Freimaurerei und Weltkrieg:Ein Beitrag zur Geschichte des Weltkrieges und zum Verständnis der wahren Freimauererei, Basilea: Ernst Finckh, 1920].

[210] Heise, op. cit., p. 49. Per inciso, in Heise si notano alcuni comprensibili errori.

cooperazione. Anche se queste persone potevano avere conflitti d'affari, in una cosa erano unite: distruggere la Germania.

Gli ebrei e la massoneria

Gli ebrei speculatori del mondo sono in un altro modo strettamente legati ai responsabili del destino degli Stati dell'Intesa: attraverso la Massoneria.

Non intendo approfondire i numerosi "misteri" o i presunti segreti dei massoni, ma solo illuminare l'effetto politico dell'ordine e i suoi obiettivi.

Il Paese in cui è nata la vera Massoneria è l'Inghilterra. Dall'Inghilterra furono fondate logge in Francia e in Germania all'inizio del 18 secolo, nel 1721 a Dunkerque e Mons, nel 1725 a Parigi, nel 1733 a Valenciennes, ecc. Nonostante il re minacciasse di tutto le società segrete, queste conquistarono un tale seguito che nemmeno la prospettiva della Bastiglia faceva paura. Nel 1756, numerose associazioni si unirono in una "Gran Loggia di Francia".

Indipendentemente da essa, a Parigi sorse il "Grande Oriente di Francia" sotto il duca di Chartres, poi Philippe Égalité,[211] come Gran Maestro. Nel 1778, solo a Parigi operavano 129 logge e nelle province 247! La formazione delle società segrete ebbe uno sviluppo simile in altri Paesi.

---

[211] [Luigi Filippo, duca d'Orléans (1747-1793) fu un attivo sostenitore della Rivoluzione francese e adottò il nome rivoluzionario di Philippe Citoyen Égalité. Fu Gran Maestro dell'Oriente francese dal 1771 al 1793, quando prese le distanze dalla Massoneria. Soprattutto a causa della frequentazione del figlio, Luigi Filippo, duca di Chartes, con il generale Charled Dumouriez, che disertò nel campo austriaco nel marzo 1793, il duca d'Orléans fu arrestato e ghigliottinato nel novembre 1793. Il duca di Chartres divenne re Luigi Filippo I nel 1830].

Anche se potevano prevalere molti disaccordi tra loro, in una cosa erano uniti: nella lotta contro la monarchia e la Chiesa.

Per dirla in breve: l'ordine massone era, ed è, un'organizzazione segreta internazionale con l'obiettivo di stabilire una repubblica mondiale antireligiosa. Questo obiettivo è sempre stato davanti ai suoi occhi, anche quando spesso ha usato e sostenuto la monarchia, a seconda del suo potere e delle circostanze che dipendevano da essa.

Il sermone secondo cui bisogna servire l'uomo, non le singole nazioni, trovò in esso il suo organo più influente: l'"umanità" onnicomprensiva, la "libertà, l'uguaglianza e la fraternità" di tutti gli uomini furono insegnate da esso sistematicamente, per trovare infine la strada nel mondo come un vangelo appena annunciato.

> "Distruggere ogni tipo di differenza tra gli uomini", dice l'ufficiale del Grande Oriente Clavel, "questa è la grande opera intrapresa dalla Massoneria".[212]

Queste prove possono essere moltiplicate all'infinito. Gli slogan che hanno scosso il mondo più e più volte sono stati la moneta dell'ordine mondiale. Hanno risuonato per la prima volta nell'anno della catastrofe, il 1789. La tendenza antimonarchica è stata spesso repressa per calcolo, ma non è mai andata perduta e trionfa oggi più che mai.

> "Negli Stati monarchici, i massoni bevevano alla salute del re durante il pasto comune. Naturalmente si insisteva sull'obbedienza alle leggi. Queste misure precauzionali, come la "furbizia" richiesta a un'associazione che tanti governi sospettosi guardavano, non bastarono di per sé a distruggere l'influenza

---

[212] Clavel, *Histoire pittoresque de la Franc-maçonnerie*, p.23

rivoluzionaria che i massoni dovevano esercitare secondo la loro stessa natura".[213]

"È necessario che ottenga il massimo potere politico, che sieda su tutti i troni o, piuttosto, che governi su tutti i troni attraverso i suoi grandi uomini e le associazioni dei suoi fratelli".[214]

Non è necessario fare altre citazioni di sforzi massonici; dicono tutti la stessa cosa e, per quanto riguarda le azioni, le rivoluzioni dal 1789 a quelle di oggi sono state per la maggior parte frutto dell'influenza massonica.

Prima di passare a questi argomenti, però, è necessario sottolineare un fattore estremamente importante: l'accettazione degli ebrei nelle società segrete.

Il popolo ebraico, sparso in tutti i Paesi eppure strettamente legato, è per sua natura un popolo cospiratore nato. In teoria, le teorie internazionali della Massoneria non ponevano alcun ostacolo agli ebrei.

Già nel 1722 fu dichiarato in Inghilterra che

"La Massoneria è un'associazione di uomini per la diffusione di principi tolleranti e umani, ai cui sforzi l'ebreo e il turco possono partecipare tanto quanto il cristiano".[215]

---

[213] Louis Blanc, Histoire de la révolution française. [Louis Blanc (1811-1882) è stato un politico e storico socialista francese. La sua storia della Rivoluzione francese fu pubblicata in 12 volumi dal 1847 al 1862.

[214] Cfr. Deschamps, Les sociétés secrétes, Vol.II, p.239. [Nicolas Deschamps (1797-1872) era un gesuita il cui studio sulla Massoneria come agenzia di sovversione religiosa, morale, sociale e politica fu pubblicato postumo nel 1874-1876].

[215] Lémann, L'ingresso degli israeliani nella società francese, p. 353.

Tuttavia, l'avversione nei confronti degli ebrei non era facilmente superabile e solo con mosse astute riuscì a insinuarsi e, maestro di intrighi, a governare. Nel 1754, un ebreo portoghese, Martinez Paschalis, [216] fondò una setta cabalistica in cui gli ebrei confluirono in gran numero.

Dopo la sua morte, Saint-Martin[217] assunse la guida della società. Essa sviluppò ramificazioni in tutti i Paesi e persino in Russia (i Martinisti). In Inghilterra, Toland [218] si era adoperato per la naturalizzazione degli ebrei inglesi e aveva scritto due opere (1713 e 1718) a questo scopo; in Germania, i salotti ebraici erano diventati centri di influenza politica; Mendelssohn aveva conquistato Lessing[219] per gli obiettivi ebraici e riuscì a plasmarlo

---

[216] [Martinez de Pasqually (1727 ca. - 1774 ca.), forse un ebreo sefaradico, istituì intorno al 1760 l'Ordine degli Chevaliers Maçons Élus Coëns de l'univers, introducendo così un ordine ebraico di "sacerdoti" ("kohen") nella Massoneria, anche se si trattava di un ordine teurgico esoterico. Il suo trattato principale "Sulla reintegrazione degli esseri" fu scritto manoscritto dal suo allievo e segretario, Louis-Claude de Saint-Martin (vedi nota sotto)].

[217] [Louis-Claude de Saint-Martin (1743-1803) era un aristocratico francese che incontrò Martinez de Pasqually nel 1768 e divenne suo segretario. Saint-Martin si interessò anche alle opere del mistico tedesco Jacob Boehme (1575-1624), di cui tradusse le opere in francese. Insoddisfatto del teurgismo di Pasqually, Saint-Martin sostenne la meditazione come tecnica per sviluppare una forma spirituale di cristianesimo].

[218] [John Toland (1670-1722) nacque in Irlanda da un cattolico di oscure origini, ma si convertì al protestantesimo e divenne un filosofo razionalista e repubblicano. Nel 1714 pubblicò un'opera intitolata Reasons for naturalising the Jews in Great Britain and Ireland (Ragioni per la naturalizzazione degli ebrei in Gran Bretagna e Irlanda) che sosteneva la piena cittadinanza e l'uguaglianza dei diritti per gli ebrei].

[219] [Gotthold Ephraim Lessing (1729-1781) fu un drammaturgo e critico molto amico dell'ebreo Moses Mendelssohn. Le sue opere sono state pioniere del dramma borghese e il personaggio di Nathan nella sua opera Nathan der Weise (1779) era basato su Mendelssohn stesso. Questa opera, che tenta di dimostrare che le concezioni umane di Dio sono relative, fu proibita dalla Chiesa e fu rappresentata per la prima volta postuma nel 1783].

per essi; su sua richiesta, Dohm scrisse (1781) la già citata opera sulla riforma della politica ebraica, le cui proposte, come abbiamo visto, servirono a Mirabeau come base per la sua promozione degli interessi ebraici.[220]

In questo modo il morale e il potere delle logge ebraiche furono rafforzati a sufficienza per ottenere la loro accettazione ufficiale nell'intera associazione. Ciò avvenne nel memorabile congresso di Wilhelmsbad del 1781.

Lì il fondatore dell'ordine tedesco degli Illuminati, Weishaupt,[221] aveva indetto un congresso di tutte le società segrete. Vi parteciparono delegati provenienti da tutti i Paesi d'Europa, dall'America e persino dall'Asia. Qui tutte le cospirazioni furono unificate sotto la formula di Weishaupt "per unire gli uomini di tutti i Paesi, di tutte le classi e di tutte le religioni per un interesse superiore e in un'associazione durevole".[222] E il rappresentante dei martinisti francesi dichiarò a un'inchiesta sui risultati del congresso:

> "Non vi svelerò i segreti che porto con me; ma quello che penso di potervi dire è che è stata istigata una cospirazione e che sarà difficile che la religione e i governi non cadano".[223]

---

[220] [Mirabeau pubblicò un'opera sugli ebrei intitolata Sur Moses Mendelssohn, sur la réforme politiques des Juifs, Londra, 1787].

[221] [Adam Weishaupt (1748-1830) fu il fondatore bavarese degli Illuminati. Fondò per la prima volta un Ordine di Perfettibilisti nel 1776 per abolire tutti i governi monarchici e le religioni statali in Europa. Fu iniziato alla Loggia massonica di Monaco nel 1777, ma presto sviluppò le proprie tecniche gnostiche di illuminazione umana che incorporò nel suo nuovo ordine degli Illuminati].

[222] Ibidem.

[223] Ibidem, p. 339.

Queste parole furono espresse otto anni prima del loro compimento. Il tempo fino ad allora era trascorso in una zelante attività clandestina. A questo proposito Louis Blanc riferisce:

> "Si era formata un'associazione straordinaria. I suoi membri vivevano nei Paesi più diversi, appartenevano a ogni religione (anche agli ebrei) e a ogni condizione sociale. Alla vigilia della Rivoluzione francese aveva già acquisito un'importanza incommensurabile. Si era diffusa in tutta Europa e appariva ovunque come un'associazione i cui fondamenti erano in contraddizione con i principi della società civile...".

Nel 1785 si tenne a Parigi un grande consiglio, dove, tra gli altri, soprattutto Cagliostro (l'ebreo Giuseppe Balsamo, fondatore del "Sistema Egizio")[224] ebbe un ruolo predominante. Qui si decise definitivamente la Rivoluzione francese. Nel 1787, Cagliostro ebbe l'insolenza di indirizzare un manifesto al popolo francese e di predirgli tutti gli eventi che poi si avverarono: la distruzione della Bastiglia, il rovesciamento della monarchia, l'introduzione del culto della ragione.

L'attività pubblicitaria fu condotta febbrilmente, furono distribuiti i noti slogan, contadini e soldati si acquisirono come soldati, il 14 luglio 1789 fu stabilito come giorno dell'insurrezione. Poi le logge furono chiuse e i fratelli si recarono nei municipi e nei comitati rivoluzionari.

Quando finalmente, nel 1789, la popolazione istigata all'esterno si fece avanti, i cospiratori si sedettero con lo stupido re, gli promisero fedeltà, gli dipinsero immagini ingannevoli della spaventosa potenza del popolo oltraggiato, gli consigliarono di

---

[224] [Cagliostro era il nome di fantasia del falsario e truffatore Giuseppe Balsamo (1743-1795), nato nel quartiere ebraico di Palermo in Sicilia. Si dice che abbia creato un Rito Egiziano della Massoneria e fondato diverse logge in tutta Europa. Fu arrestato nel 1789 come massone e in un primo momento condannato a morte, ma il Papa commutò poi la pena in ergastolo].

preservare la pace civica, di rinunciare ai suoi privilegi monarchici, ecc. E quando infine lo avevano indebolito, usurpando il potere per sé, lo nascosero nel tempio. Un documento estremamente interessante sui poteri di quest'epoca ci viene fornito dall'ex ministro degli Esteri prussiano, il conte Haugwitz,[225] in una memoria del 1822 scritta dopo il suo ritiro dalla vita politica.[226] Riporto qui di seguito il testo:

> "L'attitudine e l'istruzione avevano suscitato in me un desiderio di conoscenza che l'ordinario non soddisfaceva: grazie al conte Stolberg e al dottor Mumser fui accettato io stesso nel Capitolo... Fui chiamato ad assumere la direzione superiore di una parte delle conferenze massoniche prussiane, polacche e russe. La massoneria era divisa in due partiti. Uno cercava la pietra filosofale e si occupava di alchimia... Diverso era il discorso per l'altro partito, il cui capo apparente era il principe Federico di Brunswick.[227]
>
> In aperta lotta tra loro, i due erano d'accordo su una cosa: avere il trono in loro possesso e i monarchi come loro fiduciari, questo era l'obiettivo. Non mi rimaneva altro che andarmene con éclat o andare per la mia strada... Ho acquisito la forte convinzione che ciò che era iniziato nel 1789, la Rivoluzione francese, il regicidio, era stato introdotto da lungo tempo attraverso i legami... Il mio primo impulso fu quello di informare il principe Friedrich Wilhelm di tutto. Al principe sembrò consigliabile non interrompere del tutto il legame con la massoneria, in quanto vedeva attualmente, con uomini legali nelle logge, un mezzo per

---

[225] [Il conte Cristiano Haugwitz (1752-1832) fu ministro degli Esteri della Prussia durante le guerre napoleoniche. Nel 1806, dopo la battaglia di Jena, Haugwitz si ritirò dalla sua carica].

[226] Denkschriften und Briefe, 1840, Vol. IV, pp. 212-220.

[227] [Il principe Federico Guglielmo, duca di Brunswick-Lüneburg (1771-1815) partecipò alla battaglia di Jena come maggiore generale. Nel 1809, con l'aiuto dell'Impero austriaco, creò una Schwarze Schar (Orda Nera) per liberare la Prussia dal dominio napoleonico].

ridurre l'influenza del tradimento... La rete segreta esiste da secoli e minaccia l'umanità più che mai...".

In una riunione del Comitato di propaganda della Rivoluzione del 21 maggio 1790, uno dei principali cospiratori (Duport) disse:

> "Il nostro esempio rende inevitabile il rovesciamento del trono e la Rivoluzione francese getterà gli scettri dei re davanti ai piedi del popolo. Ma non dobbiamo rimanere sulla difensiva; se non vogliamo trasferire la rivoluzione negli altri regni è perduta... Ciò significa cercare possibilità di rivoluzione in ogni governo e operare con esse. La vanità riscalda i borghesi, il bisogno impellente rovina il popolo. I primi hanno bisogno di oro per giocare d'azzardo, per i secondi è sufficiente avere speranze realizzate...".

Il Grande Oriente di Francia ha pubblicato un manifesto in cui si legge:

> "Tutte le logge si sono riunite per unirsi, per unire i loro poteri a sostegno della rivoluzione, per ottenere amici e protettori per essa ovunque, per alimentare il fuoco e con esso incendiare le menti, per suscitare entusiasmo in tutti i paesi e con tutti i mezzi in loro potere...".[228]

Dopo tutto, non è così sorprendente che tra gli uomini di spicco del 1789 circa 250 fossero massoni. Il fatto che molti siano sfuggiti al controllo e siano stati consegnati alla ghigliottina dai loro fratelli non cambia nulla nei fatti sopra citati. Di norma, il diavolo è davvero, alla fine, il pazzo.

Le armate francesi marciarono trionfalmente attraverso i paesi, il tanto famoso esercito prussiano, invece, cadde in un colpo solo.

---

[228] Deschamps, op. cit., vol. II, pp. 138, 150-154.

Perché? Anche qui, insieme al codino, operava anche il potere segreto.

Al massone Dumouriez[229] si opposero il Duca di Sachsen-Teschen,[230] massone, come comandante delle truppe austriache, e l'Illuminato Duca di Brunswick, come comandante supremo. Quest'ultimo, naturalmente, pubblicò manifesti minacciosi, chiedendo sicurezza per il re di Francia, ma i suoi atti erano in completa contraddizione con essi. Naturalmente le orde indisciplinate di Dumouriez si dispersero, le fortezze aprirono le porte al primo colpo di cannone, ma la prima città che mostrò una certa resistenza, Thionville, sembrava già invincibile. A Parigi si pensava che tutto fosse perduto, ma accadde qualcos'altro. Infatti, nonostante la visibile superiorità delle truppe tedesche a Valmy, il duca di Brunswick contravvenne agli ordini del re di Prussia, che avrebbero causato una sconfitta decisiva all'esercito rivoluzionario, e lasciò che le truppe prussiane si allontanassero mentre i francesi barcollavano.

Più tardi, Napoleone a Sant'Elena lasciò intendere chiaramente la sua opinione che qui era in gioco un tradimento massonico. E anche se non vogliamo ipotizzare alcun tradimento, dobbiamo comunque supporre una riluttanza interiore a combattere contro eserciti che sembravano essere portatori di idee a cui gran parte del corpo ufficiali prussiano stesso rendeva omaggio.

L'esercito tedesco in ritirata fu seguito dai francesi vittoriosi, le fortificazioni tedesche, difese per la maggior parte da ufficiali

---

[229] [Charles François Dumouriez (1739-1823) fu un generale francese durante le guerre rivoluzionarie ma disertò l'esercito, insieme al duca di Chartres, nel 1793. La battaglia a cui si fa riferimento è la battaglia di Jemmapes del novembre 1792].

[230] [Il principe Alberto di Sassonia, duca di Teschen (1738-1822) era un principe tedesco che si sposò con la famiglia Hasburg. Guidò l'esercito imperiale contro i francesi nella battaglia di Jemmapes].

massoni, si arresero senza opporre resistenza. Gli Illuminati di Magonza, Böhmer,[231] invitarono il generale francese Custine[232] a porre l'assedio, anche se quest'ultimo mancava di quasi tutto il necessario.

Tre giorni dopo la richiesta di quest'ultimo di consegnare la fortificazione, i francesi entrarono in marcia.[233] In modo simile Francoforte, Speier e Worms caddero nelle mani di Custine e in questo modo anche il Brabante e le Fiandre furono consegnate a Dumouriez. Ma proprio in questo modo Pichegru[234] "conquistò" l'Olanda, dove gli vennero consegnati punti importanti grazie alle cospirazioni di molti capi commerciali alla cui testa si trovava l'ebreo Sportas, "zelante" della rivoluzione. Naturalmente la congiura fu scoperta ma era troppo tardi, i traditori non soffrirono minimamente; ben presto caddero Amsterdam, Nijmwegen e Utrecht.

In questo modo potente le società segrete operarono anche in seguito, Napoleone fu sostenuto all'inizio in tutti i paesi. Ma quando non volle aderire all'ordine, ma utilizzarlo per i suoi scopi, fu lasciato cadere. Questo accadde già nel 1809. Mentre prima era meravigliosamente ben informato su tutto ciò che accadeva nel campo nemico, mentre i capi delle truppe tedesche erano ingannati da false informazioni, ora Napoleone si trovò

---

[231] [Georg Wilhelm Böhmer (1761-1839) fu un teologo convinto sostenitore della Rivoluzione francese e contribuì a fondare, insieme alle truppe rivoluzionarie francesi, l'effimera Repubblica di Magonza del 1793].

[232] [Adam Philippe, conte di Custine (1740-1793) era un generale dell'esercito rivoluzionario e prese Speier, Worms, Francoforte e Magonza nel settembre-ottobre 1792].

[233] Custine, Memoires.

[234] [Jean-Charles Pichegru (1761-1804) fu un generale francese che guidò l'esercito rivoluzionario nei Paesi Bassi, in Austria e in Germania, ma nel 1795 si dimise dal Direttorio e si unì ai realisti francesi].

nella situazione di non essere ben informato. Mai, si dice, fu più grande che nella sua sconfitta; ma questo non lo aiutò.

E tra le principali ragioni della sua catastrofe c'è sicuramente la sua estraneità ai massoni che non hanno più messo le loro informazioni al suo servizio, ma hanno lavorato per il suo rovesciamento.

Passiamo ora alla situazione in Germania. Qui bisogna innanzitutto sottolineare l'invasione degli ebrei.

Nel 1807 fu fondata a Francoforte sul Meno una loggia ebraica, "L'aurore naissante", con il sostegno francese.[235] Nel 1814 fu riorganizzata dal patriarca Hirschberg.[236]

Un libro di un massone apparso nel 1816, *Jewry in Freemasonry: A warning to all German lodges*,[237] descrive la sua fondazione di Francoforte nel modo seguente:

> "Questo nuovo sistema templare ebraico della loggia di Francoforte è abbastanza chiaramente collegato alle intenzioni espresse nell'*Organon biblico*. I cavalieri della triplice croce

---

[235] [La loggia "L'aurore naissante" fu fondata a Francoforte nel 1807 dal Grande Oriente di Francia quando Francoforte era occupata dall'esercito napoleonico. Accettò gli ebrei tra i suoi membri in un momento in cui era loro negato l'accesso alle logge massoniche tedesche. Quando l'esercito napoleonico si ritirò da Francoforte, la loggia cambiò nome in "Loge zur aufgehenden Mogenröte". Nel 1817 ottenne il riconoscimento in Inghilterra come loggia massonica da August Frederick, duca di Sussex, Gran Maestro della Gran Loggia Unita d'Inghilterra. Ludwig Börne (vedi sotto, p.111) era un membro di questa loggia].

[236] [Ephraim Joseph Hirschfeld (ca. 1758-1820) era un cabalista ebreo tedesco e massone. Il Biblisches Organon, pubblicato nel 1796, è un'esegesi cabalistica della Genesi che scrisse insieme al fratello Pascal].

[237] [Das Judentum in der Maurerei: eine Warnung an alle deutsche Logen, n.p.,1816].

devono vendicare Dio per i credenti - per gli ebrei tutti i non ebrei sono miscredenti - e ristabilire la legge del Signore; la ricompensa del loro lavoro è: per ogni cavaliere un pezzo della terra dei miscredenti. Qui si nasconde ancora una volta l'ebraismo, perché solo l'ebraismo ha un dio che i suoi confessori devono esaltare e all'ebreo la proprietà dei miscredenti è promessa più della propria legittima proprietà".

La fondazione di logge ebraiche a Francoforte fu seguita da altre simili ad Amburgo e in altre città della Germania. Da queste società segrete si sviluppò un'incessante attività sovversiva che impedì un corso pacifico della vita politica. E, nel 1848, gli ebrei apparvero anche sulla superficie della vita tedesca. Heine e Börne sono le personalità più note.

"Gli ebrei hanno fornito nelle rivoluzioni d'Europa abili scrittori... Il 1848 ha mostrato una ricchezza letteraria ebraica che difficilmente si poteva immaginare e tutti i giornali della stampa ministeriale, di quella cosiddetta costituzionale e di quella rossa sono stati immediatamente pubblicati e redatti quasi esclusivamente da ebrei".[238]

E Disraeli, il primo ministro ebreo dell'Inghilterra,[239] un uomo che sapeva meglio di chiunque altro come stavano le cose, disse con orgoglio:

"La potente rivoluzione che sta fermentando oggi in Germania si sta sviluppando interamente sotto il patrocinio dell'ebreo, a cui è andato il monopolio quasi totale della classe professorale".[240]

---

[238] Eckert, Der Freimaurerorden, p.242. [Eduard Emil Eckert (morto nel 1866) è stato uno scrittore tedesco antimassonico. Il suo Der Freimaurerorden in seiner wahren Bedeutung fu pubblicato nel 1852].

[239] [Benjamin Disraeli (1804-1881) fu il primo ministro ebreo del Regno Unito per due mandati, nel 1868 e nel 1874].

[240] Coningsby, 1844, in des Mousseaux, Le Juif. [Coningsby è uno dei numerosi romanzi politici di Disraeli ed è ambientato nel periodo del Reform

Per questo motivo l'attacco fu diretto all'unanimità contro la religione e furono gettati i pesi della discordia tra protestanti e cattolici per infiammare l'odio in Germania.

Tutto questo, proprio come oggi, sotto il mantello della tolleranza, della libertà di pensiero e dell'umanitarismo. In questo si è particolarmente distinta la loggia amburghese "Alle tre ortiche"[241].

Blumröder ha detto in una conferenza della loggia (Asträa)[242]:

"Se lo sviluppo dell'umanità deve progredire, le vecchie forme dello Stato e della Chiesa devono cadere sotto pesanti colpi di martello.

Le vecchie strutture saranno poi distrutte con la forza e se questa distruzione è punibile secondo le leggi umane, la legge eterna che governa la storia dell'umanità ne è comunque soddisfatta".

Gotthold Salomon,[243] dottore in filosofia, fratello della loggia "Alba nascente", membro onorario della loggia "Unicorno

---

Bill del 1832] [Henri Roger Gougenot des Mousseaux (1805-1876) era uno scrittore francese antimassonico il cui Le Juif, le judaïsme et la judaïsation des peuples chrétiens apparve nel 1869].

[241] [La loggia di Amburgo "Absalom zu den drei Nesseln", fondata nel 1737, fu la prima loggia massonica ad essere fondata in Germania. Il suo nome originario era "Loge du St. Jean" e fu trasformato in "Absalom" (padre biblico della pace) nel 1743 e poi, nel 1765, nella forma attuale].

[242] [La loggia massonica Zu den drei Schwestern und Asträa zur grünenden Raute fu fondata a Dresda nel 1738 e fu la terza loggia ad essere fondata in Germania].

[243] [Gotthold Salomon (1784-1862) fu un rabbino e politico tedesco che si batté per l'emancipazione degli ebrei].

d'argento",[244] rende pubblica la seguente dichiarazione che non può essere superata in chiarezza:

> "Perché anche nell'intero rituale massonico non c'è traccia del cristianesimo della Chiesa? Perché i massoni non parlano della nascita di Cristo ma, come gli ebrei, della creazione del mondo? Perché non c'è nessun simbolo cristiano nella Massoneria? Perché il cerchio, il quadrato e la bilancia? Perché non la croce e altri strumenti di tortura? Perché non, invece di Sapienza, Forza e Bellezza, il trio cristiano: Fede, Carità, Speranza?".

Il massone Ludwig Bechstein, [245] Consigliere di Corte, Bibliotecario Capo di Meiningen, Cavaliere dell'Ordine dell'Aquila Rossa, [246] rivela il suo obiettivo con le seguenti ingenue parole:

> "Tutti vogliono essere felici; il godimento della vita è un diritto di ogni uomo: ma questo diritto è molto compromesso dalla pressione del presente".

Il signor Goldschmidt, un fratello ebreo, scrive nei suoi "Segni" in occasione dello scioglimento di un ordine:

> "Lo scioglimento dell'ordine in una parte dell'America non può meritare l'approvazione; qualunque sia la forma statale, potrà essere sciolto solo il giorno in cui ci sarà un solo dio e una sola invocazione".

Che non si tratti del dio cristiano e della visione cristiana del mondo è sottolineato in modo inequivocabile dal vice e

---

[244] [La loggia Zum silbernen Einhorn si trovava a Nienburg].

[245] [Ludwig Bechstein (1801-1860) fu collezionista di fiabe e bibliotecario del duca Bernardo II di Sassonia-Meiningen].

[246] [La loggia "Zum rothen Adler" fu fondata ad Amburgo nel 1774].

compagno di razza di Goldschmidt, Ludwig Börne[247] (Baruch). Egli dice:

> "Nacque il dominio e con esso la schiavitù. I malvagi tennero consiglio per consolidare il loro dominio e pensarono al cristianesimo per provocare un conflitto sanguinoso tra gli uomini. I buoni e i migliori di ogni epoca videro questo, come l'umanità si agitava nelle proprie viscere, videro e si lamentarono, ma non disperarono. Allora nei loro cuori spuntò l'erba del rimedio. Il cerchio segreto si strinse attorno all'altare della giustizia. Qual è l'associazione che unisce i nobili? La massoneria".

Quanto segue dovrebbe dare prova di come stavano le cose nella testa dei capi della Massoneria: Mazzini[248] spiega come suo principio che gli ordini devono essere attaccati in modo tale che le rivoluzioni siano provocate dalla stessa autorità governativa. Scrive inoltre:

> "Che il popolo non dorma mai. Circondatelo di inquietudini, agitazioni, sorprese, bugie e festeggiamenti. Non si rivoluziona un Paese con la pace, la moralità e la saggezza. Il popolo deve essere frenetico".

In America, quest'uomo ha lanciato un appello per la fondazione di un'alleanza repubblicana universale che termina con queste parole:

> "Ritengo che sia un diritto e un sacro dovere di ogni nazione e di ogni uomo sostenere con tutti i mezzi possibili gli sforzi in altre nazioni e tra altri uomini per la fondazione di un'alleanza

---

[247] [Vedi sopra p.108n.]

[248] [Giuseppe Mazzini (1805-1872) fu un repubblicano italiano la cui attività rivoluzionaria contribuì alla formazione di un'Italia unita. Nel 1831 Mazzini fondò a Marsiglia la società "Giovine Italia", che lavorava per l'unificazione dell'Italia].

universale e repubblicana. E mi impegno, come membro di questa unione, ad aiutare la propagazione e la realizzazione del nostro sforzo con tutto il mio potere e con tutti i mezzi".[249]

Quando, nel 1834, i cospiratori si riunirono in Svizzera, Mazzini, che era stato cacciato dalla Francia, si mise alla loro testa. Gravato da un triplice omicidio deciso da un tribunale segreto da lui presieduto, aveva dimostrato che per lui ogni mezzo era buono. La "Giovane Italia" sorse attraverso di lui. "Ma non era sufficiente per il grande maestro", dice D'Arlincourt,

> "Per rivoluzionare un paese era necessario disturbare tutti. Fu fondata la Giovane Germania, la Giovane Polonia, la Giovane Svizzera, la Giovane Europa".[250]

Weishaupt, il tanto decantato idealista,[251] scrisse a un confratello di alto rango dell'ordine:

> "Per rimanere padroni dei nostri dibattiti dovremmo parlare a volte in un modo e a volte in un altro. Diciamo sempre che il fine mostrerà ciò che deve essere preso come verità; si parla a volte in questo modo, altre volte in un altro per non essere scoperti, per rendere il nostro pensiero attuale impenetrabile per i non iniziati. Voglio fare degli adepti delle spie, per loro stessi, per gli altri, per tutti".

---

[249] Citato in Deschamps, op.cit., Vol. II, p.523.

[250] L'Italie rouge, Parigi, 1815, pp.5-6. [Vedi nota sotto] [La Giovane Europa era una società formata nel 1834 a Berna da Mazzini insieme a rifugiati italiani, polacchi e tedeschi].

[251] [Charles Victor-Prévot, visconte d'Arlincourt (1788-1856) fu un romanziere e drammaturgo che scrisse una storia delle rivoluzioni italiane dal 1846 al 1850 intitolata L'Italie rouge, ou Histoire des révolutions de Rome, Naples, Palerme...(1850)].

Un fratello di alto rango scrisse ad un altro (Nubius):[252]

> "Tutto si assoggetta al livello a cui vogliamo abbassare l'umanità. Speriamo di minare per governare... Ma temo che ci siamo spinti troppo oltre; quando osservo le personalità dei nostri agenti, comincio a temere di non essere in grado di controllare la tempesta che è stata evocata... Abbiamo derubato il popolo delle credenze religiose e monarchiche, dell'onestà e della famiglia, e ora, quando sentiamo un tuono da lontano, tremiamo perché il mostro potrebbe divorarci. Abbiamo spogliato il popolo, a poco a poco, di ogni sentimento onesto; sarà spietato... Il mondo è stato portato a dipendere dalla democrazia e da tempo la democrazia per me significa sempre demagogia".[253]

Alla stessa personalità è indirizzata anche una significativa lettera dell'ebreo Piccolo-Tigre, a suo tempo uno dei principali agenti in tutta Europa.[254] Dopo aver espresso soddisfazione per un viaggio orientato all'agitazione, si legge:

> "D'ora in poi non ci resta altro da fare che accendere il motore per giungere alla risoluzione del dramma... La terra che ho arato sta traboccando e, se posso fidarmi dei resoconti, non siamo più lontani dall'epoca che è stata a lungo desiderata.
>
> "Il rovesciamento del trono è per me, che ho studiato l'opera delle nostre società in Francia, in Svizzera, in Germania, fuori di dubbio... Non si tratta di una rivoluzione in un paese o in un altro,

---

[252] [Questa lettera fu apparentemente scritta da un membro dei Carbonari italiani, simili ai massoni, il 3 aprile 1844. Essa delineava un piano di sovversione della Chiesa cattolica (cfr. E. Barbier, *Les infiltrations maçoniques dans l'Église*, Paris/Brussels : Desclée de Brouwer, 1901, p.5)].

[253] [Crétineau-Joly, *L'Église romaine en face de la révolution française* [2 vols., 1859]. [Jacques Crétineau-Joly (1803-1875) è stato uno storico francese che ha pubblicato per la prima volta la lettera sopra citata nella sua opera sulla Chiesa romana e la Rivoluzione francese].

[254] [L'ebreo Piccolo Tigre era apparentemente un membro della società segreta italiana dell'Alta Vendita (Haute Vente Romaine). Per la sua lettera a Nubius si veda Crétineau-Joly, Vol.II, p.387].

che si può sempre realizzare con la buona volontà. Per distruggere definitivamente il vecchio mondo, crediamo sia necessario soffocare il seme del cattolicesimo e del cristianesimo... purtroppo ci manca solo la testa per comandare. Il buon Mancini[255] ha ancora in testa e sulle labbra il suo sogno di umanità. Al di là delle modalità dei suoi tentativi, c'è qualcosa di buono in lui.

"Con la sua segretezza suscita l'attenzione delle masse, che non capiscono nulla dei discorsi dei cosmopoliti illuminati. La nostra stampa in Svizzera funziona bene e pubblica i libri che desideriamo... Presto dovrò andare a Bologna dove la mia presenza dorata sarà necessaria".[256]

In un'istruzione della stessa "piccola tigre" al più alto agente delle logge piemontesi, si legge: "La cosa più importante è isolare l'uomo dalla sua famiglia e renderlo immorale... Quando avrete instillato l'avversione per la famiglia e la religione in un certo numero di menti, allora lasciate cadere qualche parola che ecciti il desiderio di entrare nelle logge.

"La vanità della borghesia di identificarsi con la Massoneria ha qualcosa di così banale e universale che mi fa sempre piacere la stupidità umana. Mi meraviglio che il mondo intero non bussi alle porte dei più eminenti e chieda di essere un operaio in più nella ricostruzione del tempio di Salomone".[257]

Un documento estremamente interessante consegnato da un alto ufficiale militare italiano, Simonini, all'autore della storia dei

---

[255] [Pasquale Stanislao Mancini (1817-1888) divenne ministro degli Esteri nel 1881 e aderì a malincuore alla Triplice Alleanza tra Italia, Germania e Austria-Ungheria che durò tra il 1882 e il 1914 come contrappeso alla Triplice Intesa tra Gran Bretagna, Francia e Russia].

[256] Deschamps, op. cit., vol. II, pp. 277-279.

[257] des Mousseaux, *Le Juif, le judaïsme et la judaïsation des peuples chrétiens*, Paris, 1869, p.345. [cfr. anche Crétineau-Joly, op.cit., Vol.II, P.120].

giacobini, A. Barruel,[258] (1806) ci introduce particolarmente bene ai laboratori della cospirazione massonica ebraica. Dopo aver ringraziato A. Barruel per la sua spiegazione della storia della rivoluzione, Simonini continua:

"Il potere che, grazie alla sua grande ricchezza e alla protezione di cui gode in tutti i tribunali, è nemico non solo della religione cristiana, ma di ogni società, di ogni ordine, è la setta ebraica. Sembra essere nemica di tutti e separata da tutti, ma non è così. Infatti, è sufficiente che qualcuno si mostri anticristiano per essere immediatamente protetto e promosso da essa.

"E non abbiamo visto che ha distribuito il suo oro in abbondanza ai sofisti moderni, ai massoni, ai giacobini e agli Illuminati. Gli ebrei da una setta unita al fine, se possibile, di distruggere completamente il cristianesimo. Dico solo ciò che ho sentito dagli stessi ebrei. Mentre la mia città natale, il Piemonte, si trovava nel bel mezzo della rivoluzione, ho avuto l'opportunità di comunicare spesso con gli ebrei. Allora ero senza particolari scrupoli, feci credere loro che cercavo la loro amicizia e dissi loro, chiedendo il più stretto riserbo, che io, nato a Livorno, ero di famiglia ebraica: che vivevo solo esteriormente come cattolico, ma interiormente mi sentivo ebreo e avevo sempre conservato per la mia nazione un tenero amore. Mi presero completamente in confidenza.

"Mi promisero di fare di me un generale della Massoneria, mi mostrarono l'oro e l'argento che spendevano per il loro popolo e vollero regalarmi armi ornate, segno della Massoneria, che accettai anche per non scoraggiarli. Ora gli ebrei più influenti e ricchi, in diverse occasioni, mi hanno confidato quanto segue: "Che la Massoneria e gli ordini degli Illuminati sono stati fondati da due ebrei (purtroppo ho dimenticato i nomi che mi hanno fatto); che tutte le sette anticristiane derivavano da loro, e che queste contavano davvero milioni di persone in tutti i Paesi; che,

---

[258] [L'abbé Augustin Barruel (1741-1820) era un sacerdote gesuita le cui Mémoires pour servir à l'histoire du jacobinisme (4 volumi, 1797-1798) descrivevano in dettaglio una cospirazione di pensatori illuministi, massoni e Illuminati che portò alla Rivoluzione francese].

solo in Italia, avevano tra i loro seguaci 800 sacerdoti cattolici, professori, vescovi e cardinali; che, per meglio tradire i cristiani, si comportavano da cristiani e viaggiavano per tutti i Paesi con false prove di battesimo; che, con l'aiuto del denaro, avrebbero presto preteso l'uguaglianza dei diritti in tutti i Paesi; che, a tal fine, nel caso del possesso di case e terre, avrebbero rapidamente derubato i cristiani dei loro beni attraverso l'usura e che, infine, dopo meno di un secolo, sarebbero stati i dominatori del mondo e avrebbero distrutto tutte le altre sette per far regnare la propria".[259]

A queste confessioni Barruel fece notare che un massone aveva informato anche lui che c'era un certo numero di ebrei soprattutto nei gradi più alti della massoneria. Tutto il XIX secolo lo ha dimostrato e ancor più il nostro presente. Anche il mantenimento segreto del sentimento e del pensiero ebraico sotto una veste cristiana è un fatto che non si può ignorare. L'ebreo David Macotta[260] racconta che generazioni di ebrei segreti vivono in Spagna, soprattutto nella Chiesa. Lo storico ebreo Kayserling riferisce che nel 1895 un nobile spagnolo lo informò di essere di origine ebraica e che nella sua isola natale, Maiorca, vivevano migliaia di ebrei che, tutti ebrei segreti, si sposavano solo tra di loro.[261]

Dal grembo della Massoneria è emersa, a metà del secolo scorso, l'Internazionale come suo figlio. Queste due organizzazioni sono due ali di uno stesso movimento. Entrambe sono internazionali, entrambe lottano per il dominio nella battaglia contro ogni religione, entrambe sono nemiche dichiarate di ogni monarchia, entrambe combattono contro la proprietà e la famiglia. Nella

---

[259] Deschamps, op. cit., Vol. III, Appendice.

[260] [Frederick David Macotta (1828-1905) fu un finanziere e magnate anglo-ebraico che scrisse la storia The Jews of Spain and Portugal and the Inquisition (Londra, 1877).

[261] Geschichte der Juden in Navarra, p.188.

storia della Massoneria non è la prima volta che, all'interno della sua attività, si manifestano due tendenze. In questo modo potrebbe accadere che l'intera Massoneria abbia effettivamente consegnato il re di Francia alla ghigliottina, e che poi una parte abbia cessato la sua fedeltà agli ideatori della rivoluzione e li abbia portati ugualmente sotto la ghigliottina.

Questo si è ripetuto ancora una volta nella nostra epoca in cui i "democratici" sono costretti al muro dai "proletari". Non si può ancora dire con certezza se temporaneamente o definitivamente. Ma in ogni caso i proletari sono scelti come ariete per rovesciare, attraverso le rivoluzioni, ostacoli che non potevano essere rimossi se non con la violenza. Non è un caso che siano gli ebrei a guidare le truppe dell'anarchia in Russia, così come in Ungheria e in Germania. Essi sono i migliori trendsetter per il dominio mondiale della Massoneria giudaizzata alleata con l'Alliance Universelle Israélite.

Qualcosa di simile, anche se in misura minore, si verificò nel 1871. Nelle logge si rallegravano per la Comune di Parigi, anche se avrebbero dovuto essere fucilati insieme. Il Fratello Thirifoque la definisce la più grande rivoluzione che il mondo abbia mai potuto ammirare, il dovere della Massoneria è quello di sostenerla. Molti lo pensavano, ma la questione si è sviluppata in modo troppo colorito ed è stata interrotta. La brughiera aveva fatto il suo dovere.[262] Ben presto iniziò la dittatura dell'ebreo, e fratello, Gambetta;[263] tutto il governo, il senato, i capi stampa, ecc. erano quasi senza eccezione fratelli di loggia; tra i detentori del potere del 1879, c'erano 225 uomini, tra cui Crémieux, il

---

[262] ["Der Mohr hat seine Schuldigkeit getan. Der Mohr kann gehen" (Il moro ha fatto il suo dovere. Il moro può andare), una battuta della commedia di Friedrich Schiller Die Verschwörung des Fiesco zu Genua (1783)].

[263] [Léon Gambetta (1838-1882) fu uno statista ebreo francese attivo durante la guerra franco-prussiana. Divenne presidente della Camera dei deputati nel 1879 sotto il presidente Jules Grévy].

fondatore dell'Alliance Universelle Israélite. Da questo momento iniziò anche la propaganda antitedesca che abbracciava il mondo intero. I diplomatici della Massoneria lavorarono instancabilmente, gli stessi ebrei in Germania contribuirono con entusiasmo, i massoni tedeschi non opposero ostacoli a tutta l'attività (erano alla ricerca della pietra filosofale) ma flirtarono con il "fratello" occidentale. Oggi i cospiratori hanno fatto un notevole passo avanti verso il loro obiettivo: "attraverso la rivoluzione mondiale a una repubblica mondiale".

Che l'eccessivo entusiasmo di molte teste calde debba essere spesso frenato è comprensibile, ma il linguaggio feroce con cui i leader dei "capitalisti" e dei "proletari" si considerano reciprocamente è solo per gli stupidi.

"Per quanto grande possa essere l'antagonismo tra i soldati dei due eserciti, i leader non lo condividono, l'Internazionale è finora nelle mani di uomini che stanno più o meno sotto l'influenza di sette segrete", dice giustamente C. Janet nell'introduzione alla citata opera di Deschamps. Infatti, i Vanderveldes[264] e i compagni che hanno pronunciato discorsi entusiastici sono, allo stesso tempo, fedeli servitori della massoneria, cioè anche dell'ebraismo, menti simili si sono trovate. La notizia che anche Lenin e Trotsky fossero membri di una loggia parigina non è affatto inverosimile, anche se finora, per quanto ne so, non è stata portata alcuna prova decisiva.

Un cospiratore del tipo più puro era Simon Deutsch, un fratello massone e, allo stesso tempo, insieme a Marx, uno dei leader

---

[264] [Émile Vandervelde (1866-1938) è stato uno statista socialista belga, presidente dell'Ufficio Internazionale Socialista (1900-1918) e ministro della Giustizia, degli Esteri e della Sanità tra il 1918 e il 1937. Fu membro della Commissione belga che protestò con il Presidente Wilson contro la presunta brutalità dei tedeschi durante la guerra].

dell'Internazionale rossa. [265] Arnim [266] riferisce di questa personalità a Bismarck (1872) che è uno dei più importanti collegamenti tra la stampa democratica tedesca e francese e un pericoloso informatore politico. Durante la guerra franco-tedesca, Deutsch visse a Vienna e vi svolse una zelante propaganda, naturalmente a favore dei francesi. Nel 1871, tuttavia, emerse nuovamente a Parigi, questa volta come uno dei membri più attivi della Comune e come uno dei suoi più importanti donatori. Dopo la sconfitta della Comune finì in prigione, ma non per molto: grazie all'intervento del console austriaco fu nuovamente liberato. Anche l'espulsione dalla Francia che seguì fu di breve durata: un amico dell'ebreo Gambetta gli assicurò il permesso di rimanere a Parigi. Qui Deutsch finanziò la *République française* e diresse da qui la "Neue Freie Presse" viennese. Ma l'avventuriero non rimase a lungo nella città del Re Sole. Sentendo l'odore del pericolo, si trasferì in un'altra parte d'Europa per contribuire a infiammare la situazione.

Si recò sul Bosforo, fu inviato dai massoni nel comitato esecutivo dei Giovani Turchi, contribuì a preparare il rovesciamento di Abdül Aziz[267] e fece del suo meglio per scatenare la guerra tra Turchia e Russia. Nel 1877 fu proposto dai giornali sottomessi come governatore della Bosnia e, poco dopo, morì. Si vede che i molteplici aspetti della vita di questo onorevole pellegrino non lasciano nulla a desiderare. Sarebbe interessante scoprire quale sia l'eventuale relazione con l'ex ministro ebreo austriaco Deutsch.

---

[265] [Simon Deutsch (1822-1877) era un socialista rivoluzionario ebreo proveniente dalla Moravia dell'Impero asburgico. Incontrò Karl Marx nel 1874 a Karlovy Vary e conobbe anche Gambetta].

[266] Harry Eduard, conte Arnim-Sockow (1824-1881) è stato un diplomatico prussiano che ha ricoperto il ruolo di ambasciatore tedesco a Parigi nel 1872].

[267] [Abdül Aziz (1830-1876) fu il 32° Sultano dell'Impero Ottomano, che governò dal 1861 al 1876, quando fu deposto dai suoi ministri].

Per quanto riguarda l'ebreo Karl Marx, egli stesso suscita ancora oggi una grande rivolta, anche se bisogna vedere in lui anche un intrigante, sebbene molto controllato. I socialisti di ogni colore fanno riferimento a lui per giustificare le loro azioni. Mi sembra che i bolscevichi lo facciano soprattutto a ragione. Oggi, quando tutte le frontiere sono cadute, Karl Marx avrebbe sventolato la bandiera della guerra civile insieme a Karl Liebknecht e Leo Trotsky; anzi, ha applaudito la Comune di Parigi da Londra!

Un episodio poco noto getta una luce significativa sulle sue motivazioni. Quando l'Internazionale, ancora giovane, si riunì a Ginevra,[268] fu sollevata una questione che, se decisa altrimenti, avrebbe potuto farne un vero partito operaio e non un focolaio di ambiziosi intriganti. I delegati francesi fecero una petizione per accettare nell'Internazionale, che avrebbe dovuto essere una rappresentanza corporativa dei lavoratori, solo operai, lavoratori manuali in senso stretto. In questo modo sarebbero stati in grado di seguire chiaramente i loro obiettivi economici in opposizione ai molti discorsi e intrighi. Contro questa proposta Marx, sostenuto soprattutto dal genero Lafargue,[269] mise in campo tutta la sua autorità ed eloquenza e riuscì infine a far sì che tutte le porte rimanessero aperte agli "intellettuali".

Le conseguenze di questo evento non possono essere sopravvalutate. Se la risoluzione precedente fosse stata accettata, il programma economico sarebbe stato chiaro; le eccezioni per i lavoratori non manuali che servivano gli interessi dei lavoratori non avrebbero alterato le basi.

---

[268] [La Prima Internazionale era l'organizzazione socialista amalgamata nota come Associazione Internazionale dei Lavoratori che durò dal 1864 al 1876. Il suo primo Congresso si tenne a Ginevra nel 1866].

[269] [Paul Lafargue (1842-1911) era un socialista rivoluzionario francese che nel 1868 sposò la seconda figlia di Marx, Laura].

Ma in questo modo si insediarono presto nel movimento operaio intrighi di ogni genere che, con un'eccellente demagogia, sapevano come usare le masse lavoratrici come trampolino di lancio per ambiziosi progetti personali. Che anche in questo caso gli ebrei si trovassero, e si trovino, ai primissimi posti è difficile da sottolineare ancora una volta, perché mai l'operaio è stato così apertamente maltrattato come da intellettuali ebrei quali Trotsky, Béla Kun,[270] Leviné[271] e i loro innumerevoli compagni di razza.

Gli operai possono ringraziare il loro santo ebreo, Karl Marx, che, consapevolmente o istintivamente, li ha portati in questo pasticcio con cui devono fare i conti oggi e domani. Accanto a queste singole personalità, impossibili da contare (cito solo i maestri di loggia, P. Herz, M. Löwenhaar, W. Lewin, C. Cohn, M. Oppenheimer, B. Seligmann, M. Wertheimer, tra gli altri, in Germania; Crémieux, Morin in Francia; M. Montefiore, E. Nathan, ecc. in Italia), si è distinta una famiglia, i Rothschild. Da Amschel Rothschild,[272] che seppe lavorare così proficuamente con i milioni del Duca d'Assia, da Nathan Rothschild,[273] l'effettivo vincitore della battaglia di Waterloo, dal Congresso di

---

[270] [Béla Kun (nato Kohn) (1886-1938) è stato un rivoluzionario ebreo ungherese che ha guidato la Repubblica Sovietica Ungherese del 1919, durata solo quattro mesi. In seguito si trasferì in Russia, ma fu sospettato da Stalin di essere un trotzkista e fu giustiziato].

[271] [Eugen Leviné (1883-1919) era un socialista ebreo che prese il potere nell'effimera Repubblica Sovietica Bavarese (1918-1919) dopo l'assassinio del ministro-presidente ebreo Kurt Eisner nel febbraio 1919. Ma la Repubblica comunista che Leviné cercava di guidare fu a sua volta smantellata dall'esercito tedesco e dai Freikorps nel maggio 1919 e Leviné fu arrestato e giustiziato].

[272] [Mayer Amschel Rothschild (1744-1812), fondatore della dinastia bancaria Rothschild, nacque nel ghetto ebraico di Francoforte e, come suo padre, ottenne il patrocinio del principe ereditario Guglielmo d'Assia].

[273] [Nathan Mayer Rothschild (1777-1836) era figlio di Mayer Amschel. Si trasferì a Londra nel 1798 e finanziò con costanza le campagne di Wellington contro Napoleone].

Vienna, dal Trattato del 1871 e, più che mai, ai nostri giorni, i Rothschild hanno tessuto la loro rete d'oro su tutti i Paesi. Ancora oggi sono la casa più ricca della terra, occupano le posizioni più alte in tutti gli Stati in cui si degnano di vivere e appartengono dal 1809 alla Massoneria. Questo significa che sono inattaccabili, che hanno a disposizione tutti i mezzi finanziari e diplomatici per sopprimere tutto ciò che è loro sgradito. Non c'è quindi da meravigliarsi se i leader della socialdemocrazia, ebrei o giudaizzanti, furono ovviamente in grado di criticare la tirannia reale, Krupp,[274] e Stinners,[275] ma non si impegnarono a dire una sola parola contro i buoni signori Rotschild. Ecco perché, al momento della Comune, molte case furono effettivamente saccheggiate, ma solo i palazzi (130) dei Rothschild rimasero indenni. Che questa famiglia, nonostante la sua appartenenza alla Massoneria, abbia un pensiero strettamente nazionalista è piuttosto evidente. Le loro figlie hanno sposato duchi e baroni, anche se nessun rampollo è un non ebreo.

Anche il fatto che il barone Karl von Rothschild[276] sia stato elevato a comandante dell'Ordine dell'Immacolata Concezione della Vergine Maria non dovrebbe sorprenderci, visto lo sciacallaggio che si è svolto davanti al mondo. Un mezzo vale l'altro.

Le logge puramente ebraiche operano in modo più segreto rispetto alla vera e propria massoneria. A New York è stato fondato (1843) l'Ordine B'nai B'rith, che ora è diventato così famigerato. Alcuni anni fa contava di per sé 206 logge! Quante

---

[274] [Gustav Krupp von Bohlen und Halbach (1870-1950) fu a capo del conglomerato dell'industria pesante Friedrich Krupp AG dal 1909 al 1941. Questa azienda era anche il principale produttore di armamenti in Germania].

[275] [Hugo Stinees (1870-1924) fu un potente magnate industriale che trasse grandi vantaggi dalla prima guerra mondiale].

[276] [Karl Mayer von Rothschild (1788-1855) era un altro figlio di Mayer Amschel e fondò la casa bancaria Rothschild a Napoli].

possono essere oggi? Accanto ad esso opera il Kesher Shel Barzel; esso contava, nel 1874, circa 3300 membri dell'organizzazione...

L'obiettivo del B'nai B'rith è naturalmente esclusivamente ebraico; non è solo di recente che si è adoperato per la rovina dei popoli europei. In un messaggio di Fratel Peixolto (1866) si legge:

> "Il Gran Maestro visita le logge membri il più spesso possibile. Quest'anno ha visitato quelle di undici città. Ha tenuto molte conferenze per istruirle sui loro doveri, per rafforzare gli sforzi dell'Ordine, per ottenere il progresso morale e intellettuale e la completa unificazione della famiglia di Israele".[277]

Se ora qualcuno crede che l'ebraismo ortodosso si allontanerebbe con orrore dagli sforzi atei della Massoneria, sbaglia di grosso. Perché, come ci ha confessato a cuore aperto il dottor Ruppin: L'ortodossia ebraica non è affatto una religione, ma "un'organizzazione di lotta per il mantenimento del popolo ebraico". Solo da questo punto di vista si deve giudicare il loro operato, tutto il resto è vuota retorica per le masse innocenti. Naturalmente gli ebrei si sono mantenuti con la stessa tenacia di sempre come popolo; tuttavia il tempo ha staccato qua e là una pietra dalla struttura talmudica. Questi membri distaccati hanno ora fondato altre organizzazioni di lotta o utilizzato altre associazioni a questo scopo: l'Alliance Universelle Israélite, la Massoneria, l'Internazionale, l'Associazione Anglo-Ebraica e molte altre.

Queste diverse truppe d'assalto spesso combattono l'una contro l'altra, l'una insistendo sulla sua organizzazione a lungo conservata, l'altra considerando il vecchio costume come adatto e indossando, al posto del caftano, un frac, e portando davanti al naso il Manifesto Comunista invece del Talmud. Marciano

---

[277] Archives israélites, 1866, XX, pp.885-86.

separatamente, ma colpiscono tutti insieme contro la società europea. Tutto ciò che la mina è costantemente promosso da tutta l'ebraismo.

Solo così si comincia a comprendere appieno la rivoluzione molto significativa del Consiglio ebraico del 29 giugno 1869, a Lipsia:

> "Il Sinodo riconosce che lo sviluppo e la realizzazione dei principi moderni sono le garanzie più sicure per il presente e il futuro dell'ebraismo e dei suoi sostenitori. Sono le prime condizioni vitali per lo sviluppo espansivo dell'ebraismo".

La Massoneria e l'Ortodossia vanno a braccetto e assistiamo allo strano spettacolo che l'istituzione più conservatrice della storia del mondo, la sinagoga, si fa paladina della rivoluzione in altre istituzioni. Il rabbino capo di Francoforte, Isidor, scrisse nel 1868:

> "Il Messia, uomo o idea che sia, che l'ebreo attende, questo glorioso nemico del Salvatore cristiano, non è ancora venuto, ma il suo giorno si avvicina! Già i popoli, guidati dalle società per la rigenerazione del progresso e dell'illuminazione (cioè i massoni), cominciano a inchinarsi davanti a Israele.
>
> "Che l'umanità intera, obbediente alla filosofia dell'Alliance Universelle Israélite, segua l'ebreo che governa l'intellighenzia delle nazioni progredite. L'umanità volge lo sguardo alla capitale del mondo rinnovato; che non è Londra, né Parigi, né Roma, ma Gerusalemme, che è sorta dalle sue rovine, che è allo stesso tempo la città del passato e del futuro".[278]

Il fatto della Massoneria e del dominio ebraico è stato esaminato e studiato da molti uomini, come dimostrano le osservazioni precedenti; anche i giornali di un tempo osavano di tanto in tanto sospirarvi sopra. Così, ad esempio, il *Münchener historische Blätter*, nell'anno 1862:

---

[278] Archives israélites, XI, p.495.

> "Il potere che gli ebrei sono riusciti a ottenere con l'aiuto della Massoneria ha raggiunto il suo apice. Esiste una società segreta di stampo massonico che fa capo a capi sconosciuti. I membri di questa associazione sono principalmente ebrei".[279]

Ma questi e altri timidi tentativi di rivolta non servirono a nulla. Infatti, la stampa massonico-ebraica aveva il monopolio e poteva permettersi di soffocare e mettere a tacere ogni tentativo di spiegazione. È così che le persone oneste sono rimaste fino ad oggi nell'incertezza sull'attività dei loro più alti generali. Sono loro che cercano "la pietra filosofale".

Si può infatti capire che molti massoni in cerca, indignati, respingano gli attacchi al loro ordine; ad esempio, Findel nella sua nota storia della Massoneria:[280] nelle opere di Eckert,[281] Barruel,[282] tra gli altri, vede ostilità malevole e sospette, ma senza esaminare più da vicino tutte le critiche. Non è necessario essere totalmente d'accordo con i ricercatori citati, ma bisogna ammettere che essi avevano giustamente previsto le necessarie e tristi conseguenze della società segreta, nonostante i molti sforzi ben intenzionati dei singoli.

Findel parla ancora (nel 1861) da un punto di vista superiore della cosiddetta "questione ebraica". Ma da uomo onesto molto più tardi alzò forte la voce contro gli ebrei, costretto a farlo da amare esperienze. Pensava allora che l'ebreo "considera tutti i popoli stranieri semplicemente come oggetti di sfruttamento", chiedeva

---

[279] Citato in des Mousseaux, op. cit., p. 342.

[280] [Gottfried Josef Findel (1828-1905) fu un massone che scrisse diverse opere sulla Massoneria, di cui la più importante è Geschichte der Freimaurerei von der Zeit ihres Entstehens bis auf die Gegenwart, Leipzig, 1861-1862].

[281] [Vedi sopra pag. 109].

[282] [Vedi sopra p.123.]

l'esclusione degli ebrei dalla Massoneria poiché riconosceva che essi sono "i nostri oppressori".

Oggi il fratello Findel si vedrebbe privato di tutte le sue illusioni. Non mi viene quindi in mente di negare che anche tra i massoni ci siano uomini con un impegno serio; mi dispiace solo che si lascino ingannare da uomini che si devono annoverare tra i criminali di maggior calibro.

Abbiamo conosciuto brevemente alcuni uomini, correnti e metodi della Massoneria. Erano praticanti della menzogna, dell'inganno e del crimine legalizzato da presunti motivi di onore.

Questa influenza portò Luigi XVI al patibolo; attraverso la Massoneria fu commesso l'assassinio del Duca di Berry, così come quello di Ferdinando, Re di Napoli, di Francesco Giuseppe d'Austria e di Guglielmo I di Prussia. L'imperatore Leopoldo II fu vittima del veleno, Gustavo III di Svezia del colpo di pistola di Ankastrom, ecc.

La rivoluzione in Portogallo fu a suo tempo portata avanti dalla loggia (con la collaborazione più attiva del cardinale ebreo Neto, proveniente dall'Alsazia); per volere della loggia cadde l'arciduca Ferdinando a Sarajevo per opera di massoni serbi, e anche il fratello Jaurés (anch'egli dell'Internazionale Rossa), quando improvvisamente sentì i morsi della coscienza e non volle più essere trattenuto sulla verità. Scrive il 30 luglio 1914:

> "Qui in Francia si lavora con tutti i mezzi di violenza per una guerra che deve essere combattuta per soddisfare un desiderio disgustoso e perché le borse di Parigi e Londra hanno speculato...".

Questo è stato il suo ultimo scritto. L'assassino è stato assolto.

Così la cospirazione degli uomini ambiziosi attraversa i decenni come una pista raccapricciante. "Il popolo deve essere frenetico". Sempre nuove parole, sempre nuove promesse, sempre nuove menzogne vengono lanciate alle masse, i giornali sottomessi le commentano nella direzione desiderata, l'"opinione pubblica" si forma. "Non si rivoluziona un Paese con la pace". Per questo la guerra, sotto la direzione dei poteri finanziari, è un passo verso una regola superiore.

Nel 1859, Ensentin scrisse in una lettera: 'G, che crede sempre nella guerra, ha fatto una visita dalla quale è tornato speranzoso. Crede sempre nella guerra. Penso che Rothschild e Pereira paghino quello che possono e che questo abbia ravvivato in lui la speranza".[283]

Già nel 1852, Eckert[284] affermava nella conclusione di una delle sue opere:

> "L'Ordine massonico è una cospirazione contro l'altare, il trono e la proprietà allo scopo di un impero socialista-teocratico dell'Ordine su tutto il mondo con la sede del governo nella Nuova Gerusalemme".[285] Questo si è letteralmente avverato e la Nuova Gerusalemme è addirittura in costruzione! Guerra mondiale, rivoluzione mondiale, repubblica mondiale, valeva la pena di realizzare questo piano, l'obiettivo a lungo desiderato è alle porte. C'è solo un problema di prestigio di alcune personalità e di disciplina all'interno del complotto mondiale. I presupposti ci sono, i risultati seguiranno. Il cardinale Manning profetizzò con notevole acutezza in un discorso tenuto a Londra il 1° ottobre 1877: "C'è qualcosa al di sopra e dietro gli imperatori e i principi; questo, più potente di tutti loro, si farà sentire quando sarà giunto il momento. Il giorno in cui tutti gli eserciti d'Europa saranno

---

[283] Oeuvres de S. Simon et d'Enfantin, [Parigi, 1865-1878.][Claude Henri de Rouvroy, conte di Saint-Simon (1760-1825) fu un aristocratico francese che propose un sistema di socialismo tecnocratico]. [Barthélmy Prosper Enfantin (1796-1894) fu uno dei leader del movimento socialista iniziato dal conte Saint-Simon.]

[284] [Vedi sopra p.109]

[285] Der Freimaurerorden in seiner wahren Bedeutung, p.361

coinvolti in un gigantesco conflitto, allora, in quel giorno, la rivoluzione che oggi lavora segretamente e in clandestinità riterrà il momento propizio per esporsi. Ciò che si è visto prima a Parigi lo si avrà di nuovo davanti agli occhi in tutta Europa".

Il lavoro a lungo coltivato riesce quindi finalmente a vedere la Germania circondata e sconfitta per mano della Massoneria. L'Italia fu trascinata in guerra non solo dalle forze nazionali, ma dall'attività dell'ex precettore del re e poi ministro della Guerra, Ottolenghi (Ottenheimer) [286] e del Gran Maestro Ernesto Nathan[287] e di Sonnino.[288] Quando quest'ultimo divenne Ministro degli Esteri, l'atteggiamento dell'Italia fu chiaro. Il re di Grecia era soggetto all'influenza del fratello Venizelos e alla minaccia del fratello Jonnart (il delegato francese). Atene sarebbe stata fatta a pezzi. La stessa cosa accadde alla Romania; l'America del Nord mise in campo finanziamenti incommensurabili solo quando i poteri oscuri dietro Baruch[289] e compagni prepararono tutto il necessario per attaccare in un'occasione conveniente.

Ora tutti gli ebrei finanziariamente potenti d'America, che Oscar Strauss, egli stesso ebreo,[290] guida con orgoglio, si misero a disposizione per la conduzione di questa guerra; si trattava dei

---

[286] [Giuseppe Ottolenghi (1838-1904) è stato un generale italiano ebreo e ministro della Guerra dal 1902 al 1903].

[287] [Ernesto Nathan (1848-1921) è stato un politico ebreo inglese-italiano, sindaco di Roma dal 1907 al 1913. Fu nominato Gran Maestro del Grande Oriente d'Italia nel 1899 e nel 1917].

[288] [Il barone Sidney Sonnino (1847-1922) è stato un politico ebreo italiano che ha ricoperto la carica di Primo Ministro nel 1906 e di nuovo nel 1909. Nel 1914, in qualità di Ministro degli Esteri, si unì alle Forze Alleate, dopo le quali fu dichiarata guerra all'Austria-Ungheria nel 1915].

[289] [Bernard Baruch (1870-1965) è stato un finanziere e speculatore ebreo americano, consulente del presidente Wilson e del presidente Roosevelt].

[290] [Oscar Strauss (1850-1926) fu Segretario al Commercio e al Lavoro degli Stati Uniti dal 1906 al 1909 e Ambasciatore presso l'Impero Ottomano dal 1909 al 1910].

banchieri G. Blumenthal, E. Meyer, Isaak Seligmann, W. Salomon, Philipp Lehmann (per non parlare di Loeb, Schiff, Kahn, ecc. Salomon, Philipp Lehmann (per non parlare di Loeb, Schiff, Kahn, ecc.); i grandi industriali A. Lewisohn, D. Guggenheim; i rabbini Wise, Lyons, Philipson; i professori R. Gottheil, Holländer, Wiener; i giornalisti Franklin, Stransky, Beer, Frankfurter, ecc. Alla fine della sua lettera (all'ambasciatore francese), Strauss si dichiara "entusiasta" dell'Intesa e afferma che lo stato d'animo degli ebrei per l'Alleanza (Intesa) può essere descritto come quasi unanime. Se all'inizio gli ebrei non erano ancora completamente uniti, la fraternizzazione divenne tuttavia completa quando gli ebrei "tedeschi" d'America si unirono all'Intesa.

All'inizio del 1918 giunse la notizia, accompagnata da voci trionfanti della stampa inglese e francese, che tutti i tedeschi d'America si erano schierati dalla parte dell'Intesa per combattere per l'umanità contro il militarismo prussiano. Non ci si poteva credere fino a quando non si videro le firme sulla risoluzione: Schiff,[291] Kohn, Kahn.[292]

L'"entusiasmo" di cui parlava Oscar Strauss si comprende doppiamente bene se si immagina il discorso che l'ebreo americano Isaac Markussohn tenne come risposta a un intervento di Lord Northcliffe.[293] L'onorevole Isaac disse testualmente: "La

---

[291] [Jacob Schiff (1847-1920) era un banchiere ebreo tedesco emigrato negli Stati Uniti nel 1865. Nel 1875 entrò a far parte della società di Abraham Kuhn, Kuhn, Loeb e Co.

[292] Non ho potuto accertare se si tratta dello stesso F. Kohn che il 19 febbraio 1918 dichiarò pubblicamente a New York che "tutti i tedeschi" desiderano la vittoria dell'Intesa. [Otto Kahn (1867-1934) era un banchiere d'affari ebreo tedesco che si trasferì dalla Germania prima in Inghilterra e poi negli Stati Uniti, dove entrò a far parte della società Kuhn, Loeb and Co. di New York].

[293] [Alfred Harmsworth, Visconte Northcliffe (1865-1922) fu un magnate britannico dei giornali e dell'editoria che condusse una stridente campagna di propaganda contro i tedeschi durante la prima guerra mondiale].

guerra è una gigantesca impresa commerciale in cui la cosa più bella non è l'eroismo dei soldati ma l'organizzazione degli affari, e l'America è orgogliosa della favorevole situazione commerciale di cui gode".[294] Con questo "entusiasmo" l'America entrò in guerra per l'ideale dell'umanità, coperta dal mantello di menzogne di vani demagoghi. Poi altri Stati hanno seguito l'entusiasmo dell'America. Non ho la competenza per esprimere un giudizio sulle radici e sui fattori motivanti, certamente molteplici, della guerra mondiale, ma una radice mi sembra innegabile: la cospirazione mondiale sistematicamente guidata da una smisurata finanza ebraica, celata da associazioni segrete, che sfrutta le aspirazioni nazionalistiche dei popoli con astuzia satanica, per il consolidamento di un impero mondiale.

Di tutto questo la colonia ebraica tedesca non poteva essere all'oscuro, ma certamente una gran parte degli ebrei tedeschi, soprattutto quelli ricchi, credeva che un indebolimento della Germania sarebbe stato sufficiente a garantire il loro potere per sempre; l'altra parte, che non doveva considerare le perdite finanziarie personali, lasciò che l'odio per i tedeschi agisse senza ostacoli tra i migliori dell'Intesa e i loro complici e, dopo un sufficiente successo delle attività sovversive, pugnalò alle spalle l'esercito tedesco e, non contenta, si mise con l'aiuto della finanza ebraica moscovita (Joffe, Radek-Sobelsohn) a capo dell'anarchia in tutte le terre tedesche e impedì che venisse intrapresa qualsiasi azione contro di loro. Di questo tipo erano Luxemburg, Levien, Mühsam, Leviné, Haase, Cohn, ecc.

Ciò che separava gli ebrei "democratici" e "rivoluzionari" l'uno dall'altro erano questioni di tattica e di egoismo personale; il loro obiettivo era lo stesso, cioè il dominio ebraico in Germania. Per quanto riguarda il tedesco, poteva essere indifferente che lo stretto

---

[294] Ufficio informazioni, Rotterdam, 13 marzo 1917. Heise, op. cit., p. 162.

fosse gradualmente risucchiato dalle sue ossa o che fosse consegnato immediatamente all'anarchia.

Quest'ultimo caso si verificò in molti luoghi e aprì gli occhi di molti tedeschi sulla natura dell'attività ebraica, di cui i "democratici" - di cui parlò Frank Cohn a New York - gli stessi che influenzarono in modo più decisivo il destino della Germania fino al 1933, furono, in un certo senso, scioccati. Infatti, se gli occhi di Michele si fossero aperti completamente, allora il *"furor teutonicus"* avrebbe potuto essere diretto non più contro i "pangermanisti", i "militaristi", ecc. ma contro la mente straniera che presumeva di dirigere il destino tedesco. (Questa consapevolezza è arrivata in Germania grazie alla guida di Adolf Hitler).

Dopo l'annuncio delle "Condizioni di pace", si sentirono improvvisamente toni patriottici dalle bocche degli statisti ebreo-tedeschi, e le foglie della foresta dei giornali ebraici mormorarono un canto della patria. Questa "indignazione" non mi sembra appropriata; infatti, i nostri ebrei non potevano certo pretendere che le regioni al di là della Manica e del grande stagno mettessero un freno al loro odio e avessero considerazione per loro quando l'esercito tedesco, con le sue leggendarie vittorie, avrebbe quasi superato i calcoli più astuti di lunghi anni di lavoro.

Ma saranno già sollevati; il signor Warburg, "noto a Parigi", e il signor Melchior sembrano essere stati in grado, seguendo il famoso modello dei tempi passati, di proteggere con successo i loro a Versailles e di lasciare generosamente che il regno dei cieli sia coltivato dai tedeschi.[295]

---

[295] L'intera costruzione successiva della Repubblica di Novembre fu una conferma di questo punto di vista. [La Repubblica di Weimar, che sostituì il governo imperiale, fu istituita a Weimar nel novembre 1919 e durò fino all'ascesa al potere di Hitler nel 1933].

Sionismo

Ora, nell'ambito dell'intera questione ebraica internazionale, spicca un fattore che, soprattutto nel corso della guerra, ha acquisito sempre più importanza: il sionismo. Già negli ultimi decenni del 19 secolo, i circoli ebraici meditavano di trasferire il denaro degli espatriati all'insediamento in Palestina.

In questo modo un certo numero di ebrei tornò nella sua vecchia "patria". Ma questo sforzo rimase senza alcun successo, nonostante i milioni di fondi raccolti da Sion. Perché gli ebrei non lavoravano in Palestina, ma oziavano o contrattavano come al solito.[296]

Poiché gli appezzamenti ricevuti aumentavano di prezzo, gli speculatori terrieri si misero al lavoro, i coloni vendettero le loro terre in modo vantaggioso e tornarono in Europa. Le cose stavano così quando Theodore Herzl emerse come predicatore del sionismo politico.

La sua energia riuscì a interessare altri ambienti allo Stato ebraico che doveva essere costruito, tanto che nel 1897, al primo Congresso di Basilea, riassunse il suo programma affermando che doveva essere creata "una patria garantita dal diritto pubblico per il popolo ebraico in Palestina". Poco dopo seguì, su stimolo del Prof. Schapira di Heidelberg, [297] l'istituzione di un Fondo Nazionale Ebraico. Il proprietario della terra acquistata attraverso di esso non era più un colono, ma solo un affittuario; in questo modo la speculazione fondiaria veniva eliminata e i contadini,

---

[296] Cfr. W. Rubens, Das Talmudjudentum, Berlino, 1893, p. 69.

[297] [Zvi Hermann Schapira (1840-1898) era uno sionista che lavorò come professore aggiunto di matematica all'Università di Heildelberg dal 1887. Nel 1884 suggerì l'idea di istituire un Fondo nazionale ebraico per l'acquisto di terre in Palestina].

nonostante il grande sostegno finanziario, erano comunque costretti a lavorare, volenti o nolenti.

La cosa più importante, soprattutto, è che gli ebrei sono stati espressamente indicati come nazione nel programma sionista. Ora, essi lo sono sempre stati, e per di più in modo particolarmente caratteristico, ma poiché erano allo stesso tempo cittadini di tutti gli Stati, hanno pensato bene di non enfatizzare la loro coscienza nazionale. Infatti, ogni volta che venivano scoperte nuove spiacevoli macchinazioni, si riparavano sempre dietro il "cittadino di Stato" o la "comunità religiosa", scartando la scomoda appartenenza alla razza ebraica.

Questo era il principio secolare; se un ebreo aveva acquisito anche solo un piccolo reddito veniva smodatamente esagerato dai suoi compagni ebrei come virtù ebraica, ma se si rintracciavano imbrogli di massa ebraici (come oggi) si diceva che gli ebrei non potevano essere resi responsabili, dovevano essere percepiti come cittadini dello Stato, come membri religiosi, ma non come una nazione uniforme.

Tutti i popoli onesti caddero in questo tranello, di per sé davvero infondato: come cittadino dello Stato un ebreo poteva fare tutto ciò che non avrebbe potuto fare come ebreo.

Era quindi comprensibile che questa enfasi pubblica sul punto di vista nazionale fosse talvolta dolorosa per molti ebrei, sia assimilati che ortodossi, e che essi prevedessero la nascita di leggi per gli stranieri.

Il rabbino Blumenfeld dice infatti: "I tentativi di denazionalizzazione del 19 secolo hanno portato solo a un mascheramento con cui i non ebrei non si sono lasciati ingannare",[298] ma questo non è corretto, perché molte persone

---

[298] *Der Zionismus*, Berlino, 1913, p. 9.

innocenti hanno creduto nell'amalgama degli ebrei nello Stato tedesco e nella coscienza nazionale.

D'altra parte, l'ebreo Dr. F. Theilhaber ha forse ragione quando, alla fine di un'opera, esprime l'opinione, in grassetto, che: "Anche i leader e i campioni della comprensione puramente religiosa dell'ebraismo sentono istintivamente che anche i fattori indifferenti al lato religioso dell'ebraismo e tutti gli interessi politici, economici ed etici del loro ambiente sono strettamente connessi alla società ebraica attraverso il fattore fisico".[299]

E il dottor A. Brünn ha detto alla riunione dell'"Associazione centrale dei cittadini tedeschi di fede ebraica", dietro la quale gli ebrei si nascondono ad ogni occasione come "religione", che gli ebrei tedeschi non possono "avere un sentimento nazionale tedesco" e inoltre: "Per coscienza nazionale ebraica intendo la coscienza viva di un'origine comune, il sentimento di appartenenza comune degli ebrei di tutte le terre e la ferma volontà di un futuro comune".[300]

Sarebbe troppo lungo illustrare tutto questo in modo più dettagliato; lasciamo che basti la dichiarazione di uno dei sionisti più influenti, il dottor Weizmann:

> "L'esistenza della nazione ebraica è un fatto e non una questione su cui discutere".

Con questa constatazione non si esprime affatto una lamentela, come molti credono, ma si constata semplicemente che gli ebrei sono da considerarsi una nazione, che sono saldamente legati attraverso associazioni mondiali ("Alliance Israélite", "Anglo-

---

[299] Der Untergang der deutschen Juden, Monaco di Baviera, 1911, p.102. [Felix Theilhaber (1884-1956) era un dermatologo e scrittore ebreo fuggito nel 1935 in Palestina].

[300] Rapporto del giornale Im deutschen Reich, luglio/agosto 1913.

Jewish Association", "Jewish Congregation Union", "Agudas Israel"), che hanno di conseguenza interessi comuni e che, grazie agli immensi mezzi a loro disposizione, sono in grado di realizzarli. Nessun uomo, anche parzialmente onesto, può più eludere questo fatto; ma da esso consegue inesorabilmente che l'ebreo non può essere cittadino di uno Stato, in nessuno Stato.

Allo scoppio della guerra, anche i sionisti si trovarono in due campi ostili. Può darsi che una parte degli ebrei tedeschi all'inizio vedesse la guerra come condotta contro il governo russo antiebraico, che i sionisti credessero davvero di poter allineare i propri interessi con quelli della politica orientale tedesca, ma l'impossibilità di questa presa di posizione venne sempre più alla luce.

Un tedesco, Lazar Pinkus, [301] ha osato esprimere questo riconoscimento con le seguenti parole:

> "Una comunità ebraica in Palestina non può diventare il punto centrale degli interessi *tedeschi* a est. Il forte sentimento nazionale del popolo ebraico garantisce la completa esclusione di interessi particolari stranieri".

Poiché la Turchia era ormai alleata della Germania, i sionisti non potevano esprimere a gran voce il desiderio di una spartizione della Palestina, ma dovevano accontentarsi di ottenere ragionevoli diritti di colonizzazione o di eliminare la questione in un primo momento dagli obiettivi di guerra per riproporla con maggior vigore in seguito.

Tutti i suddetti statisti ebrei sostennero l'impero inglese come patrono dell'ebraismo.

---

[301] Vor der Gründung des Judenstaates, Zurigo, 1918, p.33. [Lazar Pinkus (1881-1947) era un banchiere e scrittore ebreo.]

Questi ultimi desiderano avere una sede in uno Stato forte che rappresenti una potenza a est sufficientemente forte da garantire agli ebrei la massima sicurezza nazionale.

Ora l'Inghilterra possedeva l'Egitto, l'India, le basi nel Golfo Persico, e mancava solo un collegamento via terra tra questi Paesi, e lì la Palestina era posizionata in modo eccellente come anello di una catena. La Turchia, inoltre, era il nemico e promettere la sua terra al popolo ebraico come territorio statale significava ottenere la sua simpatia.

Questo fu sempre più compreso dagli ebrei e dagli inglesi e si realizzò l'affermazione di Theodore Herzl, uomo dal sangue caldo e allo stesso tempo politico dalla mente fredda:

> "L'Inghilterra, la potente e libera Inghilterra, che con il suo sguardo abbraccia il mondo, capirà noi e le nostre aspirazioni. Con l'Inghilterra come punto di partenza possiamo essere certi che l'idea sionista sarà potente e si eleverà più in alto che mai".

In Inghilterra il Dr. Weizmann, Nahum Sokolow,[302] H. Samuel,[303] S. e W. Rotschild[304] furono i più entusiasti promotori dell'idea: i sionisti viaggiarono di paese in paese e ovunque fu promesso loro sostegno. Naturalmente, molte associazioni ebraiche si opposero, per le ragioni sopra citate, all'aspetto nazional-politico del

---

[302] [Nahum Sokolow (1859-1936) fu un leader sionista polacco che visse in Inghilterra durante la prima guerra mondiale. Fu un sostenitore della Dichiarazione Balfour del 1917 e ricoprì la carica di presidente del Congresso sionista mondiale dal 1931 al 1935, quando gli succedette Chaim Weizmann].

[303] [Herbert Louis, Visconte Samuel (1870-1936) è stato un politico britannico ebreo, nominato Alto Commissario della Palestina dal 1920 al 1925].

[304] [Lionel Walter, Barone Rothschild (1868-1937) era un banchiere e zoologo amico di Chaim Weizmann e contribuì alla stesura della dichiarazione di una patria ebraica in Palestina. La lettera del segretario britannico Arthur Balfour a Walter Rothschild del novembre 1917, che comunicava l'approvazione del governo britannico a questo progetto, è chiamata Dichiarazione Balfour].

programma, ma la lettera aperta di Rothschild, in cui affermava che non riusciva a capire come potesse nuocere, dal momento che ovviamente i loro diritti sarebbero dovuti rimanere garantiti agli ebrei in tutti i Paesi, e anche la lettera di Lord Balfour a Rotschild, portarono nuovi adepti al sionismo.

Questa lettera memorabile è stata scritta come segue:

> "Il governo di Sua Maestà vede con favore l'istituzione in Palestina di un focolare nazionale per il popolo ebraico e farà del suo meglio per facilitare il raggiungimento di questo obiettivo, restando chiaramente inteso che nulla sarà fatto che possa pregiudicare i diritti civili e religiosi delle comunità non ebraiche esistenti in Palestina, o i diritti e lo status politico di cui godono gli ebrei in qualsiasi altro Paese".[305]

In Russia, la Rivoluzione scoppiò nel marzo del 1917 e il Comitato centrale dei sionisti si rivolse all'ambasciatore inglese Buchanan con il seguente discorso, nel quale si trova il seguente significativo paragrafo:

> "Consideriamo un colpo di fortuna particolare il fatto che in questo momento storico mondiale gli interessi della nazione ebraica siano identici a quelli della nazione britannica".

Non si poteva quindi parlare di interessi statali russi. Il governo russo dovette ingoiare il rospo, perché si trovava sotto la tutela dell'Intesa. I cuori dei sionisti tedeschi, che, secondo le testimonianze di Lazar Pinkus,[306] sostennero entusiasticamente l'intera guerra con denaro attraverso l'associazione generale, palpitarono di gioia quando fu resa pubblica la Dichiarazione Balfour. La *Jüdische Rundschau* scrisse il 10 settembre 1917:

---

[305] 2 novembre 1917. Ho approfondito i singoli problemi nella mia opera successiva *Der staatsfeindliche Zionismus* [1922].

[306] *Vor der Gründung des Judenstaates*.

"Questa dichiarazione del governo inglese è un evento di straordinaria portata", e il 26 novembre 1917:

> "Deve suscitare vera soddisfazione in tutti i circoli ebraici seri, dentro e fuori la Germania, il fatto che l'Inghilterra abbia deciso in modo così chiaro per il riconoscimento delle rivendicazioni ebraiche in Palestina".

Il 16 novembre 1917 il *Lemberger tageblatt* scrisse della "vittoria diplomatica del sionismo" e della sua simpatia per l'Inghilterra, ecc.[307]

Ora iniziava un'attività incentrata su Canaan, ma le offerte della Turchia non erano all'altezza del prezzo fissato dall'Inghilterra; tuttavia i sionisti tedeschi, che non potevano pretendere tutto apertamente, manovrarono avanti e indietro, ma l'Impero tedesco non era così impotente da poter consegnare una lettera di ringraziamento a Lord Balfour come ci si sarebbe potuti permettere di fare impunemente nei confronti di Buchanan in Russia.

In ogni caso, assistiamo al dramma tragicomico per cui il governo di una nazione di 70 milioni di persone si preoccupa di prendere in considerazione i desideri di una minuscola nazione che vive in mezzo ad essa, e non viceversa; e poi hanno osato parlare di "cittadini di fede mosaica"!

In effetti, quando gli inglesi conquistarono Gerusalemme, l'esultanza non ebbe fine. Il *Jewish World*, l'organo delle quattro associazioni ebraiche mondiali sopra citate, scrisse: "La caduta di Gerusalemme e la dichiarazione del governo (di Lord Balfour) hanno fatto dell'Inghilterra la più grande potenza della terra".[308] Il Congresso Giant in America espresse la stessa gioia e Nathan

---

[307] Pinkus, op.cit., p.29

[308] Pinkus, op. cit.

Strauss spiegò che l'Inghilterra aveva esaudito tutti i desideri del popolo ebraico".[309]

Ora si potrebbe pensare che, dal momento che l'intero mondo ebraico si era dichiarato per l'Inghilterra, il comitato ebraico tedesco dovesse essere sciolto o dovesse (in quanto cittadini tedeschi) rompere apertamente e definitivamente con il gruppo inglese; non accadde nulla del genere.

Ma per i popoli d'oltreconfine il silenzio o le manovre temporanee non bastarono, i sionisti tedeschi furono incolpati di perseguire "interessi patriottici tedeschi", di permettere "l'assimilazione ebraica traditrice" in Germania, ecc.[310] e uno dei tanti ebrei tedeschi, il già citato Pinkus, che non si sentiva a suo agio nella sua pelle tedesca, si levò a proclamare: "Noi sionisti non possiamo essere spaventati dal fatto che l'offensiva turco-tedesca possa essere in grado di scacciare nuovamente l'esercito inglese dalle montagne della Giudea. Può darsi! Un solo grido di indignazione attraverserà allora i milioni del popolo ebraico e non si fermerà davanti ai confini delle Potenze Centrali e della Turchia".[311]

In effetti l'uomo doveva sapere! Un altro cittadino dello Stato "tedesco", il profeta del "futuro", Isidor Witkowsky,[312] si è distaccato con impazienza:

> "Per milioni di poveri, per centinaia di migliaia di ebrei avanzati nei diritti di proprietà, la Dichiarazione di Balfour aveva i toni luminosi di un messaggio messianico a lungo atteso: il giorno in cui si sentì la decisione della Gran Bretagna di dispiegare l'intera

---

[309] Heise, op. cit., p. 68.

[310] Volantino dell'Associazione Theodore Herzl, Zurigo.

[311] Pinkus, op. cit., p. 56.

[312] [Vedi sopra p. 96].

potenza imperiale per la causa ebraica rimane un giorno che non può essere cancellato dalla storia del mondo".

Ora in molti Stati erano iniziati i pogrom e quindi il Congresso sionista di Londra decise di rendere tutti gli Stati in cui questi avevano avuto luogo legalmente responsabili di tutti i danni e di far versare aiuti in denaro alle vittime superstiti di queste persecuzioni. Il governo imperiale "tedesco" che, in preparazione del Congresso di pace, si era occupato in particolare della questione ebraica, aveva naturalmente deciso di rinunciare alla propria posizione e di accettare pienamente gli statuti del Congresso ebraico di Londra. Come si sarebbe potuto agire altrimenti, visto che gli uomini di punta, Landsberg e Preuss, erano essi stessi della tribù di Giuda!

Ma la cosa migliore della tragicommedia tedesca fu che, nella delegazione che avrebbe dovuto rappresentare gli interessi tedeschi a Versailles, c'era un leader dell'ebraismo, il signor Melchior. I tedeschi erano consapevoli di ciò che questo significava? In verità la lettera di omaggio degli ebrei russi era relativamente innocua rispetto a questo fatto.

L'Impero tedesco e l'onore tedesco erano arrivati fin qui e il peggio era che molte persone apparentemente oneste non sentivano tutto ciò come spaventoso. Ma lentamente in altre teste comincia a farsi strada la consapevolezza espressa con forza da Martin Lutero: "Sappiate e non dubitate che, accanto al diavolo, non avete nemico più acerrimo e velenoso dell'ebreo". (Nel 1930 gli arabi si sollevarono contro gli ebrei che affluivano in Palestina sotto la protezione dell'Inghilterra. Per la loro protezione dovettero essere mobilitati diecimila soldati britannici).

La rivoluzione ebraico-russa!

> "Non vi viene in mente che, se date agli ebrei, che sono, indipendentemente da voi, cittadini di uno Stato che è più forte e più potente di tutti i vostri, anche la cittadinanza nei vostri Stati,

gli altri vostri cittadini saranno completamente sotto i loro piedi?".

Con queste parole di avvertimento, basate su una profonda intuizione storica, Fichte si rivolge alla nazione tedesca 100 anni fa.[313] Furono pronunciate al vento senza avere un'idea del potere che una razza chiusa in se stessa rappresenta; camuffato in frasi sull'uguaglianza degli uomini, il dogma della tolleranza senza limiti trionfò in tutti i parlamenti.

La tolleranza verso lo straniero, il nemico, era considerata una conquista dell'umanità superiore e invece, come ci insegna la storia del 19 secolo e del presente, era solo una resa sempre più grande di noi stessi.

L'europeo credulone aveva ascoltato queste tentazioni, che si presentavano ammantate dalle parole seducenti di libertà, uguaglianza, fraternità, e i frutti della sovversione giacciono oggi esposti. E in effetti così nudo che anche l'uomo più arretrato, che non ha la minima idea delle necessarie connessioni storiche, deve rendersi conto di aver concesso la sua fiducia a leader astuti ed eloquenti che avevano in mente non il suo benessere, ma la distruzione di tutta la sua civiltà faticosamente acquisita. La prova di ciò che è diventato una sanguinosa realtà ci è data dalla Rivoluzione russa, sul cui corso i giornali liberali o ebraici mantengono un silenzio che contrasta notevolmente con le loro altre agitazioni; i giornali di destra, tuttavia, durante la guerra hanno soppresso i dati che parlavano in un linguaggio così chiaro per preservare il fronte interno. L'avvertimento arrivò troppo tardi

---

[313] Le Reden an die deutsche Nation (1808) di Ficht si basano sui discorsi tenuti dal 1807 a Berlino, che incoraggiano lo sviluppo del sentimento nazionale tedesco e auspicano uno Stato nazionale tedesco che continui la tradizione del Sacro Romano Impero e liberi i tedeschi dall'occupazione francese.

per loro: anche in Germania gli ebrei erano i leader dell'idea antitedesca.

Passiamo ai fatti dell'insurrezione russa. Non c'è dubbio che tutto il popolo russo desiderasse la fine del governo zarista. Chi è stato un prodotto di questa forma di governo deve riconoscere che il movimento per l'autoaffermazione in campo economico, comunitario e intellettuale è stato più volte ostacolato, che il governo di una burocrazia corrotta era oppressivo.

Così l'intera Russia si sentì come liberata da un incubo quando la notizia del rovesciamento dello zar corse dal Mar Baltico all'Oceano Pacifico. La coscienza repressa del cittadino dello Stato emerse ovunque con una forza che non si era mai ritenuta possibile e i leader credettero di avere tutte le carte in regola per guardare con ottimismo al futuro e per sperare di poter risolvere in modo pacifico le questioni che si erano accumulate. Ma ben presto entrarono in gioco forze centrifughe sotto forma di consigli dei soldati.

Questi consigli dei soldati, che si svilupparono in tutte le città, erano, anche se preparati con largo anticipo, tuttavia nella loro combinazione di natura veramente spontanea. Nella confusione delle circostanze, astuti intriganti furono in grado di entrare molto rapidamente e, con la loro abilità demagogica, di conquistare gli operai per i loro obiettivi, come fedeli guardie del corpo e più tardi come arieti del rovesciamento. Il capo del decisivo Consiglio degli operai e dei soldati di Pietroburgo fu all'inizio un ex membro della Duma, Chkheidze di Grusina.[314]

Appartenente all'ala moderata della socialdemocrazia, si astenne ancora da richieste smodate e irrealizzabili, ma, attraverso il suo

---

[314] [Nikolai Chkheidze (1864-1926) era un aristocratico georgiano che rappresentò i socialdemocratici georgiani nella Duma russa dal 1907 al 1916 e sostenne i menscevichi contro i bolscevichi].

governo parallelo, mise una pezza dopo l'altra all'ingranaggio del governo, che nel senso nazionale russo chiedeva ancora la necessaria difesa del Paese e la guerra. Ben presto, tuttavia, cominciarono ad agire forze centrifughe. Come presidente del Consiglio di Pietroburgo emerse improvvisamente un bolscevico di nome Stelov,[315] una personalità piuttosto sconosciuta. Poiché a quel tempo non era raro che si avvicinassero al governo persone che si conoscevano solo per il loro nome in codice, a questo Steklov fu ordinato di mostrare il suo pass. Questo si chiamava Nakhamkes! Il suo portatore era, cosa di cui nessuno aveva mai dubitato, un ebreo.

Nakhamkes, come personalità incontestabile, condusse una politica demogogica di tipo speciale e chiese pace e libertà, promettendo aiuto ai suoi fratelli tedeschi, pane e un felice ritorno a casa dopo tutti i travagli della guerra.

Nel marzo 1917 tutti i soldati avevano giurato di condurre la guerra fino alla fine vittoriosa e lo stato d'animo generale, anche in seguito, non era certo di sconforto. Prendendo atto di questo stato d'animo e per essere coinvolti in tutti i partiti, diversi ebrei russi accorsi da ogni parte del mondo si imposero come apparenti moderati e divennero i leader dei partiti meno frenetici - così Kogan-Bernstein,[316] Lieber,[317] Dan[318] divennero i leader dei menscevichi (come i socialisti tedeschi di maggioranza)[319].

---

[315] [Yuri Steklov (né Ovshey Nakhamkes) (1873-1941) era un bolscevico ebreo che fu arrestato durante la Grande Purga di Stalin del 1937/8 e morì in prigione].

[316] [M.I. Kogan-Bernstein]

[317] [Mark Lieber]

[318] [Fedor Dan]

[319] [Il Mehrheitssozialdemokratische Partei Deutschlands (MSPD) era il nome non ufficiale del Sozialdemokratische Partei Deutschlands (SPD) tra il 1917 e il 1922 sotto la guida di F. Ebert e P. Scheidemann].

D'altra parte, però, impedirono in ogni momento al governo di intervenire contro le macchinazioni sempre più forti dei bolscevichi. Il cuore di questa corrente era incontestabilmente l'ebreo Leo Bronstein (Trotsky). Già partecipante attivo alla Rivoluzione del 1905, fuggì all'estero, visse in Spagna come corrispondente del giornale socialista *Djenj*, si recò a New York, dove emerse nei sobborghi come predicatore comunista. Subito dopo lo scoppio della Rivoluzione russa si recò in Russia e fu ben presto una forza trainante del bolscevismo distruttore.

Qui il tartaro Kalmuck Lenin (Uljanow) ha combattuto come leader. Qualsiasi cosa possa apparire nel bolscevismo come idea viene dalla sua testa. La fiducia di tanti operai russi, e non certo dei peggiori, fu accordata a lui. I suoi primi conoscenti lo descrivono come un uomo che viveva interamente all'interno della ristretta cerchia dei suoi dogmi ed era irremovibile fino al primitivismo. Il terzo della leadership a tre teste era l'ebreo Zinoviev,[320] poi presidente dell'Internazionale di Mosca del 1919. Grazie alla demagogia e alla spregiudicatezza di Trotsky e Zinoviev, il bolscevismo divenne un'impresa prevalentemente ebraica.

Che il bolscevismo russo fosse, e sia, tale non può essere messo in dubbio. Dal 1917 al gennaio 1918, ho viaggiato da Pietroburgo alla Crimea e devo affermare (e qui posso escludere che si tratti di coincidenze) che dove emergevano i bolscevichi, nelle università, nelle riunioni di strada, nei consigli operai, 90 su 100 erano ebrei. Inoltre, li ho incontrati in Crimea (la Crimea era occupata da loro), negli ospedali militari, con il giornale *Pravda* (l'organo bolscevico) sottobraccio, e molte notizie non hanno

---

[320] [Gregori Zinoviev (nato Ovsei-Gershon Apfelbaum) (1883-1936) fu un bolscevico ebreo che, insieme a Kamenev, inizialmente sostenne Stalin contro Trotsky, anche se dopo il 1926 appoggiò Trotsky contro Stalin. Zinoviev e Kamenev furono infine arrestati nel dicembre 1934 per complicità nell'omicidio del leader del partito comunista di Leningrado, Sergei Kirov, e giustiziati].

rivelato altro che forze ebraiche di sovversione. Nonostante tutto, non avrei il diritto di considerare queste esperienze personali come caratteristiche del movimento bolscevico se i fatti che ne seguirono non esprimessero la stessa cosa.

In Germania si commette l'errore di considerare il bolscevismo come una necessità russa. Ora, sarebbe comprensibile che, quando viene rimosso un vincolo, i moti repressi esplodano con una forza raddoppiata. Questo può anche essere vero in molti casi. Ma in generale si deve dire che non esisteva prima alcuna necessità per il successivo massacro - a meno che il pensiero tolstoiano, genuinamente russo, secondo cui non ci si deve opporre al malvagio non abbia portato alle sue conseguenze.

Oltre al governo parallelo dei consigli operai di Pietroburgo, a Kronstadt si era formata una repubblica separata di marinai. Essa non riconosceva alcuna legge al di sopra di essa, il debole governo trattava gli ammutinati come un potere con pari diritti, e in questo modo fu possibile che nel giugno 1917 molte migliaia di marinai incitati e guidati da uno studente ebreo del Politecnico di Riga, il famigerato Roschal, risalissero la Neva per rovesciare il governo. Il colpo di Stato fallì e i leader più importanti, Bronstein (Trotsky), Rosenfeld (Kamenev), [321] Nachamkes (tutti ebrei) furono imprigionati. Ma non per molto. Grazie all'energia di Lieber, furono presto rilasciati, la cui richiesta riuscì in nome della libertà: i bolscevichi avevano infatti combattuto solo per i loro ideali e questa fede doveva essere rispettata. Da ciò si evince che è bene lasciare che i propri fratelli operino in più partiti.

Kerensky, il nuovo primo ministro, non riuscì a salvare la situazione. Molto è stato scritto sulla sua personalità, molti in

---

[321] [Lev Kamenev (nato Rosenfeld) (1883-1936) fu un rivoluzionario bolscevico che nel 1918 ricoprì la carica di vicepresidente del Consiglio dei Commissari del Popolo sotto Lenin e fu sposato con Olga, sorella di Trotsky (vedi anche la nota precedente)].

Germania vedevano in lui un ebreo,[322] altri un imperialista russo, il terzo gruppo un nuovo idealista puro. L'immagine che il Prof. Freytagh Loringhoven[323] dà di Kerensky si avvicina sicuramente di più alla verità. Kerenskij era un uomo come migliaia di russi. Suo padre era il direttore di un ginnasio, sua madre (presumibilmente) la figlia di un generale. Proveniva quindi dalla cerchia dell'intellighenzia ed era un tipico rappresentante di una grande categoria all'interno del suo centro. Chi conosce l'*Idiota* di Dostoevskij trova nel principe Myshkin un'immagine sorprendente di lui (anche se depurato del tratto mistico-geniale), a volte timido, a volte fiammeggiante di idealismo, poi oratoriamente vanitoso, poi megalomane, barcollante tra due principi. Come Myshkin non sapeva quale delle due donne amasse, così anche Kerenskij non sapeva se seguire la sua dottrina marxista o un sentimento nazionale. Dopo manovre più che ambigue, alla fine si buttò in una posizione in cui la fama di oratore a buon mercato era in serbo per lui. Tutti i suoi discorsi isterici, tuttavia, non fermarono la demoralizzazione; nell'ottobre 1917 si tenne un congresso dei soldati che, scavalcando il governo, ordinò all'esercito di gettare le armi.

La storia di questo congresso è estremamente istruttiva. In esso dovevano essere discusse tutte le questioni di natura sociale e politica, ma la maggior parte dell'esercito russo, di fronte alla minacciosa situazione militare, rifiutava ogni disputa politica in quel momento. Ma questo non scoraggiò affatto i bolscevichi più

---

[322] Nel suo libro Zertrümmert die Götzen, il dottor Eberle ci informa che, secondo la Jüdische Rundschau di Varsavia, Kerensky proviene da una famiglia ebraica di Vilna; suo padre è emigrato in America; secondo il Volkstem, sua madre è nata Adler. Ho letto molte biografie di Kerensky e non ho trovato nulla di tutto ciò. [Joseph Eberle (1884-1947) era uno scrittore cattolico conservatore tedesco che si trasferì in Austria nel 1916, dove pubblicò una rivista chiamata "Schönere zukunft". Nonostante il suo antisemitismo, fu arrestato e imprigionato dal nuovo governo nazionalsocialista per aver contravvenuto agli obiettivi educativi del Führer].

[323] Questo mi è stato comunicato da un membro della delegazione tedesca.

accaniti, che trascinarono tutti i loro rappresentanti, l'ufficiale cadetto Abrahamov (Krylenko) si mise sulla poltrona di presidente e, senza alcun mandato e senza autorizzazione, emise appelli e decreti a nome dell'esercito russo. I tentativi di Kerenskij di reprimere questa audacia andarono malamente a vuoto; la guarnigione di Pietroburgo, demoralizzata dall'inattività e dotata di denaro proveniente da fonti segrete (si era convinti che fosse tedesco, dato che l'ebreo Fürstenberg-Ganeski di Stoccolma aveva dimostrato di aver trasferito ingenti somme al consiglio dei soldati di Pietroburgo), si gettò dalla parte dei suoi donatori e, all'inizio del novembre 1917, rovesciò l'ultimo governo russo. È anche caratteristico che nelle ultime sessioni del Preparatorio che si era formato non un solo russo parlò dalla parte dell'opposizione ma, senza eccezioni, degli ebrei.

Con ciò la vittoria dei bolscevichi fu decisa e ora gli ebrei non avevano più freni: lasciarono cadere la loro visiera e istituirono un governo russo quasi esclusivamente ebraico.

Lenin era quasi l'unico non ebreo tra i commissari del popolo, per così dire la pubblicità russa dell'impresa ebraica; nel suo carattere, tuttavia, senza dubbio il più forte. Chi erano gli altri? Riporto qui i nomi che dimostrano abbastanza chiaramente l'ormai innegabile dominio ebraico. Commissario per la guerra e gli affari esteri era il già citato Bronstein (Trotsky), l'anima del Terrore Rosso; Commissario per la cultura Lunacharsky, Commissario per il commercio Bronsky, Commissario per la giustizia Steinberg, Commissario per il controllo della controrivoluzione il mostro Moses Uritsky. Nella sua camera di investigazione nella famigerata Gorochovaja n. 2, migliaia di persone furono portate e uccise senza processo. (In seguito fu fucilato). Il comandante in capo di tutti gli eserciti, dopo la grande disgrazia di Krykenlo, era l'ebreo Posern. Il capo del Consiglio degli operai e dei soldati di Pietroburgo Zinoviev, del Consiglio degli operai e dei soldati di Mosca Smidovich, del Consiglio di Kharkov Rosenfeld (Kamenev); la delegazione di pace di Brest-

Litovsk[324] era composta da Bronstein (Trotsky), Joffe, Karakhan (armeno), ed era ebrea fino al dattilografo.

Il primo corriere politico a Londra (che in effetti portò la lieta novella ai suoi fratelli di sangue) fu l'ebreo Holtzmann, e come rappresentanti del governo sovietico in tutti i Paesi gli ebrei spuntarono come funghi dopo la pioggia. A Berna l'ambasciatore "russo" si chiamava Shklovsky (fu licenziato insieme a tutto il suo staff), a Christiania[325] Beitler, a Stoccolma Vorovsky, e a Berlino fu delegato il già noto Joffe. I successivi negoziati per gli accordi supplementari di Brest-Litovsk furono guidati, da parte "russa", dal già citato Vorovskij, che aveva alle sue dipendenze circa dodici ebrei ed ebree e due o tre lettoni. A tutti questi si aggiungevano i maggiori agitatori dei giornali bolscevichi, i commissari provinciali e altri alti notabili.

Citerò i leader ebrei più importanti: Martow (pseudonimo di Zederbaum), Gussev (Drapkin), Sukhanov (Gimmer), Sagersky (Krachmann), Bogdanov (Silberstein), Gorev (Goldmann), Volodarsky (Cohen), Sverdlov (Capo del Consiglio Penale), Kamkov (Katz), Mieskovsky (Goldberg), Riazanov (Goldenbach), Martinov (Simbar), Chernomorsky (Chernomordkin), Piatnitsky (Sewin), Abramovich (Rein), Solntsev (Bleichmann), Sviesdich (Vonstein), Litvinov (Finkelstein, il negoziatore di pace con l'Intesa), Maklakovsky (Rosenblum), Lapinsky (Löwensohn), Bobrov (Nathanson), Axelrod (ortodosso, era "attivo" anche a Monaco), Garin (Carfeld), Glasunev (Schultze), Mrs. Lebedev (Simon), Kamensky (Hoffmann), Naut (Ginzburg), Sagorsky (Krajmalnik), Iagoev (Goldmann), Vladimirov (Feldmann),

---

[324] Nella sua Geschichte der russischen Revolution, [1919]. [Axel von Freytagh Loringhoven (1878-1942) fu giurista e deputato durante la Repubblica di Weimar, alla quale si oppose. Accolse con favore l'ascesa al potere di Hitler e fu nominato consigliere di Stato prussiano nel 1933].

[325] [Oslo]

Bunakov (Fundamenski), Larin (Lurrje), ecc. Nelle banche più tardi sedevano solo ebrei e spesso giovani ebrei di vent'anni dirigevano interi dipartimenti dei ministeri. Chiunque fosse costretto a recarsi lì per emergenza veniva accolto da uomini con nomi russi e volti ebrei? Ci sono stati molti cambiamenti personali, ma il principio di selezione è sempre rimasto lo stesso: assicurare agli ebrei un'influenza incondizionata e chiamare i russi e i lettoni (il più importante sostegno militare del Soviet) solo in misura ridotta.[326] Un vecchio leader dei rivoluzionari, Burtsev, scrisse una lettera infuocata ai bolscevichi, in cui proclama al mondo la sfortuna russa di aver generato personalità capaci di "calunnie, furti e omicidi".[327]

Egli espone all'operaio e all'agricoltore russo di tutto il mondo, che ancora vede in loro degli "idealisti", il tradimento di banditi senza scrupoli e castiga in modo chiaro e conciso la loro demagogia e mendacità.

"Per mesi", scrive Burtsev, "sono sembrati sostenitori dell'Assemblea Nazionale, ma dopo la prima riunione l'hanno respinta. Hanno fatto una campagna costante contro la pena di morte, e ora sono loro a elevarla a sistema. Sono sostenitori dichiarati della giustizia del linciaggio; tutti i loro decreti terminano con la minaccia di fucilazione. Erano sostenitori della libertà di stampa, ma si sono rivelati censori e persecutori della stampa di una severità che la Russia non ha ancora sperimentato. Erano contrari alle carceri e ne sono i più zelanti fornitori. Senza indagini e giudizi hanno incarcerato migliaia di uomini. Hanno

---

[326] Recentemente un corrispondente del Times, Wilton, quindi un testimone non sospetto, ha viaggiato in Russia; ha accertato che tra i 384 commissari che governano la Russia 13 sono nati russi, gli altri georgiani, cinesi e 300 ebrei. (Si veda in questo contesto il mio discorso del giorno del Reichsparty, 1936: "Der entscheidende Weltkampf".

[327] V.L. Burtsev, Seid verflucht ihr Bolschewiki, [Stoccolma, 1918]. [Vladimir Burtsev (1862-1942) fu un attivista russo che si oppose sia al bolscevismo che al nazionalsocialismo].

parlato di pace ma hanno portato solo la guerra, che si è estesa a tutto il territorio. Si sono infuriati per la diplomazia segreta, ma hanno condotto una segretezza nella loro diplomazia che non conoscevamo nemmeno sotto il regime zarista". In nome della fratellanza e della pace, i bolscevichi attirarono a sé orde impensate e si misero subito all'opera con un odio furioso contro tutto ciò che era "borghese" e presto con un massacro sistematico e una guerra civile, se così si può chiamare questo massacro unilaterale. L'intera intellighenzia russa, che per decenni aveva lottato per il popolo russo ed era finita sul patibolo o era stata esiliata per il suo benessere, fu semplicemente uccisa ovunque fosse possibile trovarla. Kokoskin e Shingarev furono segretamente assassinati mentre giacevano gravemente malati in ospedale. Naturalmente gli assassini non furono puniti. Non posso dilungarmi su tutto, ma tutti i russi onesti conosciuti furono giustiziati.[328] Gli operai e i soldati furono spinti a tal punto che non c'era più ritorno per loro, divennero le creature senza volontà del tenace dominio ebraico che aveva bruciato tutti i ponti dietro di sé. Il vero nucleo dell'Armata Rossa era decisamente affidabile, le altre reclute erano tenute sotto una disciplina spaventosa.

Il reclutamento avveniva nel modo seguente: un commissario si recava nel villaggio interessato e annunciava la coscrizione di tutti gli uomini dai 20 ai 40 anni circa. Se la coscrizione non veniva seguita incondizionatamente, appariva la cosiddetta spedizione penale che fucilava l'intero villaggio, compresi donne e bambini. Poiché questa operazione veniva spesso eseguita in

---

[328] Anche l'ambasciatore tedesco Mirbach fu assassinato. L'assassino fu lo studente ebreo Blumkin. Fuggito in Ucraina, fu consegnato e poi condannato a pochi mesi di reclusione (in seguito ottenne un'alta carica a Mosca). [Wilhelm Count Mirbach-Harff (1871-1918), nominato ambasciatore tedesco in Russia nell'aprile 1918, fu assassinato da un ebreo di nome Yakov Blumkin su richiesta dei rivoluzionari socialisti di sinistra (alleati dei bolscevichi) che speravano di fomentare una nuova guerra tra russi e tedeschi dopo il ritiro della Russia dalla guerra mondiale con il Trattato di Brest-Litovsk del marzo 1918].

modo spietato, tutti i coscritti si presentavano, fino all'ultimo uomo. In questo modo, e soprattutto in questo modo, il governo ebraico si manteneva, perché sapeva bene che l'odio ancora impotente della popolazione poteva diventare spaventoso se non veniva quotidianamente represso. Secondo i numeri della *Pravda* (Verità), il giornale ufficiale, in tre mesi furono fucilati oltre 13.000 "controrivoluzionari". Ma si può osservare, e tutte le notizie recenti concordano su questo, che l'odio contro gli ebrei in Russia, nonostante il Terrore, si sta diffondendo sempre più. I russi più teneri e tolleranti ne sono ormai intrisi come un ex funzionario zarista. Se l'attuale governo cade, nessun ebreo rimarrà vivo in Russia; lo si può dire con certezza; quelli che non saranno uccisi saranno cacciati.

III. LA MENTE EBRAICA

Il Talmud

Se vogliamo formarci un giudizio sul carattere della mente ebraica dobbiamo necessariamente risalire a quell'opera che ne è l'espressione monumentale e che ancora oggi, come abbiamo detto, è rispettata da due terzi dell'intera ebraicità come assoluta e intoccabile: il Talmud.

Di essa si è già detto qualcosa, cioè si è accennato brevemente alle sue leggi morali. Ora vorrei illuminare altre pagine. E anche se si devono mettere per iscritto cose disgustose, ciò è inevitabile se si vuole vedere tutto ciò che si può trovare in un "libro religioso".

È davvero strano il giudizio dei nostri contemporanei, che considerano il Talmud come un libro religioso contro il quale combattere sarebbe arretrato e indicativo di intolleranza. Ma se si leggono gli innumerevoli trattati, ci si stupisce di non trovare quasi nulla della religione, o almeno della religione come la intendiamo noi. Non emerge nessun pensiero metafisico, nessuna ricerca di una soluzione dell'enigma della vita, nessuna immagine che possa illustrarci i nostri segreti, nessuna intuizione, nessun mistero. Tutto è evidente e chiaro. Il mondo è stato creato dal nulla dal dio degli ebrei, il popolo che dovrebbe governare il mondo e a cui ogni cosa creata appartiene di diritto. Questo è il fondamento "religioso". Accanto alle assurdità e alle crudeltà moraleggianti compaiono spaccature di una follia quasi patologica che si farebbe fatica a prendere sul serio se non venissero dalla bocca dei rabbini venerati dagli ebrei. Alcuni esempi: "Quando Salomone era nel grembo di sua madre si mise a cantare un canto come dice il *Sal* 103,1: 'L'anima mia lodi l'eterno e tutto il mio essere interiore il tuo santo nome'". "Quando succhiò al seno di sua madre e osservò il seno, cominciò a cantare una canzone, v.2[329]: 'L'anima mia lodi l'eterno e non dimentichi tutte le sue buone azioni'". Secondo Rabbi Abahu, le parole "buone azioni" significano che Dio ha posto il seno nel luogo della ragione o che egli (Salomone), come pensa Jehuda, non guarda un luogo di vergogna, o, secondo Rabbi Mathna, perché non succhi in un luogo di vergogna.[330]

Gen. 2,22: "E il Dio eterno formò la costola". Rab e Samuele hanno opinioni diverse al riguardo. Secondo l'uno, si trattava di un volto (da cui si formava qualcosa), secondo l'altro, di un pene. Ma è giusto secondo uno di loro, poiché nel *Sal* 139,5 si dice: 'Tu mi hai formato davanti e dietro', ma cosa significherà la citazione secondo chi suppone che fosse un pene?".[331]

Rabbi Gamliel:

> "Un giorno ogni donna partorirà quotidianamente, poiché in *Ger* 31,8 si dice: 'donne incinte e partorienti'. Un giorno gli alberi daranno frutti, poiché in *Ez* 17,23 si dice: "produrrà rami e porterà frutti"". [332]

Rabbino Geremia:

> Il primo uomo aveva due volti, *Sal* 139,5: "Mi hai formato davanti e dietro".[333]

---

[329] [Sal 103,2]

[330] Tractate Berachoth, fol.10a.

[331] Berachoth, fol.61a.

[332] Shabbat, fol.30a,b.

[333] Erubin, 18a.

Rabbino Samuel:

"Perché le parole della Torah sono state paragonate alla gazzella?". "Per dirvi: "Come la gazzella ha un corpo snello e sembra ogni ora al suo uomo cara come nella prima ora, così anche le parole della Torà sono ai suoi custodi come nella prima ora"".[334]

Rabbi Eleazar:

"Quando in *Dt* 6,5 si dice: 'Devi amare l'Eterno, il tuo Dio, con tutta la tua anima', perché allora si dice anche 'con tutti i tuoi beni'? Significa che ci sono molti uomini a cui il loro corpo è più caro del loro denaro, per questo dice: 'con tutta la tua anima', e ancora, che ci sono molti uomini a cui il loro denaro è più caro del loro corpo, per questo dice: 'con tutti i tuoi beni'". [335]

Il fatto che la parola "beni"[336] sia presa qui nel suo senso letterale di denaro è significativo, così come non si dice nulla dell'anima che si ama più del corpo e del denaro.

Rabbino Papa:

"Se uno ha mangiato o bevuto da un piatto o da un forno abbinato, come si fa a prevenire le conseguenze negative? Si afferra il pollice della mano destra con la mano sinistra e il pollice della mano sinistra con la mano destra e si parla così: "Io e te siamo tre". Ma se si sente dire: "Io e te siamo quattro", allora si dice: "Io e te siamo cinque", ecc.[337]

"In *Gion* 2,1 si dice: 'Allora l'Eterno presentò un grande pesce per inghiottire Giona'. Ma al v. 3 si dice: "Giona pregò l'Eterno

---

[334] Erubin, fol.54a,b.

[335] Pesachim, fol.25a,b.

[336] [La parola tedesca per "possesso" "Vermögen" significa anche "capacità"].

[337] Pesachim, fol.110a.

di uscire dallo stomaco del pesce e disse: "Ho invocato il Signore dalla mia prigionia"". Non c'è dubbio: forse il grande pesce lo sputò e il piccolo pesce lo inghiottì".[338]

Rabbino Meier:

"Da dove si può dimostrare che anche gli embrioni nel grembo della madre hanno iniziato a cantare un canto? Perché è scritto nel Sal 68,27:[339] 'Nelle comunità si loda il Signore Dio, fin dal grembo di Israele'".[340]

"Quando un graffio fa vescica, si suona il trombone il sabato. Ma abbiamo imparato: Quando altre pene sono suscitate e attaccano tutti, ad esempio pruriti, cavallette, zanzare, non si soffia ma si grida (si prega) a Dio? Non c'è dubbio, si tratta solo di capire se il prurito è umido o secco".[341]

Rabbi Jehuda disse:

"Si mette nel sinedrio (consiglio) solo un uomo che sia in grado di eliminare (attraverso le conclusioni) il verme dalla Torah".

Il rabbino ha detto:

"Posso dichiararlo pulito attraverso le conclusioni. Se anche un serpente, che uccide o aumenta l'impurità con ciò, è pulito, allora la determinazione è certamente valida in relazione a un verme che non uccide e non aumenta l'impurità!".

---

[338] Nedarim, fol.51b.
[339] [Sal.68,26].
[340] Sota, fol.30b.
[341] Baba Kamma, fol.36 e 37a.

Questo non è sostenibile, poiché esso (il serpente) è solo come una spina (che può ucciderci e tuttavia è pulita).[342]

In Es. 8,2 si legge: "E la rana salì e coprì l'Egitto". Secondo Rabbi Eleazar era solo una rana, ma si moltiplicò e riempì l'intera terra d'Egitto. Ma i Tannaiti[343] sono di tutt'altro avviso.

Rabbi Akiba dice:

> "Era una sola rana e questa ha riempito l'intera terra d'Egitto". Allora Rabbi Eleazar ben Azaria gli disse: "Akiba, cosa hai a che fare con la Haggadath?[344] C'era una sola rana, ma ha fischiato alle altre e tutte si sono avvicinate".[345]

Interrompo questi abili accorgimenti, che bastano a dimostrare palesemente la loro vacuità intellettuale. Ma un punto deve essere ancora sottolineato. In tutti i loro discorsi c'è un grande spazio occupato dalle domande sessuali, di cui abbiamo già visto alcuni esempi. Ma il modo in cui vengono trattate è caratteristico. Non con una naturale sensualità, e nemmeno con l'oggettiva neutralità di un igienista, ma con la ripugnante libidine di vecchi calvi che non riescono a fare abbastanza nell'immaginazione delle attività sessuali. La penna esita a scrivere questa denuncia di aver commesso un'ingiustizia.

Rabbino Chama:

---

[342] Sanhedrin.

[343] [Dottori che ripetevano la Legge, da cui il termine "Mishnah", che significa "ripetizione della Legge"].

[344] [L'Haggadah è un testo ebraico che viene letto durante la Pasqua ebraica per commemorare la liberazione dalla schiavitù in Egitto.]

[345] Sanhedrin, fol.67a,b.

"Chi allestisce il suo letto tra il nord e il sud ottiene figli di sesso maschile, come dice il Sal 17:14: 'E con il tuo 'tesoro'[346] riempirai i loro grembi, avranno un'abbondanza di figli'".[347]

Tre cose sono un'illustrazione del mondo futuro: il sabato, il sole e il servizio. Di che tipo? Se intendevano il servizio del letto (rapporto sessuale), questo diventa sicuramente debole? Si intende solo il servizio dell'apertura della donna.[348]

La donna è un tubo pieno di vituperi la cui bocca è piena di sangue.[349] Rabbi Jochanan:

"Ogni donna che invita il marito a un rapporto sessuale ottiene figli di un tipo che non esisteva nemmeno all'epoca di Mosè".[350]

Le mogli degli incolti sono parassiti e delle loro figlie si dice Dt 27,21: "Maledetto chi giace con una vacca".

Chi tratta la Torah in presenza di una persona non istruita è considerato come se mentisse con la sua promessa sposa.[351]

I rabbini hanno insegnato:

"Chi ha rapporti sessuali in un letto in cui dorme un bambino ottiene bambini epilettici".[352]

---

[346] [pene]

[347] Berachoth, fol.67a,b.

[348] Ibidem, fol.57b.

[349] Shabbat, fol.152a.

[350] Erubin, fol.100b.

[351] Pesachim, fol.49b.

[352] Pesachim, fol.112b.

A Ben Soma fu posta la domanda:

> "Può il sommo sacerdote prendere una vergine che è stata messa incinta o non si considera ciò che Samuele ha detto: 'Posso giacere con molte vergini senza sangue' o non si verifica ciò che Samuele ha detto?". Rispose loro: "Certo, quello che Samuele ha detto non si verifica, ma c'è da temere che possa essere rimasta incinta in un bagno. Ma Samuele ha detto davvero: "Chi ha rapporti sessuali il cui seme non scocca come una freccia non ingravida". Allora doveva essere pronto come una freccia che scocca".[353]

Gli anziani dissero:

> "A coloro che emettono espettorato, ai lebbrosi e alle persone vicine alle donne mestruate è permesso leggere dal Pentateuco, dai Profeti e dall'Agiografia, solo l'emissione di seme è proibita".[354]

Elia:

> "Perché il Messia non viene? Vedi, ora è il giorno della riconciliazione, posso giacere con tali e tali donne". Allora Rabbi Jehuda gli chiese: "Che cosa dice allora il Santo?". Egli rispose: "Dice in *Gen* 4,6: 'Il peccato sta alla porta'". "E cosa dice Satana?". Ed egli rispose: "Satana non ha potere nel giorno della riconciliazione".[355]

Rabbino Simeone:

> Una proselita che ha meno di tre anni e un giorno è adatta al sacerdozio (cioè il sacerdote può giacere con lei)", perché si legge in *Num* 13,18: "E tutte le bambine che non hanno giaciuto

---

[353] Chagia, fol.14b.

[354] Mo 'ed-Katan, fol.15a.

[355] Yoma, fol.19b e 20a.

con un uomo, possano vivere per te"".³⁵⁶ "Un 'bicchiere' è bello per una donna, due brutti, con tre lo esige (senza castigare) con la bocca, con quattro porta l'asino al mercato (per la sua soddisfazione)".³⁵⁷

Rabbi Johanan:

"I bambini storpi nascono perché i genitori capovolgono la tavola (la loro posizione nel coito); i bambini muti nascono perché baciano quel posto (i genitali); i bambini sordomuti nascono perché chiacchierano durante il rapporto sessuale; infine, i bambini ciechi nascono perché guardano quel posto".³⁵⁸

Rabbi Jochanan:

"Il pene di Rabbi Ishmael era grande come un tubo di sei kabs".³⁵⁹

Rabbino Papa:

"Il pene di Rabbi Jochanan era grande come un tubo di cinque kab, secondo altri tre kab. Il pene di Rabbi Papa era grande come le ceste degli abitanti di Harpania³⁶⁰. Ogni criminale (simri) giaceva in questo giorno con la donna medianita per 424 volte, e Pinchas ne aspettava una così a lungo che il suo potere era indebolito.³⁶¹ Pinchas non sapeva che il re forte (Dio) era con lui.

---

[356] Yemabot, fol.66b.

[357] Ketubot, fol.65a.

[358] Nedarim, fol.20a.

[359] [Un "kab" è un'antica misura ebraica pari a 4 pinte].

[360] [Una ricca città agricola nel distretto di Mesene, a sud di Babilonia].

[361] Baba Mezia, fol.84a.

È indicato in una boraitha:

> "Si coricò con lei 60 volte finché lui divenne come un uovo marcio e lei come un letto pieno d'acqua".[362]

Questi esempi possono bastare per far capire la stranezza della mente ebraica. Come era possibile che prodotti di tale natura, ereditati, discussi e gelosamente custoditi per migliaia di anni, potessero essere indicati come un libro religioso e morale?

Qui bisogna stabilire una volta per tutte che tutto ciò che è scritto nel Talmud deriva da uno spirito ostile nei nostri confronti. È una caratteristica specificamente ebraica.

> "Una cosa è certamente chiara", dice l'ebreo Dr. Bernfeld, "che l'insegnamento orale è intimamente legato alla razza ebraica, è osso del suo osso, carne della sua carne".[363]

E lo storico ebreo M. Kayserling si eleva a elogio definendo il Talmud "la più grande opera ammirata da migliaia di anni, e di cui non si trova traccia in nessuna letteratura".[364] Così pensano tutti gli ebrei.

Difficilmente è esistito un uomo più tollerante, difficilmente è stato così incline a sfumare e a negare le differenze individuali nel carattere dei popoli, come Tolstoj. Con infinite ripetizioni predicava (cioè nelle sue lettere) la somiglianza di pensiero in Cina, India, Giudea, Europa.

---

[362] Sanhedrin, fol.14b.

[363] [S. Bernfeld], Der Talmud [sein Wesen, seine Bedeutung und seine Geschichte], Berlino, 1900, p.16. [Simon Bernfeld (1860-1939) fu rabbino e pubblicista a Berlino.]

[364] Sephardim, Lipsia, 1859, p. 86.

Ma dopo aver lasciato il suo arioso castello costruito sul dogma dell'uguaglianza degli uomini e aver osservato più da vicino le opere dell'uomo, il grande uomo giunse tuttavia ad altri risultati. Nello studio del Nuovo Testamento, riferisce, si sentiva come un pescatore di perle che getta la sua rete in cerca di cozze preziose, ma ne trae allo stesso tempo melma e sporcizia da cui deve prima liberare le prime.

> "E così ho trovato accanto a un puro spirito cristiano un alieno sporco spirito ebraico".[365]

Schiller prova una grande venerazione per molte figure dell'Antico Testamento, cioè per la personalità di Mosè, ma distingue già con un istinto sicuro (senza una conoscenza più approfondita dei contesti reali) tra "l'indegnità e la riprovevolezza della nazione" e il "merito dei loro legislatori". Egli definisce l'ebreo un "vaso impuro e infimo" in cui però si conservava qualcosa di prezioso che avrebbe potuto poi maturare "in menti più brillanti", un "canale impuro" attraverso il quale veniva condotto il più nobile dei nostri beni, la verità, che però si rompeva una volta compiuto ciò che doveva".[366]

Goethe disse che il contrasto tra gli ebrei di oggi e i loro "antenati ci infastidisce". Entrambi i grandi uomini hanno quindi un atteggiamento marcatamente contraddittorio nei confronti del passato ebraico.

Ma questo deve essere sfatato quando, come sappiamo oggi, i grandi uomini del passato ebraico non erano affatto i progenitori

---

[365] *Kurze Darlegung des Evangelliums* [Breve esposizione del Vangelo, 1881].

[366] *Die Sendung Moses*, [La conferenza di Schiller sulle origini della religione ebraica fu tenuta all'Università di Jena nel 1789 e pubblicata nella rivista Thalia di Schiller nel 1790].

degli ebrei attuali, che il giudaismo è un prodotto molto tardivo.[367] Persino Mosè (anche il nome non è ebraico) è, secondo le rappresentazioni egiziane, un sacerdote egiziano fuggito di nome Osarsiph.[368]

No, l'ebreo non è stato "spezzato", il canale è stato completato nella sua formazione fin dall'Esilio e anzi già prima, si è solo rafforzato e accentuato.

Questa avversione istintiva nei confronti di Tolstoj, Schiller e Goethe, per citare solo alcuni grandi uomini, deve sentirla chiunque si sia avvicinato ai prodotti intellettuali ebraici e abbia ancora conservato il suo sentimento naturale: gli esempi sopra riportati tratti dal Talmud dovrebbero spingere a farlo. L'ebreo ci descriverà come "filistei totali", cosa che noi, secondo Abraham Geiger, siamo completamente,[369] poi siamo ulteriormente bollati dai discepoli di Graetz come il "più limitato di tutti i popoli",[370] ma questo non può turbarci.

La mente tecnica

Indaghiamo brevemente sulla struttura tecnica della mente ebraica.

È davvero vergognoso, ma nondimeno vero, che il concetto di cultura abbia ancora una connotazione molto indefinita nei grandi circoli e venga trasferito in modo acritico a quasi tutti i fenomeni

---

[367] Su questo si vedano [Julius] Wellhausen e [Houston Stewart] Chamberlain. [Julius Wellhausen (1844-1918) è stato un biblista orientalista tedesco.]

[368] Maggiori dettagli su questa personalità in Deussen, Die Philosophie der Bibel. [Quest'opera costituisce il Vol. II,2,i della Allgemeine Geschichte der Philosophie di Deussen (vedi sopra p. 39)].

[369] Nachgelassene Schriften, Vol. II, p. 242.

[370] Geschichte der Juden, Vol. VII, p. 367.

della vita. Oggi appartengono alla cultura le ferrovie e la poesia, gli aerei e la filosofia, il riscaldamento ad acqua calda e la filosofia; qui è necessaria una differenziazione metodica.

Con la parola "cultura" si dovrebbero designare solo le espressioni dell'uomo che sono il prodotto (sia esso sentito o pensato) di una concezione del mondo. A queste appartengono la religione, la filosofia, la morale, l'arte e la scienza, nella misura in cui non sono puramente tecniche. Il resto è costituito dal commercio, dall'economia e dall'industria, che vorrei designare come tecnica della vita. Mi sembra un'importante intuizione dell'essenza della mente ebraica quando la definisco una mente prevalentemente tecnica. In tutti i campi che ho annoverato come appartenenti alla tecnica della vita, essa, come abbiamo visto, è sempre stata attiva con una tenace energia e con grande successo. Ma anche lì, dove la cultura nasce, è solo il lato tecnico esterno, nelle sue diverse forme, che ha lasciato la sua impronta o che ha posseduto.[371] Questo richiede qualche spiegazione.

La morale, ad esempio, si basa su un sentimento che giace nel profondo di noi, sulla "voce leggermente udibile", secondo le parole di Goethe, riguardo a "ciò che va fatto e ciò che va evitato". Nella società umana, si esprime sotto forma di precetti morali e leggi statali; queste sono la tecnica della moralità. Quanto più chiaramente e decisamente il sentimento per la giustizia e l'ingiustizia è radicato in un popolo, tanto meno avrà bisogno di una complicata tecnica giuridica e tanto più possiederà una cultura spirituale. È quindi un giudizio totalmente fuorviante vedere nella minuziosa enumerazione delle attività permesse e proibite della vita quotidiana un'espressione derivata da un ethos superiore.

---

[371] Isaia lo aveva intuito quando disse: "Poiché questo popolo mi rispetta solo esteriormente, la saggezza dei suoi saggi svanirà e il discernimento dei suoi uomini ragionevoli si perderà" [Is 29,13-14].

Al contrario: è segno che il fulcro della morale non si trova all'interno dell'uomo, ma è determinato solo dall'esterno, dove premio e punizione per la sua osservazione sono decisivi. E qui è caratteristico della mente ebraica che la semplice morale del bene e del male abbia portato a un groviglio di leggi e a un commento delle stesse che dura da centinaia di anni. Solo per il sabato ci sono 39 paragrafi di attività proibite, si dice che Mosè abbia ricevuto 365 divieti e 248 leggi sul monte Sinai.

Ma, su questa base, la legge ebraica si afferma dapprima con migliaia di misure di comportamento che devono essere rigorosamente seguite. Qui non si tratta più dell'espressione di un sentimento morale, ma solo della conoscenza e della padronanza di regole tecniche. "Chi conosce la legge è virtuoso", dice Gesù Siracide.[372] E Bernhard Stade, pur essendo uno studioso ben disposto verso gli ebrei, riferisce:

> "Manca il pensiero di misurare le azioni in base al loro contenuto o alla convinzione da cui emergono... Le azioni sono soprattutto diversamente giudicate a seconda che siano state commesse in Canaan o meno, che siano limitate agli israeliti o agli stranieri".[373]

Qui abbiamo gli inizi del successivo Talmud che, da questo punto di vista, non è altro che un complicatissimo apparato tecnico con il cui aiuto si devono risolvere tutte le questioni. Ma poiché la padronanza di questo strumento richiedeva molto tempo, gli uomini, anche tra gli ebrei, che avevano a portata di mano, a ogni passo della vita (che si trattasse della sinagoga o della toilette) una citazione di Mosè o del Talmud non erano molto numerosi. Questi esperti della legge erano anche le persone più rispettate che

---

[372] [Jesus ben Sirach (inizio II sec. a.C.) fu l'autore di un'opera chiamata Sirach (o Ecclesiastico) che è considerata apocrifa e non è stata accettata nella Bibbia ebraica.

[373] Geschichte des Volkes Israel, Vol. I, p. 510.

dominavano l'apprendimento per se stessi, e i loro nomi si diffusero in tutti i Paesi abitati da ebrei.

La stima del sapere in sé era così grande che anche un gentile colto era talvolta considerato alla stregua di un uomo. Sebbene Padre Samuele proibisse all'uomo (cioè all'ebreo) di avere comunità con i gentili,[374] e Rabbi Meir dissero: "L'uomo deve avere ogni giorno tre parole di benedizione, cioè che Dio non mi ha fatto un gentile, una donna e uno sciocco", tuttavia si spiegava che era possibile avere rapporti con un gentile colto.

Ma bisogna sottolineare una differenza fondamentale tra conoscenza e sapere. Infatti, si potrebbe facilmente osservare che anche gli indiani avevano una conoscenza accumulata che poteva essere padroneggiata solo attraverso un lavoro di decenni, quindi anche loro avevano una mente simile a quella ebraica.

Ma poi va osservato che la conoscenza degli indiani nasceva dall'anelito all'interconnessione dell'universo e portava a una conoscenza purificata e simbolica, che in questo caso serviva solo come mezzo per un obiettivo che andava oltre lo stesso. L'ebreo ha dimostrato nel corso della sua storia una ricerca della conoscenza in sé, ha evitato ogni metafisica come una malattia infettiva e ha istintivamente perseguitato le poche eccezioni che hanno flirtato con la filosofia. La conoscenza della Legge era per l'ebreo un obiettivo in sé.[375]

Questa mente tecnica, che ha fatto del sentimento morale un sistema di divieti e precetti, che non ha eguali nella letteratura mondiale nella sua mostruosa confusione e nel suo pugilato

---

[374] Bechorot, fol.26.

[375] Ma laddove la conoscenza non era un fine in sé, era vista come un mezzo non per la comprensione, ma per il potere e l'arricchimento. Ciò significa, tra l'altro, che: "Appena la saggezza entra nell'uomo, entra in lui anche l'astuzia" (Sota, fol.21b.).

d'ombra poco spirituale, è necessariamente antimetafisica, non avrebbe potuto esistere altrimenti. Una mente rivolta al mondo esterno deve avere una risposta a tutto, poiché non sente internamente nulla che sia profondo e infinito. Ma anche a questa immagine del mondo, necessariamente ristretta, apparteneva un potere formativo. E a questo la mente ebraica non ha contribuito molto, a parte l'eterna tautologia: Dio id Dio.

Nei Paesi stranieri l'ebreo sperimentò per la prima volta qualcosa di Dio come creatore dell'universo, dei miti di questa creazione, della caduta attraverso il peccato, dei principi del bene e del male, dell'immortalità dell'anima.

Qui, nel contatto con le idee straniere, la mente ebraica si mostrò nella sua caratteristica stranezza. Le immagini e i miti divennero aneddoti, il tentativo di illustrare un'esperienza interiore fu interpretato come un fatto storico materiale. La caduta dell'uomo, simbolo sumero-accadico di un evento spirituale, divenne una narrazione storica, il serpente non era altro che un serpente, la mela una mela, il tutto un evento quotidiano. Quando gli ebrei sentirono parlare per la prima volta di immortalità dell'anima umana dai prussiani, quando sentirono parlare di un messia, un Saoshyant, che avrebbe liberato il mondo dal potere del principio del male per instaurare un regno celeste in cui sarebbero entrati non solo i santi ma infine anche, dopo una severa punizione, tutti gli innumerevoli peccatori penitenti, compresero di questo principio di amore liberatore del mondo solo l'idea di un messia dominatore del mondo.

Il regno di Dio divenne uno stato schiavista in cui gli ebrei avrebbero governato come tiranni. Il mito della creazione dell'universo divenne per gli ebrei l'alfa e l'omega della loro successiva visione del mondo, chiudendo nel tempo, una volta per tutte, la loro immagine dell'universo. Il loro contributo era che fosse stato creato dal nulla. In ogni caso, gli ebrei disponevano ora di una conoscenza di ampio respiro: il dio ebraico ha creato un giorno l'universo dal nulla, è tenuto a proteggerci e ci darà nel regno a venire il dominio su tutti i popoli. Si vede che il quadro è completo, la visione logica.

In un antico inno indiano si legge:

> Le mie orecchie si schiudono per ascoltare, i miei occhi per vederlo;
> La luce che alberga nel mio spirito si allarga,
> La mia mente vaga lontano, i cui pensieri sono in lontananza.
> Che cosa dirò, che cosa immaginerò ora?[376]

Non è forse come se un'ala dell'infinito eseguisse in queste parole del cantore indiano un ulteriore battito d'ali e si sollevasse da ogni confinamento terreno? Oppure, quando il saggio alla fine di una delle più antiche opere filosofiche sulla creazione dell'universo termina così:

> Egli è la prima origine di questa creazione,
> sia che l'abbia formata tutta, sia che non l'abbia formata,
> ... in verità lo sa, o forse non lo sa.[377]

Ancora una volta termina con una domanda. Queste sensazioni di eternità sono l'uscita di una mente "che abita come una meraviglia potenziale nell'uomo", della "saggia mente senza età".[378] L'indiano sente in sé qualcosa di eterno, si vede davanti a un'infinità, non può sbarrare a se stesso tutte le porte della mente. Ma la mente ebraica è nervosa di fronte a tali immaginazioni, se gli vengono in mente. L'Antico Testamento ne è la prova. E Judah Halevi, forse la personalità più simpatica che l'Ebraismo abbia

---

[376] Glender e Kaegi, 70 Lieder des Rigveda [Rgveda, VI,9,6, ho usato la traduzione di R.T.H. Griffith, The Hymns of the Rigveda, Londra, 1889].

[377] [Rgveda X, 129, 7, tr. R.T.H. Griffith].

[378] Traduzione di Deussen: Allgemeine Geschichte der Philosophie, Vol. I.

prodotto, si esprime, internamente congelato, in poesia nel modo seguente:

> Non lasciatevi tentare dalla saggezza greca,
> che non porta frutto, ma al massimo fiorisce,
> E il loro contenuto? "L'universo non creato,
> Lì, fin dall'inizio, avvolto nei miti",
> Ascoltate avidamente le loro parole, ritornate
> Con le chiacchiere in bocca e il cuore vuoto,
> insoddisfatto,
> Così cerco canzoni sulla strada di Dio,
> e ho evitato il segno della falsa saggezza.[379]

L'ebreo non può lavorare con miti e simboli, e se li adotta diventa la magia più arida (vedi lo Zohar, la Cabala), ecco perché Cristo e il suo insegnamento del regno celeste che è "dentro di noi" gli ripugna, qui sente l'assalto più forte al suo essere.

Abbiamo visto come il Talmud parla di Gesù, ma è importante sottolineare che anche gli scrittori ebrei che non pensano in modo strettamente talmudico non hanno opinioni diverse su questo punto.

Naturalmente non sempre si incontra l'odio, comunque non preminente, ma sempre una totale mancanza di comprensione nei confronti della personalità di Gesù.

Tutti sono del parere che Cristo non sia affatto portatore di una nuova morale, ma che abbia solo ripreso le dottrine del grande Sinedrio, cioè quelle di Hillel,[380] dei suoi capi; le differenze tra

---

[379] Divan [des Castiliers Abu'l Hassan Juda Ha-levi], tr. A. Geiger [Breslau, 1851]. [Judah Halevi (1075-1141) era un medico, poeta e filosofo ebreo spagnolo].

[380] [Il Sinedrio era la corte suprema o "consiglio" dell'antico Israele. Hillel il Vecchio (110 a.C.-10 d.C. circa) fu un importante leader religioso ebraico i cui discendenti tradizionalmente servivano come capi (Nasi) del Sinedrio].

lui e i farisei sono storie maligne successive, ecc. Tutte le riserve dell'erudizione ebraica sono mobilitate a questo scopo.

Alcuni esempi tratti dalla vasta letteratura. Il rabbino Josef Eschelbacher pensa:

> "Come per la dottrina di Dio, così anche per i precetti della giustizia, della morale e dell'amore per il prossimo, la fonte fondamentale del cristianesimo era ed è rimasta l'Antico Testamento".[381]

Purtroppo è stato così, ma Cristo non ne è responsabile. Egli si pone consapevolmente contro ciò che è stato tradizionalmente accettato:

> "Avete sentito che fu detto agli anziani, ma io vi dico...".[382] "Figli del diavolo, covata di serpenti e vipere".[383]

Già il fatto dell'odio millenario contro Cristo è la prova più evidente che l'essenza ebraica è molto lontana dalla personalità di Cristo. Ma dobbiamo ancora sventolare la bandiera dell'Antico Testamento? No, finché i nostri figli dovranno continuare a rispettare come documenti religiosi le storie asettiche degli arcigni imbrogli di Giacobbe, Labano e Giuda, finché lo spirito del Pentateuco e di Ezechiele soffierà ancora nelle nostre chiese, non sarà ancora nata una religione adatta a noi. "Il Vangelo non è nemmeno una dottrina religiosa indipendente e chiusa in se stessa", dice lo stesso Rabbino,

> "Gesù non poteva e non voleva offrire una religione di questo tipo. Un cristianesimo senza una solida base nell'Antico

---

[381] Das Judentum und Wesen des Christentums, Berlino, 1905, p.92. [Josef Eschelbacher (1848-1916) fu rabbino a Baden e a Berlino].

[382] [Vedi Matteo 5:21-24].

[383] [Vedi Giovanni 8:44; Matteo 23:33].

Testamento galleggia nel vento e si dissolve in nuvole che cambiano continuamente forma".[384]

Anche qui c'è l'ansia ebraica di fronte a una forma che non è allacciata con stivali spagnoli, e anche qui non si parla di religione come immagine della psiche umana, ma di leggi tecniche, principi, ecc.

Secondo Rabbi Bäck, non c'è caratteristica che non sia stata annunciata da un ebreo come suo profeta; egli è stato il predicatore della riverenza, l'idea del dovere, della lealtà e dell'umanità derivano da lui, l'atteggiamento altruistico, la tolleranza nei confronti di chi ha una mentalità diversa sono sempre stati propri degli ebrei? Tutto questo viene affermato con citazioni del Talmud che suonano bene se estrapolate dal contesto: l'ebreo appare in grande gloria. Secondo Bäck, il potere di Gesù si basa soprattutto sul fatto che si è rivolto solo agli ebrei.[385] Altrimenti il saggio rabbino pensa che non sia necessario menzionare Cristo. Se si esamina più da vicino la sua opera, si nota che Kant e Goethe, semisconosciuti, ne sono stati la forza e che i loro pensieri sono stati attribuiti agli ebrei secondo un metodo collaudato. Ma come Goethe aveva già messo in guardia da un altro rabbino (Mendelssohn): "O povero Cristo! Quanto male ti andrà quando avrà lentamente girato intorno alle tue piccole ali vorticose". Anche per Abraham Geiger, una delle massime autorità dell'ebraismo liberale, non è bene parlare bene del cristianesimo:

> "I pensieri e i sentimenti del cristianesimo sono di grande indistinzione, si oppongono a tutte le tradizioni popolari in modo tale da non potervi attecchire, menti semplici che negano la vita reale, sognano una vita immaginaria senza carne, allargano il

---

[384] Ibidem, p. 9.

[385] Wesen des Judentums, Berlino, 1905, p. 52.

divario tra spirito e corpo per poter intravedere la beatitudine nella sua distruzione".[386]

Bisogna leggere attentamente questa citazione, che racchiude in poche parole l'intera visione del mondo ebraica. Poiché il cristianesimo è detestato dagli ebrei, si dice che sia "contrario a tutte le tradizioni popolari".

È quindi comprensibile che l'uomo di Galilea, "vivaio fecondo di entusiasmo superstizioso", appaia al signor Geiger sotto una strana luce.

> "Non possiamo negare a Cristo una profonda interiorità, ma di pensieri nuovi... di una grande opera di riforma non c'è traccia. In Gesù c'era uno strano miscuglio di chiarezza di comprensione, offuscamento della mente ed entusiasmo, come spesso troviamo in uomini di questo tipo, e dipende solo dalle circostanze se, dall'emergere di tali uomini, si sviluppa una setta che scompare o un'associazione religiosa duratura".[387]

Quindi Cristo apparteneva effettivamente a un sanatorio.

Più chiaro e onesto è Hirsch Graetz, che vede in Gesù una "rinascita con una maschera di morte"; ciò ricorda già un po' il linguaggio del Talmud. E il talmudista di oggi non lascia nulla a desiderare nella chiarezza del suo modo di esprimersi. Il dottor Lippe, i cui scritti vanno letti come quelli dei "saggi spagnoli" (secondo il dottor Bursin), scriveva anche nel 1897:

> "Sono passati quasi 1900 anni da quando un governatore romano di origine tedesca di nome Ponzio Pilato uccise migliaia di ebrei, tra i quali pare ce ne fosse uno che i popoli ariani promossero a dio molto tempo dopo la sua esecuzione. Per l'assassinio di questo uomo-dio gli ariani hanno da allora versato numerosi

---

[386] Nachgelassene Schriften, Vol. II, P.38.

[387] Op. cit., p. 116.

rivoli di sangue ebraico senza averli espiati dopo 60 generazioni... la Chiesa si preoccupa che il simbolo del crocifisso non si estranei dal suo significato originario (l'omicidio)".[388]

Queste diverse gradazioni nelle espressioni degli studiosi ebrei dimostrano un tale abissale fraintendimento che non ci si dovrebbe stancare di sottolineare nuovamente il pericolo che una mente ebraica porta necessariamente con sé, volente o nolente, quando le si permette di operare all'interno di una comunità cristiana. (Per non parlare dell'ambiente germanico, molto più estraneo). Zunz[389] ha definito l'ebraismo "il capriccio della mia anima". Ora, l'ebreo non può mai liberarsi da questo "capriccio", anche se è stato battezzato dieci volte, e la conseguenza necessaria della sua influenza sarà sempre e ovunque la stessa: despiritualizzazione, decristianizzazione, materializzazione.

Questa è l'intuizione che si trae dalla storia della mente ebraica. Dalla religione e dalla filosofia nascono compendi tecnici; anche i più grandi non fanno eccezione. Ci si può prendere la briga di leggere il *Moreh Nebukim di Maimonide*,[390] un'opera gigantesca di enorme erudizione eppure così priva di ogni vera grandezza di spirito e di mente. Molti citeranno poi Spinoza. Ma, secondo Jowett, non è più dubbio che Spinoza debba tutti i suoi veri pensieri alle menti di due uomini: Cartesio e Giordano Bruno. Da autentico tecnico ebreo compì la trovata di portare questi opposti a un comune denominatore e di combinarli in un ingegnoso "sistema". Il fatto che sia riuscito a farlo dimostra che non capiva né l'uno né l'altro.

---

[388] Rabbinisch-wissentschaftliche Vorträge, pp.58,83.

[389] [Leopold Zunz (1794-1886) era un rabbino riformista tedesco, uno dei fondatori degli "studi ebraici" accademici].

[390] Vedi la traduzione di Munk, Le guide des égarées, Parigi, 1856. [Vedi sopra p.28]

Ma il fatto che Spinoza flirtasse con l'antico panteismo ariano gli attirò naturalmente la più aspra inimicizia degli ebrei di quel tempo. Nella sua manipolazione, tuttavia, egli era ebreo come qualsiasi rabbino. Ci assicura francamente che tutto può essere spiegato nel modo più conveniente senza che si debba supporre un mistero o un segreto.

J. Anche Freudenthal lo rivendica a buon diritto per l'ebraismo, così come il dottor Spiegler.[391] Egli caratterizza il filosofo come un "ebreo assimilato" e cerca di sostenere che dobbiamo ringraziare gli ebrei per tutta la conoscenza. Spinoza è quindi "il più grande di tutti i filosofi",[392] "il più grande eroe della filosofia dell'età moderna",[393] Mendelssohn "nobilitò la lingua tedesca e rese popolare la filosofia attraverso la sua opera, grazie alla quale essa si sviluppò in fioriture fino ad allora inimmaginate",[394] egli "formò attraverso la sua elevata direzione la nazione tedesca in una filosofica",[395] ecc. Se si esamina più da vicino questo[396] Gallimathias, si impara più da esso che da molte opere antisemite.

Esattamente come nella morale e nella religione, la mente ebraica si esprime anche nella scienza e nell'arte. Gli ebrei si vantano di aver presentato, in tutte le epoche della scienza, un gran numero di uomini eccezionali, soprattutto nel campo della medicina. Quasi ogni re, si dice, aveva un medico ebreo di cui si fidava più dei suoi colleghi cristiani.

---

[391] Nella sua Geschichte der Philosophie des Judentums [1890]. [Julius Samuel Spiegler (1838-?) è stato uno storico della filosofia ungherese.]

[392] [Op. cit.], p. 316.

[393] [Ibid.], p.317.

[394] [Ibid.], p. 353.

[395] [Ibid.], p. 8.

[396] [gebberish]

Ora, se è incontestabile che l'influenza naturale che un medico esercita su un malato fu da parte degli ebrei una forte motivazione verso questa professione e aprì un ampio campo alla speculazione e fu anche sfruttata al massimo, vogliamo tuttavia supporre che la medicina avesse per gli ebrei qualche altro interesse. Allora sarebbe necessario aspettarsi che essi siano stati i primi a fondare l'anatomia scientifica.

Ma questo è ben lontano dalla verità. Il libero impulso alla ricerca che animava un Leonardo, che lo costrinse, a rischio della vita, a studiare la miracolosa struttura del corpo umano e a rendere conto delle sue funzioni, attraverso disegni di una precisione fenomenale che non sono stati superati nemmeno oggi, la sua visione magistrale, le idee creative di Cartesio e Copernico, tutto ciò non trova riscontro tra i ricercatori ebrei. Da Kant in poi facciamo una distinzione precisa tra comprensione e ragione. Con la prima intendiamo la capacità di raccogliere i dati forniti dall'esperienza sensoriale in un'immagine e di collegarli alla forma della causalità, con la seconda la capacità di combinare tutti i giudizi della comprensione in un'unità.

La comprensione produce conoscenza, la ragione scienza, conoscenza formata. Ma quando anche la ragione, da parte sua, raccoglie dati, è comunque spontaneamente attiva in quanto, come un'idea audacemente diretta, tende le antenne a nuove scoperte. L'idea dell'atomo, la legge della conservazione dell'energia, la teoria dell'etere, non sono pensieri che qualsiasi sciocco può pensare e che non possono essere dimostrati facilmente in modo logico ed empirico. Sono tentativi della ragione creativa, dell'"immaginazione empirica esatta", come la chiamava Goethe, che si spinge in avanti. E' andata di pari passo con una solida ricerca empirica.

Non è difficile delineare con totale rigore la sfera della mente ebraica. Essa ha sempre padroneggiato quel campo della scienza che si possiede solo attraverso la comprensione. La mancanza di immaginazione e di ricerca interiore, che ha condannato l'ebreo alla sterilità nella religione e nella filosofia, emerge anche nella scienza. Non una sola idea scientifica creativa è scaturita da una mente ebraica, da nessuna parte ha indicato nuove strade.

Certo, i talmudisti difendono ancora oggi gli antichi rabbini e sostengono che questi "già migliaia di anni fa" si erano applicati alle scienze e avevano anticipato molte scoperte moderne. Il dottor Lippe, ad esempio, dichiara che nel Tractate Berachot si dice che chi pone il letto nuziale in direzione corto-sud produce figli maschi. Ha letto la stessa cosa in una nuova opera medica! Nel Talmud si afferma inoltre che già centinaia di generazioni erano vissute prima di Adamo; e ciò è stato ora dimostrato dalla moderna antropologia.

Di fronte a queste lacune ci si gratta la testa. Adamo non è l'incarnazione del primo uomo in generale, ma una personalità indubbiamente storica. E sentiamo anche che le moderne scoperte hanno dimostrato che un uomo che si occupa di una sola scienza soffre di malattie addominali, mentre uno che si dedica a molte diventa nervoso. Anche questo era noto agli antichi rabbini. Infatti si legge:

> "La maggior parte degli studiosi muore per malattie addominali. Quando lo studioso si eccita (diventa nervoso) è la sua illuminazione (intelligenza) che lo eccita. Ben Soma e Ben Asai si occupavano di dottrina giuridica e di scienza filosofica ed entrambi diventavano nervosi".

Un altro appassionato talmudista, il Med. Kornfeld, ha dimostrato "in modo rigorosamente scientifico" che "la circoncisione altera l'organismo umano in modo tale che solo il circonciso è in grado di intraprendere studi". Queste cose vengono insegnate, stampate e credute da due terzi di un popolo che vorrebbe illudere il mondo attuale sulla sua indispensabilità! Se questi sono i risultati del "genio" della mente erudita ebraica, non si può fare a meno di sorridere di fronte a tanta ingenua banalità.

Quando il risveglio della mente europea promosse il libero pensiero e la ricerca dal Nord Italia all'Inghilterra, dalla Spagna alla Polonia, e quando gli uomini creativi insegnarono a interrogare la natura con idee rivoluzionarie, non c'era ancora un campo di attività per l'ebreo. E quando i navigatori del mondo si spinsero coraggiosamente in terre lontane, quando gli scopritori del mondo inventarono apparati sorprendenti per studiare i cieli stellati e svelare le leggi del cosmo, l'ebreo era occupato, come ai tempi di Salomone, con il commercio di cavalli, l'usura e, nel migliore dei casi, con la logica, dall'Inghilterra all'Austria. In lui non si è mai potuta individuare quella disposizione mentale che ricerca lontano e in profondità, che Balzac ha poi così finemente caratterizzato quando l'ha definita una forza che costringe uno studioso tedesco a percorrere centinaia di chilometri per affrontare direttamente una verità che lo sfida.

Il 19 secolo

Ma l'essenza della ricerca scientifica cambia nel 19 secolo. Se, grazie all'impegno di uomini abnegati, la scienza era stata portata così avanti da essere sulle tracce delle leggi fondamentali del cosmo, ora emergeva un fattore che non poteva facilmente precedere: l'elaborazione tecnica delle conoscenze raccolte che ne favorisce l'utilità immediata.

L'uomo cominciò a diventare sempre più schiavo della sua creazione, della macchina, la tecnica della vita si affermò sempre di più. E questo significava la breccia attraverso la quale l'ebreo entrava nella nostra cultura! Goethe lo aveva sospettato quando fece dire a Wilhelm Meister:

> "La vita meccanica che prende il sopravvento mi mette ansia, rotola verso di noi come una tempesta, piano, piano, ma ha preso la sua direzione, arriverà e colpirà".

E ha colpito dritto al cuore. Al giorno d'oggi siamo già così bestializzati che il valore di un'idea viene giudicato solo in base alla sua utilità pratica. Da ciò deriva la valutazione della personalità.

Se già nel 19 secolo erano all'opera menti geniali (chi potrebbe negarlo nel caso di Faraday e Meyer), ora orde di abili e tenaci lavoratori collaborano nel campo della scienza. Schiller dedica a Kant e ai suoi seguaci il seguente detto:

> Come un solo ricco sfama tanti mendicanti!
> Quando i re costruiscono, i lavoratori a giornata hanno qualcosa da fare

I re che costruirono furono Kant,[397] Goethe,[398] Mayer,[399] Cuvier,[400] Müller,[401] Baer[402] e molti altri, e tra loro non c'era

---

[397] [Immanuel Kant (1724-1804) iniziò la sua carriera filosofica con importanti pubblicazioni sulle scienze naturali, come Gedanken von wahren Schätzung der lebendigen Kräfte (1746) e Allgemeine Naturgeschichte und Theorie des Himmels (1755). Nel 1775 pubblicò l'opera Über die verschiedenen Rassen der Menchen].

[398] [Johann Wolfgang von Goethe (1749-1832) non fu solo un letterato ma anche uno scienziato naturale che diede importanti contributi alla metamorfosi delle piante (Versuch die Metamorphose der Pflanzen zu erklären, 1790) e all'ottica (Farbenlehre, 1810).

[399] [Julius Robert von Mayer (1814-1878) è stato un fisico tedesco tra i fondatori della termodinamica].

[400] [Goerges Cuvier (1769-1832) è stato un naturalista e zoologo francese, fondatore dell'anatomia comparata e della paleontologia. Cuvier si oppose alle teorie di Lamarck sull'evoluzione graduale e sostenne che una forma fossile tipica appare bruscamente e persiste immutata fino alla sua estinzione (un fenomeno oggi chiamato "equilibrio punteggiato"). Credeva nel poligenismo razziale e sosteneva che il caucasico fosse la più alta delle tre razze umane distinte].

[401] [Johannes Müller (1801-1858) fu un fisiologo e anatomista comparato tedesco la cui opera principale fu il suo Handbuch der Physiologie des Menschen für Vorlesungen (1837-1840). Per la sua importanza come psicologo vitalista, si veda A. Jacob, De Naturae Natura, Arktos, 2011, cap. V].

[402] [Karl Ernst von Baer (1792-1869) è stato uno zoologo tedesco e uno dei fondatori dell'embriologia che ha scoperto la cellula uovo umana. Diede anche importanti contributi alla geologia e intraprese spedizioni scientifiche sulla costa settentrionale della Russia e della Scandinavia].

nemmeno un ebreo. Quanto ai lavoratori a giornata, si sono moltiplicati così tanto e hanno acquisito così tanta influenza grazie alla loro stampa che sanno come sopprimere ogni re. Sono infatti, ovunque, comunisti. Se un professor Ehrlich[403] è stato esaltato ai tedeschi dai giornali ebraici (e quali giornali non lo erano fino al 1933?) come un nuovo salvatore, più grande di Cristo, proclamato come il più grande genio del secolo, questo è - insieme all'incapacità organica di distinguere il grande dal piccolo - propaganda per obiettivi nazionali. Persino un professor Jacques Loeb,[404] che ha ricercato con grande impegno la malattia dell'amor di patria, per decifrarla come un'iperstimolazione dei nervi, appartiene con tutti gli altri della sua razza e quelli influenzati dalla mente ebraica a coloro che ci sono eternamente estranei. Anche qui la tendenza è quella di fare di un principio di ricerca (la meccanica) un rigido dogma del materialismo. Questo obiettivo è stato quasi raggiunto.

Non vorrei essere frainteso. Non sostengo affatto che l'ebreo sia l'unico da biasimare per la materializzazione bestiale della nostra vita, ma accerto il fatto che egli ha messo le sue intere forze di energia e denaro al servizio di una tendenza che rende tutto commerciabile, e che ha dovuto farlo anche necessariamente in funzione della sua intera razza secolare. La mente tedesca, lasciata a se stessa, avrebbe presto stabilito il proprio equilibrio, ma il potere ebraico nella stampa, nel teatro, nel commercio e nella scienza glielo ha reso quasi impossibile.

La colpa è nostra, perché non avremmo dovuto emancipare gli ebrei, ma creare leggi eccezionali insormontabili per l'ebreo, come Goethe, Fichte, Herder[405] avevano chiesto invano. Non si

---

[403] [Paul Ehrlich (1854-1915) era un immunologo ebreo tedesco].

[404] [Jacques Loeb (1859-1915) era un biologo ebreo tedesco trasferitosi in America nel 1892].

[405] [Johann Gottfried Herder (1744-1803) fu un teologo e uno storico che contribuì allo sviluppo del nazionalismo volkista in Germania].

lascia il veleno in giro inosservato, non gli si dà la stessa importanza degli antidoti, ma lo si conserva con cura in armadi neri. Questo è finalmente accaduto, dopo 2000 anni, nel Reich nazionalsocialista!

Nel campo dell'arte si può dire la stessa cosa che negli altri campi della nostra vita. La tendenza all'esteriorità dei nostri tempi ha posto la sua impronta anche su di essa. Anche il gentile Wackenroder aveva un presentimento di questo spirito quando scriveva:

> "I moderni sembrano non desiderare affatto che si partecipi a ciò che essi rappresentano per noi; lavorano per eleganti signori che non desiderano essere nobilitati e commossi dall'arte, ma al massimo esserne abbagliati e titillati".[406]

Questo abbagliare e titillare è ora il grido di guerra, e dietro di esso si trova una falange nascosta, la mente ebraica. Il mercante d'arte ebreo oggi chiede solo opere che possano eccitare i sensi, il regista teatrale ebreo lo stesso e l'editore ancora di più. Oggi i nostri critici ebrei non cercano un serio impegno per la forma ma per la tecnica, per la struttura di un'opera.

Gli artisti ebrei hanno quindi un canale favorevole, perché, laddove lo standard è esterno, possono lasciarsi vedere. 300 anni fa, ad esempio, il tanto lodato Max Liebermann[407] non avrebbe mai goduto di un riconoscimento come ora. Quest'uomo ha una posizione nella storia dell'arte come venditore ambulante di arte francese, e il suo significato si esaurisce qui. Infatti, la tecnica dei

---

[406] Herzensergießungen [eines kunstliebenden Klosterbruders (1797)]. [Wilhelm Heinrich Wackenroder (1773-1798) fu, insieme a Ludwig Tieck, uno dei fondatori del Romanticismo tedesco. Le sue Herzensergießungen (Sfoghi di un frate amante dell'arte) erano un elogio dell'arte e della letteratura medievale e rinascimentale].

[407] [Max Liebermann (1847-1953) fu un pittore ebreo tedesco che propagò l'impressionismo in Germania].

suoi quadri può al massimo stupire, ma non nascondere il vuoto interiore. Più Liebermann invecchiava, più i suoi quadri diventavano superficiali, più consapevolmente pieni di effetti. I giovani ebrei si collocano per lo più nel campo del bolscevismo artistico, del futurismo. Il fatto che i rappresentanti di questa crudezza fossero in grado di parlare dell'anima e delle inesprimibili esperienze interiori fa parte della follia dei nostri giorni fino al 1933.

Un tipico esempio dello spirito artistico ebraico sono i virtuosi che viaggiano in tutta Europa. Cantanti, violinisti, pianisti padroneggiano il loro strumento con la massima bravura, gli attori interpretano i loro ruoli con grande sfarzo, i registi teatrali ebrei padroneggiano la tecnica teatrale con una raffinatezza che è difficile da battere. Ma poi, tutti questi prodigi ebrei, tutti questi virtuosi, sono diventati artisti creativi? Hanno cercato di contenere la qualità attraverso la quantità e di fare arte con tutti i mezzi che operano sui sensi. Mahler immaginava come ideale un'orchestra di mille elementi,[408] Reinhardt[409] apriva un circo teatrale con centinaia e centinaia di artisti. Tutto doveva essere portato avanti per travolgere il pubblico. A un livello più profondo, poi, altre persone lavoravano alle loro operette e ai loro "successi", all'edizione di romanzi sensazionali, e così via *all'infinito*.

---

[408] [Gustav Mahler (1860-1911) è stato un musicista ebreo tedesco del tardo romanticismo, la cui Ottava Sinfonia fu eseguita per la prima volta a Monaco di Baviera come "Sinfonia dei Mille", a causa delle sue vaste forze strumentali e corali].

[409] [Max Reinhardt (nato Maximilian Goldmann) (1873-1943) fu un regista teatrale ebreo austriaco molto attivo in Germania e in Austria prima di essere costretto a emigrare in America nel 1937. Nel 1919 aprì un grande teatro nel rinnovato Circo Schumann di Berlino che iniziò a chiamarsi Circo Reinhardt].

Un artista che non ho ancora menzionato e il cui nome sarà passato per la mente di molti, Heinrich Heine.[410] È vero che Heine era uno degli ebrei più intelligenti che, grazie al suo "orientamento intellettuale ellenistico", doveva essere qualificato come nessun altro per rendere giustizia all'anima europea. Ma ciò che ho detto in generale, che è l'esterno l'unico elemento che può essere compreso e sul quale si pone l'accento, ci appare chiaro in modo simbolico anche in Heine.

A parte il *Buch der Lieder*, le sue opere sono forse cadute nell'oblio, ma sarebbe bene considerarle seriamente per una volta; non per trarne piacere, ma per osservare come il sentimento e il pensiero europeo e specificamente ebraico si riflettessero nella mente di un ebreo di talento che, nato nella gioiosa Renania, assorbiva le fiabe e le saghe tedesche con il latte materno.

Quest'uomo è cresciuto, si è laureato in una scuola e in un'università tedesca, ha studiato la storia intellettuale e la filosofia dell'Europa e ha esposto le sue opinioni in numerosi scritti. [411]La prima cosa che rappresenta una spina nel fianco per H. Heine è il cristianesimo. Ora, noi possiamo essere molto liberi di pensare, ma mai un grande europeo ha parlato dell'incarnazione di Cristo con insolente disprezzo. Il cristianesimo è solo "un biglietto d'ingresso alla cultura europea", altrimenti "una stravagante idea studentesca", "l'umanità è stufa di tutte le ostie della comunione" e anela a "pane fresco e buona carne", "grandi vittime penitenziali devono essere macellate per la Materia" perché il cristianesimo "incapace di distruggere la

---

[410] [Heinrich Heine (1797-1856) è stato un poeta e critico letterario ebreo tedesco, molte delle cui poesie sono state musicate da Mendelssohn, Schulmann e Schubert. Nel 1831, dopo la Rivoluzione di luglio del 1830, si trasferì in Francia, dove, insieme a Ludwig Börne, formò il nucleo del movimento letterario rivoluzionario chiamato "Junges Deutschland" (Giovane Germania).

[411] *Religion und Philosophie in Deutschland, Geständnisse, Nachlass*, ecc.

Materia, l'ha resa debole ovunque. Dobbiamo rivestire le nostre donne con nuove camicie e pensieri, come dopo una peste che è stata vinta".[412]

In questo modo l'idea di ultraterreno si diffonde nell'intelligenza ebraica. Si possono avere opinioni diverse sull'essenza del cristianesimo, ma la forma e il modo in cui Heine si esprime ci mostrano una disposizione intellettuale completamente diversa da quella degli europei. È lo spirito della Legge dell'Antico Testamento. In modo simile Heine parla della filosofia tedesca.

Egli aggira la vita di Kant con una battuta: "La sua vita-storia è difficile da descrivere, perché non aveva né una vita(!) né una storia (!)". La vita esteriore di rigorosa semplicità è per Heine incomprensibile, il dovere svolto in silenzio, il riserbo che non lava i panni sporchi in pubblico, come amava fare Heine, è per lui un enigma. La concezione che Heine ha dell'uomo Kant si limita allo scapolo con il bastone da passeggio, di cui pretende di capire che ha compiuto una rivoluzione intellettuale.

Che l'arguto Heine attacchi lo stile di Kant va da sé: "A questo proposito Kant merita una critica maggiore di qualsiasi altro filosofo...", afferma e aggiunge con benevolenza che egli aveva comunque avuto in precedenza "uno stile spesso spiritoso". Heine riesce a spiegarsi la forma scolastica solo attraverso la possibilità che Kant abbia temuto che la scienza potesse perdere qualcosa del suo valore in caso contrario. Naturalmente gli viene in mente che il processo di pensiero di Kant richiede un linguaggio misurato, ma no, Kant era un "filisteo". "Solo un genio ha un nuovo linguaggio per un nuovo pensiero, ma Immanuel Kant non era un genio".

---

[412] *Religion und Philosophie in Deutschland*, Kampe Verlag, p.70. [Il saggio di Heine *Zur Geschichte der Religion und Philosophie in Deutschland* fu pubblicato nella sua raccolta *Der Salon II* nel 1835].

Che il genio consista soprattutto nel pensiero creativo sembra non venire in mente nemmeno a Heine, per il quale genio e sfarzo esterno sono equivalenti. Non c'è molto da aggiungere a questa opinione, un genio come quello che Heine immagina non avrebbe permesso a Kant di fare alcun lavoro serio.

Che Kant abbia provato e dimostrato l'indimostrabilità di Dio, che la ragione teorica debba limitarsi al solo campo delle scienze esatte, che la fede in Dio sia determinata solo dall'esperienza interiore, in questo Heine vede una "farsa". "Devo rinunciare alla conoscenza per far posto alla fede", disse Kant.

E a questa fede pura, non ebraica e astorica, nata dall'esperienza interiore, mirava Kant. Che Heine non abbia capito Kant non è una vergogna, è successo anche a chi è più grande di lui, ma come lo abbia frainteso e come abbia osato, senza alcuna base erudita profonda, esprimersi, indulgere soprattutto in battute di spirito, questo è ciò che appare caratteristico.

Non possiamo approfondirlo in questa sede, ma una volta che se ne viene a conoscenza ci si imbatte ovunque nel "cosmopolitismo filosofico", come lo chiama Heine, nella superficialità, nella sottigliezza tecnica e nelle rappresentazioni a effetto, come potremo definirle. Lo stesso spirito soffia anche nel "Buch der Lieder" e nel "Romanzero"[413] coccolato dalle nostre signore del boudoir. Un sentimentalismo sfrenato unito a un umorismo osceno, una rappresentazione legata solo a se stesso, un tentativo costante di rappresentarsi al meglio.

Se si è compreso questo spirito, non ci si lascerà abbagliare dalla dozzina di poesie formalmente riuscite. Le imitazioni di Heine delle canzoni popolari tedesche e di Goethe sarebbero forse state

---

[413] [Questa fu la sua terza e ultima raccolta di poesie, pubblicata nel 1851.]

dimenticate se uno dei più grandi artisti, Robert Schumann, non avesse infuso un'anima immortale in quell'impalcatura vuota.

Per quanto riguarda l'amata "Lorelei", va osservato che si tratta di una resa quasi letterale della poesia di un conte tedesco (Loeben).[414] Come Heine si sia immaginato la vita e lo spirito tedesco lo si vede dal suo poema "Deutschland",[415] Chi volesse sapere come all'epoca fosse ancora possibile per un francese diventare tedesco può leggere Chamisso:[416]

> Tu, mia cara patria tedesca, mi hai
> mi avete dato la ragione per cui ho combattuto e molto di più.
> Non ho nulla da chiederti, nulla da lamentarmi,
> solo ringraziarti da un cuore pio.[417]

Non posso presentare in dettaglio tutte le trasformazioni che la mente di Heine subì nel processo del pensiero europeo: a volte si presenta come protestante, poi come ateo, inveisce nel modo più meschino contro tutte le menti che pensano diversamente e infine abbandona la filosofia europea come qualcosa di essenzialmente estraneo e incomprensibile per tornare consapevolmente all'ebraismo. Nonostante l'apparente cittadinanza mondiale, il

---

[414] [Otto Heinrich, conte Loeben (1786-1825) fu uno scrittore romantico il cui poema "Der Lureleyfels", che funge da introduzione alla sua opera in prosa "Loreley: Eine Sage vom Rhein" (1821), fu forse la fonte della "Lorelei" di Heine (1822)].

[415] Deutschland: Ein Wintermärchen" è un'epopea in versi che racconta un viaggio immaginario attraverso la Germania, pubblicata nel 1844. Nello stesso anno fu vietato dalle autorità tedesche.

[416] [Adelbert von Chamisso (1781-1838) era un aristocratico francese la cui famiglia fuggì in Germania dopo la Rivoluzione francese. Raggiunse la fama sia come poeta che come botanico].

[417] Berlino, 1831. [Questa poesia è intitolata "Berlin, im Jahr 1831"].

carattere era più forte di tutta l'influenza e il potere delle idee culturali europee.

In punto di morte Heine disse: "Non ho bisogno di tornare all'ebraismo perché non l'ho mai abbandonato". E sugli ebrei esprime un giudizio come farebbe qualsiasi rabbino:

> "Mosè prese una povera tribù di pastori e ne creò un popolo grande, eterno, santo, un popolo di Dio, che potesse servire a tutti gli altri popoli come modello, anzi a tutta l'umanità come prototipo: creò Israele!".

E ancora:

> "Si pensava di conoscere l'ebreo quando si vedeva la sua barba, ma non si è saputo di più e, come nel Medioevo, così anche nell'età moderna sono un mistero che cammina. Forse sarà risolto nel giorno di cui il profeta ha predetto, che allora ci sarà un solo pastore e un solo gregge e il giusto che si preoccupa della salvezza dell'umanità riceverà il suo glorioso riconoscimento".

Sono parole che ogni europeo dovrebbe notare, soprattutto in un momento in cui l'ondata ebraica ha raggiunto un'altezza senza precedenti e minaccia di travolgere tutto. In esse rivive lo spirito del Talmud e della Legge dell'Antico Testamento che dice:

> "Dio si è compiaciuto solo dei tuoi padri perché li ha amati, e dopo di loro è solo la tua discendenza che ha scelto tra tutti i popoli".[418]

Ma non posso non sottolineare anche il rapporto di Heine con Goethe. È simile a quello con il cristianesimo e con Kant: da un lato, finge di essere pieno di riverenza e vede in lui un grande maestro, ma tra le sue lodi dissemina le osservazioni più

---

[418] *Deut* X, 15.

superficiali e quelle che distorcono più grossolanamente l'immagine di Goethe.

Quando Goethe trattò i Romantici con freddezza e in seguito li respinse bruscamente, Heine afferma:

> "Anche se Goethe voleva sentirsi superiore a loro, doveva ringraziarli per la maggior parte della sua reputazione". "Si sentiva parlare solo e sempre di Goethe, ma emergevano poeti che non gli erano molto inferiori per potenza e immaginazione".

E qui risuona in prosa il ben noto:

> "E se si dovessero fare i nomi migliori, anche il mio verrebbe nominato".

Il fatto che Heine, che si considerava un vero e proprio poeta, abbia osato paragonarsi a Goethe dimostra già con chiarezza che non aveva idea che la poesia sia qualcosa di diverso dai versi.

"Goethe aveva paura", scrive ancora, "di ogni scrittore originale e indipendente e lodava ed esaltava tutte le menti insignificanti e meschine: anzi, arrivò al punto che essere lodati da Goethe equivaleva a un certificato di mediocrità.

Egli rimprovera inoltre a Goethe l'indifferentismo religioso, il fatto che non capisse o non volesse capire l'entusiasmo filosofico per non essere strappato alla sua "pace mentale", che avesse paura di esprimere le sue convinzioni, che "si occupasse di giocattoli artistici, di anatomia, di teoria dei colori, di botanica, di osservazioni delle nuvole, invece che dei più alti interessi umani". Inoltre, Heine afferma in modo approfondito che: "L'avversione di Goethe a cedere all'entusiasmo è tanto ripugnante quanto infantile". Dal "Faust" capisce che Goethe aveva percepito l'insufficienza dello spirito in quanto, nel Faust, aveva posto il desiderio di "piaceri materiali e della carne", il "West-östliche Divan" è un abbraccio al sensualismo, l'ultima fase dell'arte poetica di Goethe, ecc. Così continua, con il cappello devotamente in mano.

Un'immagine più distorta non poteva essere pensata dal più feroce nemico di Goethe, ed è superfluo contraddire Heine.

Se il grande Balzac aveva allo stesso tempo ammirato con rispetto, se Carlyle aveva accolto Goethe con amore, se Taine aveva definito Goethe la mente più colta che sia mai esistita,[419] e Dostoevskij hanno messo in bocca a Goethe una preghiera in cui esprime la sua grande riverenza,[420] questo non è il caso di Heine e non potrebbe esserlo.

Schiller aveva sostenuto:

> "Secondo la mia intima convinzione nessun altro poeta si avvicina a lui (Goethe) anche da lontano per profondità e tenerezza di sentimenti, per natura e verità, e allo stesso tempo per merito artistico... Ma non sono i vantaggi della sua mente che mi legano a lui. Se non avesse per me il più grande valore di tutto ciò che ho incontrato personalmente come uomo, ammirerei il suo genio solo nella sua forma... Aveva un'alta verità e onestà nella sua natura e la più grande serietà per la giustizia e la bontà, per questo i pettegoli e gli ipocriti e i sofisti si sono sempre trovati a disagio in sua compagnia".

A quest'ultimo tipo di persone apparteneva anche Heine, che spalanca con noncuranza i canali della sua superficialità. Si può

---

[419] Taine, *Voyage en Italie*. [1866]. [Hippolyte Taine (1828-93) è stato uno storico intellettuale francese che ha sottolineato l'importanza di "race, milieu et moment" sugli scritti di qualsiasi autore].

[420] *Diario di un autore* [1873-1881]. [Fëdor Dostoevskij (1821-1881), il celebre romanziere russo, era un nazionalista slavofilo e monarchico. Il suo *Diario di un autore* era una raccolta di articoli che coprivano gli anni 1873-1881 e che egli aveva originariamente pubblicato in una rivista da lui stesso prodotta].

immaginare come si sentì Heine quando andò a trovare Goethe. Alla domanda di Goethe sulle sue attività, Heine rispose in modo importante che stava anche scrivendo un "Faust". Sembra che Heine non abbia mai superato la gelida risposta di Goethe, "Non hai nient'altro da fare a Weimar?", per tutta la vita e questo, insieme alla sua incapacità organica, potrebbe essere una delle ragioni della sua smania di denigrare Goethe. Tuttavia, sarebbe troppo lungo approfondire il carattere di Heine.

So che mi discosto un po' dalla stretta aderenza al mio tema, ma in tali dettagli si rivela l'essenza di un sentimento e di un pensiero. Se i rappresentanti di tutte le nazioni d'Europa vedono in Goethe il più grande poeta e uomo, due ebrei, e due degli ebrei più intelligenti, fanno del loro meglio per distorcere questa immagine dell'uomo. Uno, Heinrich Heine, arriva persino a lamentarsi di codardia morale, l'altro, Ludwig Börne, dice, quando Goethe morì: "Ora avremo finalmente la libertà!". Si può passare sopra a questi fatti senza dire una parola quando si dice che il più grande di tutti i tedeschi è un vigliacco morale e un ostacolo alla vera libertà? Queste parole non dovrebbero far riflettere ogni tedesco sul fatto che la città natale di Goethe, Francoforte sul Meno, non molto tempo fa ha eretto un monumento proprio a questo Ludwig Börne?

No, è il simbolo di una tendenza consapevole o istintiva. Ma questa tendenza significa combattere ogni "profondità di sentimento e tenerezza", come Schiller l'ha decantata in Goethe, le cui parole esprimono finemente anche l'essenza dell'anima europea. E qui vorrei aggiungere un monito di Goethe a tutti coloro che danno ancora valore alla nostra cultura: "Non tolleriamo nessun ebreo tra di noi, perché come potremmo concedergli di partecipare alla nostra cultura più alta, di cui egli rinnega l'origine e i costumi?".[421]

Il carattere ebraico - L'energia ebraica

Lo svantaggio di uno scrittore è che può parlare solo consecutivamente di cose che, quando emergono, formano un'unità. La direzione e il tipo di mente corrispondono sempre alla molla del carattere e sono condizionati da quest'ultimo. Ora, un carattere non può essere descritto. "Invano", dice Goethe, "ci sforziamo di descrivere un uomo, ma, se si mettono nero su bianco le sue azioni, allora ci arriva un'immagine del carattere".[422] Tutto ciò che è stato fatto prima ha descritto tali azioni della mente ebraica; qui se ne devono trarre le conseguenze e si deve poi vedere se ciò che si è manifestato dalla natura dell'ebreo è emerso anche nella sfera della sua autocomprensione. Goethe disse: "Il carattere ebraico: energia, base di tutto". Con questa frase Goethe, con meravigliosa acutezza, colpisce nel segno. La storia degli ebrei, che ho cercato di delineare in brevi tratti, mostra una tale tenacia di carattere che non abbiamo quasi mai avuto occasione di osservare in nessun altro popolo.

Gli uomini del 20 secolo vivono una vita in cui i cambiamenti, le invenzioni, le novità, ecc. si susseguono a ritmo incalzante; la molteplicità e il cambiamento sono i fattori che determinano la nostra vita pubblica e danno anche una direzione al nostro pensiero. Siamo infatti facilmente portati a sorridere quando si parla di qualcosa di rigido, senza cambiamenti; la vita attuale ha portato con sé il risultato che il tempo libero è stato misurato in modo così breve che è venuta a mancare la possibilità di vedere

---

[421] *Wilhelm Meisters Wanderjahre*. [Il secondo romanzo di Goethe, dopo *Die Leiden des jungen Werthers* (1774), consisteva in due parti, *Wilhelm Meisters Lehrjahre* [1795-1796] e *Wilhelm Meisters Wanderjahre* (1821/1829)].

[422] Introduzione alla Farbenlehre. [L'opera di Goethe sui colori, Zur Farbenlehre, apparve nel 1810/1820].

l'unità nel molteplice, e che la capacità di rilevare e comprendere i complessi più grandi è diventata sempre più piccola.

L'uomo pratico, che conosceva solo il presente e valutava questo insieme al passato e al futuro dalla prospettiva di esperienze personali accidentali, ha dato il tono e per noi è difficile portare altri punti di vista all'attenzione di un uomo del genere. Eppure dobbiamo dirci che ci sono forze che, nonostante il carattere fugace del nostro presente, cambiano aspetto ma rimangono essenzialmente le stesse. A queste forze appartiene la volontà ebraica semitica.

Non possiamo spiegare il fenomeno dell'energia ebraica, ma dobbiamo assumerlo come un fatto storicamente provato. Sparsi in tutti i Paesi, la volontà di vita nazionale esclusivamente di tutto ciò che è ebraico è rimasta sempre la stessa; oggi gli ebrei sono significativamente più numerosi che in qualsiasi momento dell'antichità. Ciò che Schopenhauer ha individuato come la cieca volontà incondizionata[423] costituisce il carattere ebraico; attorno a questo istinto rivolto a tutte le cose del mondo in modo unilaterale si raggruppano tutte le sue capacità e debolezze. Dotato di una comprensione pratica, questo istinto era in grado di forgiare tutti gli strumenti del suo dominio. Il mito secolare dell'oro come simbolo del potere mondiale acquisì una forma nel popolo ebraico;[424] l'obiettivo dell'ebreo era sempre rivolto a questo oro come a un mezzo che servisse a soddisfare la sua volontà di potenza. Doveva rinunciare all'immaginazione divina così come alla creazione dell'arte più alta, era incapace di concepire un'idea cosmica di dio (il dio ebraico è ancora oggi un dio nazionale), era incapace di plasmare idee scientifiche ed era

---

[423] [Arthur Schopenhauer (1788-1860) espose la sua dottrina della Wille zum Leben (volontà di vivere) come motore di tutta la vita nella sua opera principale, *Die Welt als Wille und Vorstellung* (1818/1844)].

[424] [Rosenberg allude al significato simbolico centrale dell'oro del Reno nella tetralogia *Der Ring des Nibelungen* (1876) di Richard Wagner].

incapace di amare. "Solo chi rinuncia all'amore acquista potere", dice Wagner. E a questo amore dovette rinunciare, dal momento che si avviò verso l'asservimento. La base del suo carattere: l'istinto incontrollato, il suo obiettivo: il dominio del mondo, i suoi mezzi: l'astuto senso utilitaristico e l'energia.

L'ebreo deve essere compreso a partire da questi tre punti. Le sue leggi morali, la sua spregiudicatezza, la sua mancanza di immaginazione, la sua insaziabilità, la sua astuzia, la sua competenza tecnica, la sua influenza politica, ecc.

L'abbiamo seguito storicamente in Portogallo e in Francia, e abbiamo visto questo carattere dell'ebreo emergere sempre e ovunque, l'abbiamo osservato nel Talmud, l'abbiamo trovato all'altezza dei suoi trucchi nella Massoneria, e intrigante nell'Internazionale con la sua rivoluzione lunatica e lo scatenamento di tutti gli istinti.

In quel momento l'ebreo si elevò in alto tra tutti i popoli; e questo necessariamente. L'ho già detto prima: il principio libero della morale umana pone in tutti i popoli un ostacolo al cammino dell'istinto incondizionato, ma l'ebreo riceve una speciale spinta di potenza dalle sue dottrine morali, che plaudono all'esercizio di questo istinto nei confronti di tutti i non ebrei. In tempi di illegalità, il più spregiudicato deve salire al vertice, soprattutto quando tutte le capacità sono adattate a questo scopo. Ecco perché l'ebreo è sempre e ovunque portatore dell'idea di distruzione.[425] Ora, l'energia dell'ebreo è un tratto caratteriale specificamente semita. I semiti sono stati in grado di imporre il fanatismo derivante da questo tratto ai popoli soggiogati o irretiti dalla parola o dalla spada. Sotto il potere della sua sterile ma enorme volontà, il carattere dei popoli è stato cambiato.

---

[425] La legge e la giustizia vivono come una "malattia eterna", dice il suo amico Mefisto.

Questa eredità del sangue ebraico ha già attraversato molte volte i paesi come una tempesta. In Arabia, chiamata all'azione da Maometto, ha soggiogato la Persia e l'ha costretta con brutale violenza sotto il suo dominio; gettando a terra tutto ciò che aveva davanti, si è spostata in Nord Africa, ha attraversato le colonne d'Ercole, ha attraversato la Spagna e infine si è scontrata con una contro-azione conclusiva. Il giorno in cui Carlo Martello ottenne la vittoria nel sud della Francia,[426] la prima battaglia contro il fanatismo religioso, l'intolleranza religiosa fu vinta, anche se, ovviamente, solo in campo politico. Costretto alla ritirata, l'Islam si rivolse a sud. Lungo tutto il confine del Sahara, lentamente e incontrando una resistenza sempre più forte, assoggettò a sé una tribù dopo l'altra. Se ci si chiede come abbia operato questa volontà semitica, ascoltiamo il capo della spedizione tedesca di ricerca sull'Africa interna, Leo Frobenius.[427] Dopo che l'Islam è stato fortemente colpito militarmente, non ha più potuto assalire violentemente "ma si è infilato con le pantofole di una seducente vita mercantile nei retrobottega dei palazzi del Sudan". Per molto tempo si è creduto agli scrittori arabi, si è vista la storia araba "attraverso gli occhiali grigi dell'Islam" e la si è considerata come qualcosa che diffondeva cultura. Ma non è così. "L'Islam, in tutto il Sudan, si è appoggiato a culture più antiche", afferma lo studioso sopra citato.

I rappresentanti dell'Islam conquistarono paesi con scarso potere politico prendendo d'assalto quelli con una forte volontà di vita, ma seguendo l'antica e collaudata ricetta "attraverso la via della pace", cioè seminando conflitti e discordia tra le dinastie. Una volta sostenevano l'una e l'altra per poter finalmente piantare la loro bandiera sulle mura che vacillano. E in che modo: di per sé improduttivo, dopo aver impiccato tutti i "capibanda", l'Islam

---

[426] [Carlo Martello ("il Martello") (686-741) fu un generale franco famoso per la sua vittoria contro i Mori nella battaglia di Tours (732)].

[427] *Und Afrika sprach* [3vol., 1912-13]. [Leo Frobenius (1873-1938) era un etnografo prussiano specializzato in cultura africana e preistorica.]

costrinse violentemente tutte le potenze al suo servizio, nella più amara schiavitù. Su questo Frobenius dice:

> "I Romani raggiunsero il loro apice nelle imprese coloniali dando ai popoli sottomessi lavoro forzato nel senso di opportunità di lavoro. Il romano si limitava a riscuotere le tasse, ma l'arabo rubava tutto il capitale, l'intero 'io di una persona'".

Una prima volta fu il fanatismo (a metà del 19 secolo), la seconda entrò in scena alla fine del 19 secolo, quando un'ondata araba, questa volta proveniente da est, si riversò su tutto il Sudan, soggiogò tutti i popoli che vi abitavano dediti all'agricoltura, trasformò letteralmente la terra in un deserto e, vivendo essi stessi in tende di seta, li trasformò in crudeli mangiatori di uomini.

Questa forza dell'energia semitica e del fanatismo semitico, che non è stata vista in tutta la sua portata, si trova anche nell'idea ebraica, l'idea della santa razza ebraica, rispetto alla quale tutte le altre sono impure, e della fede ebraica, rispetto alla quale tutte le altre sono pagane.

Questa breve digressione dovrebbe scuotere l'ingenuo pensiero che l'idea ebraica sia una questione insignificante, anzi come se non fosse nemmeno presente. La loro è una conquista "pacifica", cioè si devono aggravare le controversie già esistenti, si deve ostacolare la riconciliazione per poter finalmente issare sulle pareti barcollanti la "speranza storica": il dominio mondiale dell'impero ebraico, l'impero del Messia.

Il governo del mondo ebraico

Certo, molti popoli sono emersi come conquistatori, molte personalità si sono elevate a governanti. Questa lotta per il potere non è affatto da condannare incondizionatamente, e spesso è addirittura una necessità morale; l'antica Roma, ad esempio, si trovava in mezzo a un miscuglio di popoli; per proteggere la sua famiglia, il suo Stato, il romano doveva circondarsi di un solido baluardo. Portò leggi, ordine e costumi nelle terre conquistate, e solo quando nuove tribù sommersero Roma, quando siriani, africani, imperatori soldati degenerati presero il controllo, la giustificata volontà di potenza si trasformò in sfrenata avidità di potere, e Roma perse così la sua forza. Anche in Bismarck e Napoleone esisteva un'enorme volontà di potenza, ma mentre nel primo era controllata e nobilitata da un'idea alta, nell'altro la volontà di potenza correva senza limiti in tutta Europa. Contrariamente a tutti i pacifisti, non vedo alcun crimine nella volontà di potenza in sé, l'unico e solo elemento decisivo è il carattere del popolo o della personalità che vi sta dietro. A volte un'idea sociale, civilizzatrice, culturale può essere realizzata in questo modo, altre volte paesi e popoli saccheggiati sono la conseguenza di una ramificazione del potere. Ora, ovunque il carattere ebraico sia stato all'opera, lo vediamo, anche nel massimo sviluppo del suo potere, segnato da una totale sterilità. Mai un popolo ha mostrato una tale avidità di potere come l'ebraico, non per ottenere qualche risultato ma solo perché si considerava "prescelto", ma mai un popolo è stato in grado di fare così poco con il potere acquisito come, ancora una volta, l'ebraico. Il sentimento di schiavitù, che è in effetti la caratteristica del vangelo ebraico nei confronti di Dio (non il sentimento di un bambino, come tra gli indoeuropei), penetra l'ebreo in profondità nel suo sangue; ma il fatto che lo schiavo pretenda poi più avidamente di fare il signore, che lo schiavo diventato cavaliere cavalchi comunque il suo cavallo fino alla morte, sono entrambi facili da capire.

L'istinto di potere degli ebrei è quindi di tipo diverso da quello degli antichi romani, di Alessandro, Bismarck, Napoleone. Come un signore non esige naturalmente rispetto e obbedienza, l'ebreo come personalità non si pone apertamente di fronte al suo lavoro, ma procede per la sua strada attraverso intrighi, menzogne, inganni e assassinii, si pone come assistente segreto sentendosi come un comunista dietro tutti i corridoi del lavoro distruttivo. L'intera storia ebraica ne fornisce la prova.[428]

Abbiamo così delineato con precisione il tipo e le modalità del carattere ebraico. Ora è evidente che questo carattere si esprime non solo istintivamente, ma trova anche la sua impronta consapevole nella scrittura. È stato scritto abbastanza sulla letteratura dei tempi antichi, vorrei solo ricordare brevemente la promessa che essi saranno in grado di divorare tutti i popoli che Dio consegnerà agli Ebrei,[429] che le principesse saranno le loro nutrici,[430] che tutto l'argento e l'oro apparterranno un giorno a loro, che tutti cadranno ai loro piedi per leccarne la polvere, e che l'Ebreo succhierà il latte dai pagani e i seni delle regine li allatteranno.[431] Non voglio soffermarmi su tutto questo.

Ma questi vecchi pensieri non sono mai stati dimenticati. Sempre più spesso emerge la sfrenata avidità di dominare questo mondo come principio "legittimo". Il Santo parlò agli israeliti: "Avete fatto di me l'unico dominatore del mondo, quindi io farò di voi gli unici dominatori di questo mondo".[432]

Se in qualche Paese gli ebrei raggiungevano posizioni influenti, se la posizione della comunità ebraica si sviluppava di conseguenza in modo brillante, questo potere era spesso visto come il primo segno della prossima dominazione mondiale.

---

[428] Come e perché comunismo e anarchismo vadano insieme e siano uniti tra gli ebrei è un'interessante questione psicologica che non posso approfondire in questa sede e sulla quale tornerò in un altro lavoro.

[429] *Deut* 7:10.

[430] *Isa* 19:7.

[431] *Isa* 60:9.

[432] *Talmud babilonese, Tratto Chagigah*, fol.3a,b.

Così gli ebrei, ad esempio, vissero sotto Leone X[433] in una tale ebbrezza da chiedere a Gerusalemme se non fossero manifesti i segni di una salvezza imminente. Così un certo David Reubeni[434] si presentò a Roma con l'eccitante notizia che, sotto il comando di suo fratello, si era radunato un grande esercito che ora aveva solo bisogno di armamenti per conquistare la Terra Santa. Con i suoi discorsi tradì non solo gli ebrei ma anche il Papa che gli forniva raccomandazioni.

Davide attraversò l'Italia celebrato come un re. Poi si recò in Germania, dove fu catturato e fece una fine ignominiosa. Un tipo simile di persona fu Sabbatai Zevi[435] che promise al mondo di deporre il Sultano e di liberare la Palestina dal dominio turco. Si recò a Costantinopoli, fu catturato e divenne maomettano. Avventurieri di questo tipo, che sembrano totalmente patologici, l'ebraismo ne ha generati in gran numero.

Nello Zohar,[436] il noto capolavoro della Cabala, la speranza ebraica trova la seguente espressione: "Quando il 60 e il 66 anno avranno varcato la soglia del primo millennio del mondo (65060/66, cioè 1300/1306) apparirà il Messia, ma passerà ancora del tempo prima che tutti i popoli siano conquistati e Israele sia

---

[433] [Giovanni di Lorenzo de' Medici (1475-1521) divenne Papa Leone X nel 1513].

[434] [David Reubeni (1490-1535/1541) era un mistico ebreo con pretese messianiche, nato probabilmente in Afghanistan e giunto in Europa con la promessa di un'alleanza degli ebrei d'Oriente contro l'Impero Ottomano. Ma fu arrestato dall'Inquisizione intorno al 1532 e messo a morte].

[435] [Sabbatai Zevi (1626-1676) era un rabbino e cabalista nato a Smirne (Izmir) che, dal 1648, sosteneva di essere il Messia. Nonostante un notevole seguito di "sabbatiani", fu costretto dal sultano ottomano Mehmet IV a convertirsi all'Islam nel 1666].

[436] [Lo *Zohar* è il testo fondamentale della Cabala ebraica. Consiste in un commento mistico alla Torah e in discussioni di cosmologia e psicologia. Fu pubblicato per la prima volta in Spagna nel 13 secolo da Moses de Leon, che attribuì l'opera a un rabbino del 2nd secolo d.C., Shimon bar Yochai].

riunito". [437] Quando un certo Mordechai salì in Persia per diventare un alto notabile dello Stato, il popolo coniò il seguente versetto:

> Mordechai è un principe brillante,
> potente nel governare, amato dal re e grande uomo,
> Il suo nome è sulla bocca dei grandi e dei piccoli,
> Dio ha concesso il dominio al popolo santo nel suo nome.

Questi processi di pensiero ritornano continuamente. Abbiamo già sentito parlare alcuni massoni ebrei nel 19 secolo, anche il poeta "tedesco" Heinrich Heine. Sapeva cosa stava dicendo quando scrisse la storia di un pastore e del suo gregge.

E nelle sue opere postume si trova una confessione significativa di cui ogni tedesco deve prendere nota: "La missione degli ebrei è finita? Penso che quando verrà il Messia mondano": Industria, Lavoro, Gioia. Il Messia mondano arriverà in treno. Michele[438] costruisce la strada per lui". (Dal 1933 Michele si è finalmente risvegliato). Non vorrei congedarmi dalle espressioni del passato ebraico senza citare, in conclusione, una personalità che mi sembra, sotto ogni aspetto, l'incarnazione di tutto ciò che l'ebraismo può caratterizzare: Isaac Orobio de Castro (1616-1627),[439] indiscutibilmente uno degli ebrei più significativi del suo tempo. Emerso dapprima come professore di filosofia a Salamanca, fu poi consegnato al tribunale dell'Inquisizione, e dopo la sua liberazione si recò in Francia, dove divenne professore di medicina a Tolosa.

In seguito si recò ad Amsterdam, dove terminò i suoi giorni. Nella visione del mondo di quest'uomo ci vengono rivelati i limiti

---

[437] Graetz, *Geschichte der Juden*, Vol. VII, p. 228.

[438] ["Der deutsche Michel" (il Michele tedesco) è un nome peggiorativo per un tedesco, considerato tipicamente sempliciotto].

[439] [Vedi sopra p.92].

caratteristici della mente ebraica e la volontà implacabile del carattere ebraico, che lavorano insieme per produrre una caratteristica unità.

Questa visione del mondo si basa sulle colonne portanti tipicamente ebraiche di un dogma immutabile (in questo caso la legge del Sinai), sull'odio verso i cristiani e sul dominio del mondo ebraico.

Con istinto sicuro ripudia l'assolutezza dei profeti (che in effetti si sforzarono invano di riformare l'ostinato giudaismo).

> "Il riconoscimento del vero Dio non dipende in alcun modo dalle rivelazioni profetiche. Dio ha comandato al suo popolo il culto con cui servirlo, e questo culto è indipendente da ciò che i profeti dovevano annunciare loro ulteriormente".
>
> "I profeti, che sono l'oracolo del cristianesimo, e senza i quali i cristiani non avrebbero potuto crearsi un Messia, hanno seguito le leggi con coscienza, le loro profezie sono piene solo di avvertimenti ai figli di Israele affinché si attengano alla legge data da Mosè. E quali non potrebbero essere questi moniti contro coloro che la trascurano?
>
> Se è Dio che ha fatto la legge, se è stata scritta nella sua mano, se è stata dichiarata dalla sua bocca, allora è intoccabile e nulla può essere cambiato in essa senza che cessi di esistere".[440]
>
> "Non si può credere che Dio abbia trattenuto il suo popolo così a lungo nell'adempimento della sua legge, data sul monte Sinai e poi ripetuta parola per parola sul monte Oreb, se questa fosse imperfetta".

Questo processo di pensiero ritorna con grande ostinazione in molti luoghi. Questa mentalità ristretta è stata trasferita al

---

[440] Israél venge, Parigi, 1845, p.111. [Quest'opera fu pubblicata per la prima volta a Londra nel 1770 da un ebreo di nome Henriquez che sosteneva che si trattava di una traduzione francese di un'opera originale spagnola di de Castro].

principio cattolico romano, dove la volontà veterotestamentaria ha ottenuto una vittoria sul libero pensiero. Ma Origene[441] poteva ancora scrivere:

> "Se ci atteniamo alla lettera e comprendiamo ciò che è stato scritto nella legge alla maniera della gente comune, dovrei arrossire nel riconoscere che è stato Dio a dare queste leggi. Allora le leggi degli uomini, per esempio dei Romani, degli Ateniesi, degli Spartani, sarebbero più eccellenti e ragionevoli".

Origene era davvero un uomo libero, ma il punto di vista della "gente comune" ha vinto, fino ad arrivare ai giorni nostri, quando una seconda Riforma è alle porte per rimuovere completamente la mente ebraica e per liberare definitivamente il Nuovo Testamento dalla morsa dell'Antico.

De Castro non può accontentarsi, e giustamente, di fornire le prove che Cristo non avrebbe mai potuto essere il Messia promesso agli ebrei.

> "Che cosa ha realizzato delle profezie? Ha mai avuto potere sugli Israeliti? Non si è seduto sul trono di Davide, non ha sostenuto il suo popolo nella verità, la sua famiglia era una delle più comuni e le sue azioni dimostrano che non era il Messia legittimo".

Se si dice che al tempo del Messia tutti i giusti del suo popolo, tutti i profughi di Israele provenienti dai quattro angoli del mondo sarebbero stati riuniti, la mente catturata dalla religione cristiana deve ammettere che Cristo non ha fatto questo.

> "Chi sono i poveri del mondo che egli ha giustamente giudicato? Possedeva forse un Sinedrio degno, al quale solo Dio ha dato il diritto di giudicare?".

---

[441] [Origene (184 ca. - 253 ca.) era un teologo cristiano platonizzante di Alessandria che distingueva tra la Chiesa ideale di Cristo e la Chiesa empirica che offriva un rifugio ai "peccatori"].

Cristo sbagliò e, per la mancanza di rispetto che manifestò nei confronti delle leggi dei padri, costrinse il Sinedrio a condannarlo a morte. Se la sentenza non fosse stata giusta, si sarebbe trovato qualcuno che lo difendesse, ma nonostante l'invito a farlo, nessuno si presentò per farlo.

Tuttavia, bisogna concedere agli ebrei la capacità di conoscere la loro legge, anche se l'hanno formata dalla loro stessa mente, e bisogna anche concedere loro il diritto di combattere le reinterpretazioni che sono sempre state popolari.

Ora, da quasi duemila anni essi caratterizzano lo spirito di Cristo sulla base della loro legge, quindi del loro sentimento e del loro pensiero, come estraneo e ostile con una chiarezza inequivocabile; questo è decisivo, indipendentemente da ciò che si voglia leggere nel Pentateuco e nei Profeti.

Qui due tipi di anima si contrappongono come il fuoco e l'acqua. Ecco perché de Castro, come tutti gli ebrei, vede in Cristo un "ingannatore"... "che ha una fatale somiglianza con il serpente che sedusse Eva e che ha provocato la stessa calamità nel mondo".

Cristo si sfilacciava le orecchie di sabato, mangiava carne proibita, "non si può perdonare nulla di ciò che disse perché Dio, prevedendo che un giorno sarebbe emerso un uomo per sedurre il suo popolo, aveva comandato attraverso le sue sacre scritture di stare in guardia e aveva proibito loro tutto ciò che Gesù Cristo voleva introdurre".[442] Non appena fu conosciuto, Cristo diede chiare prove della sua mancanza di rispetto verso la legge divina, e solo dopo un'indagine assolutamente precisa e imparziale che dimostrò che la sua dottrina e la sua morale contraddicevano la volontà di Dio, fu condannato a morte".[443]

---

[442] *Op. cit.*, p. 91.

[443] [*Ibid.*], p. 180.

Dalla bocca di tutti gli ebrei sentiamo questa dichiarazione, anche se prevale ancora la pretesa di un possibile superamento del divario. E dal profondo del suo cuore de Castro chiama:

> "La dipendenza in cui vivevano gli ebrei quando iniziò l'introduzione della religione cristiana impedì loro di distruggerla fino alle radici". Se gli ebrei non fossero stati sotto il giogo dei romani, se avessero avuto il potere come ai tempi di Davide e Salomone, questa idolatria sarebbe finita subito dopo il suo inizio".

Questo è abbastanza schietto, e lo stesso modo di pensare viene al già citato Dr. Lippe quando, in relazione al racconto di Caino e Abele, dice:

> "La differenza nell'espressione della coscienza religiosa arriva fino al fratricidio. Che profonda verità!".

Alla rigidità mentale e all'odio per Cristo (che naturalmente supera di gran lunga l'ostilità per il sangue tedesco) si aggiunge la comprensibile richiesta di dominio su altri popoli.

Ritorna spesso: non fa appello alle capacità, alle realizzazioni, ma unicamente alla promessa di Mosè e dei profeti.

> "Dio ha promesso al suo popolo la felicità in questa vita e tutta la beatitudine nell'altra. Ha detto loro che tutte le persecuzioni subite per mano delle nazioni avranno una fine definitiva, che esso dominerà su di esse, che avrà a disposizione abbondanza di argento e di oro invece che di piombo e di ferro...".[444]

---

[444] *Op. cit.*, p. 35. Per ulteriori dettagli su queste idee si veda Weber, *System der synagogalen Theologie*. [Il *System der alt-synagogalen-palästinischen Theologie aus Targum, Midrasch und Talmud* di Ferdinand Weber *fu pubblicato postumo* nel 1880].

Devo accontentarmi di questi accenni, ma anche questi mostrano con inequivocabile chiarezza una struttura essenziale immobile e chiusa in se stessa. Secondo Ezechiele, gli ebrei hanno "la testa dura",[445] leggendo gli scritti ebraici si può essere portati a disperarsi per la loro durezza e, nei casi di grande erudizione, per il loro bigottismo. Ma se la loro influenza si fa sentire sulle masse, allora la disperazione è reale e generale. Un triste esempio: il presente.

Anche il presente, con il dominio incondizionato del carattere ebraico, è stato lentamente determinato in anticipo, come dimostrato, frutto di forze all'opera già nel passato. Ho già sottolineato il funzionamento della macchina che ha preparato il terreno per le forze ebraiche di materializzazione.

Attraverso la crescente espansione di queste forze, attraverso la specializzazione che diventava sempre più necessaria, l'operaio era condannato a un'attività sempre più priva di scopo; priva di scopo perché vedeva un prodotto uscire da una fabbrica la cui costruzione e il cui effetto erano per lui incomprensibili. Mentre l'agricoltore era costretto dal suo lavoro a preoccuparsi del futuro, a pensare ai mezzi con cui assicurarselo, questo mancava all'operaio, che svolgeva un lavoro puramente meccanico. Diventa, come direbbe Goethe, un fallito a causa del "lavoro incondizionato". Nelle masse così disposte cadde il seme velenoso della dottrina marxista.

Il socialismo, così come Marx lo ha sviluppato sotto forma di sistema, non è naturalmente solo una battaglia per le questioni del mondo, ma una visione del mondo in generale. Due fattori sono diventati punti di riferimento nella sua dottrina: la brutale lotta di classe e l'internazionalismo.

---

[445] [*Ezechiele* 3:7]

Senza addentrarsi nella scienza "borghese" dell'etnologia, l'estrema potenza di un fanatico spiegava che tutti gli uomini erano uguali; ciò che li rendeva apparentemente disuguali era solo l'ingiustizia sociale, e le battaglie e gli eventi religiosi e politici si rivelavano lotte di classe di gruppi sociali. Sarebbe davvero interessante illuminare la storia da questo punto di vista e, naturalmente, nessuno dovrebbe sottovalutare gli effetti delle strutture sociali, ma è caratteristico che questa idea seminale possa diventare un dogma fondamentale per un'intera vita. Ridurre tutto a un principio astratto e imporlo con fanatismo, è di nuovo la stessa mente e lo stesso carattere che ha contrapposto a tutto il pensiero dell'India e dell'Europa solo "Dio è Dio e noi siamo il suo popolo".

In questo pensiero dobbiamo intravedere un pericolo per tutta la nostra cultura, un marchio di fuoco scagliato in ogni comunità nazionale: ci si aspetta che si cerchi di lavorare non gli uni con gli altri, ma gli uni contro gli altri. Se la lotta degli interessi è un fatto preesistente, fa comunque una grande differenza se si fa appello ovunque al principio della brutalità o a quello della cooperazione reciproca. Decisivo è l'orientamento del pensiero e non gli eventi occasionali; e l'orientamento del pensiero che fu portato nelle masse lavoratrici fu la tendenza che corrose l'intera vita tedesca.

Se un Thomas Moore voleva escludere gli uomini irreligiosi dalla sua Utopia, [446] se anche i rivoluzionari francesi avevano il desiderio di avvicinarsi a un simbolo, se un Karl Ernst v. Baer[447] non voleva sentire parlare di una scienza che potesse uccidere il sentimento religioso, la mente di Marx si pone in un'ottica antireligiosa, puramente materialista. Tutta la scienza e la storia sono materialismo, tutta la religione è la regola dei preti, tutto il lavoro è quantità. In tutto il suo sentimento, pensiero e azione

---

[446] [L'opera latina di Thomas More sulla repubblica ideale dell'isola di Utopia fu pubblicata nel 1516].

[447] [Vedi sopra pp.5, 165].

manca la comprensione della qualità e della personalità come fondamento di queste, è la già citata comprensione tecnica.

La visione marxista del mondo travolge le masse come una scopa rigida che uguaglia tutti. Se i lavoratori si uniscono, se difendono con forza i loro interessi, se i tedeschi non si combattono tra loro, il carattere stesso del popolo produrrà qualcosa di fruttuoso; d'altra parte, quando una mente estranea vuole imporsi in termini di visione del mondo o nell'arena sociale, e lo fa con un'intolleranza che rifiuta fanaticamente tutto il resto, ogni uomo serio deve chiedersi se questo non significhi un grande pericolo. Inoltre, l'internazionalismo che viene predicato è antinazionale, e questo significa in linea di principio guerra civile in tutte le nazioni e la caduta di intere nazioni europee colte. Werner Sombart, ad esempio, dice espressamente che le unioni internazionali borghesi stanno sul suolo nazionale, ma l'internazionalismo proletario è e deve essere marcatamente antinazionale.[448] Negli ultimi anni, grazie alla guida prudente di alcuni socialisti tedeschi, la contrapposizione di interessi aveva assunto una forma che rifiutava la dittatura del proletariato e si aspettava il dominio del socialismo da un cambiamento dei modi di pensare. Ma nel momento attuale, quando la disciplina e la resistenza morale si allentano, sono ovunque gli ebrei a predicarla nella sua forma più brutale.

E questa rigidità dogmatica che non può essere disturbata da nulla - insegnata dall'energia, coltivata per mille anni, di una parte della popolazione che viveva in condizioni difficili, di una massa che non sapeva nulla di storia, che conosceva a malapena il valore e l'impronta della propria anima razziale - doveva mettere radici. La dottrina che collocava l'insoddisfazione degli imprenditori in

---

[448] *Sozialismus und sociale Bewegung* [1896]. [Werner Sombart (1863-1941) è stato un economista e sociologo famoso per il suo *Die Juden und das Wirtschaftsleben* (1911), una risposta a *Die protestantische Ethik und der Geist des Kapitalismus* (1904/5) di Max Weber].

una visione del mondo che doveva essere stabilita in modo storico, che proclamava la lotta di classe come unico fattore della storia mondiale, doveva trovare seguaci. Il movimento che non è stato in grado di cogliere l'obiettivo a portata di mano si è posto immediatamente, come un bambino che non sa nulla, un obiettivo completamente irraggiungibile, l'intera umanità.

Molti uomini onesti adottarono il socialismo, ma la maggioranza degli europei formò energicamente un fronte contro l'internazionalismo nel senso di anti-nazionalismo e contro la rivoluzione. Persino un certo August Bebel [449] opinò, in vecchiaia,[450] che non è ancora certo a chi appartenga la patria, ai ricchi o ai poveri, e chi pronunciò quelle parole fu comunque colui che aveva protestato contro l'annessione di Elsaß-Lothringen al punto da voler prendere le pietre focaie, se necessario, per difendere la patria. Ma lui e altri uomini avevano percepito il valore insostituibile della nazione, avevano anche riconosciuto la catastrofe che una rivoluzione evocava e non volevano parteciparvi.[451]

Ma ognuno deve chiedersi prima di tutto: come mai l'appello all'internazionalismo, più precisamente al caos nazionale, viene lanciato con sempre maggiore forza da un popolo che per millenni aveva conservato il proprio carattere nella più rigida coesione nazionale e mantenuto la propria tradizione? *La risposta è la seguente: L'appello all'internazionalismo nel senso dell'antinazionalismo è l'appello dell'ebraismo nazionalista, l'appello alla lotta di classe nel senso della guerra civile è l'appello dello sfruttatore che non conosce classi!*

---

[449] [August Bebel (1840-1913) è stato un socialista tedesco, tra i fondatori del Partito Socialdemocratico di Germania (SPD)].

[450] Queste righe sono state scritte nel 1919, prima della fondazione del NSDAP.

[451] Discorso parlamentare, 1904.

Il significato di ogni democrazia intesa in senso ebraico, di ogni socialismo inteso in senso ebraico, di ogni libertà intesa in senso ebraico, è l'assoggettamento di tutte le altre nazioni, di tutti gli altri diritti, come la legge ebraica lo richiedeva duemila anni fa e lo deve richiedere oggi e in futuro.

Se fossimo in grado di accertare il carattere dell'ebreo attraverso l'osservazione della storia ebraica, se dovessimo fare appello alla nostra eredità spirituale come contrappeso al funzionamento della mente ebraica, allora, non la tolleranza umana, ma quella dello Stato deve fermarsi nel cancellare la spaventosa necessità con cui il carattere ebraico si afferma, segretamente o quando è arrivato al potere.

Ogni europeo deve rendersi conto che è una questione di tutto ciò che la nostra mente, il nostro carattere ci ha consegnato come una tradizione ereditata da promuovere e amministrare e che qui la tolleranza umanitaria di fronte all'ostilità aggressiva significa un vero e proprio suicidio.

È bene ricordare le parole di J.H. Voh:

> "Si pretende audacemente che la vera tolleranza sia tollerante anche nei confronti dell'intolleranza. Non è possibile! L'intolleranza è sempre attiva ed efficace, può essere controllata solo attraverso l'azione e l'effetto dell'intolleranza".

Conseguenze

Sto arrivando alla fine. Per valutare il pericolo ebraico abbiamo dovuto seguire le tracce dell'ebreo, osservare la forma del suo sentimento, del suo pensiero, della sua azione e illustrare l'essenziale e il sempre ricorrente in esso. Solo a partire da questa conoscenza e dalla cura consapevole del nostro carattere è possibile affrontare il pericolo della giudaizzazione. Prima, quando si privava l'ebreo dei diritti civili, lo si privava anche dei diritti umani.

Questi due concetti devono ora rimanere separati. Fichte dice:

> "Devono avere diritti umani, anche se questi non appartengono a loro come a noi... ma per dare loro diritti civili non vedo altro mezzo, almeno, che tagliare una notte tutte le loro teste e metterne altre in cui non ci sia una sola idea ebraica. Per proteggerci da loro non vedo altro mezzo che conquistare per loro la loro decantata terra e mandarli tutti lì".[452]

Ciò che Fichte intendeva per diritti umani emerge dalle seguenti parole: "Se hai pane solo per oggi, dallo all'ebreo che ha fame accanto a te". Così dobbiamo pensare anche noi. Dobbiamo praticare la protezione della vita nei confronti dell'ebreo come di qualsiasi altro uomo, ma dobbiamo proteggere legalmente la nostra cultura nazionale, essere in grado di mantenerla e purificarla nel suo carattere specifico senza che una mente straniera ebraica e necessariamente ostile possa esercitare un'influenza.

Gli obiettivi sono chiari, ora brevemente i mezzi. Dal punto di vista economico, l'ebreo ha acquisito potere attraverso l'interesse, l'usura, il denaro. Prima direttamente, ora attraverso le banche e le borse. La rottura della schiavitù della finanza, un mezzo che non ha avuto successo per così tanto tempo, suona oggi di nuovo come un grido di battaglia. Se questo potesse essere realizzato anche solo in parte, la scure sarebbe stata posata sull'albero della vita dell'ebreo.

In termini di politica nazionale si deve stabilire che:

---

[452] [Queste osservazioni sono tratte dall'opuscolo di Fichte del 1793 "Beitrag zur Berichtigung der Urtheile des Publicums über die französische Revolution: (Un contributo alla correzione dell'opinione pubblica sulla Rivoluzione francese)"].

1. Gli ebrei sono riconosciuti come una nazione che vive in Germania. La fede religiosa o la sua mancanza non giocano alcun ruolo.
2. Un ebreo è colui i cui genitori, padre o madre, sono ebrei secondo questa nazionalità; un ebreo è d'ora in poi colui che ha un coniuge ebreo.
3. Gli ebrei non hanno il diritto di impegnarsi nella politica tedesca con parole, scritti o azioni.
4. Gli ebrei non hanno il diritto di occupare cariche statali e di servire nell'esercito come soldati o ufficiali. Il loro rendimento lavorativo viene messo in discussione.
5. Gli ebrei non hanno il diritto di essere dirigenti nelle istituzioni culturali statali e comunali (teatri, gallerie, ecc.) e di ricoprire incarichi professionali e di insegnamento nelle scuole e nelle università tedesche.
6. Gli ebrei non hanno il diritto di lavorare nelle commissioni statali o comunali di controllo, censura, ecc. e non hanno nemmeno il diritto di essere rappresentati nelle direzioni delle banche statali e degli istituti di credito comunali.
7. Gli ebrei stranieri non hanno il diritto di stabilirsi permanentemente in Germania. L'accettazione nella federazione statale tedesca dovrebbe essere loro vietata in ogni circostanza.
8. Il sionismo deve essere sostenuto attivamente per trasportare un certo numero di ebrei tedeschi annualmente in Palestina o in generale oltre i confini.[453]

Dal punto di vista politico-culturale, le istituzioni, ormai chiaramente tedesche, devono fare in modo che, attraverso la nomina degli artisti tedeschi più significativi, non sia più possibile veicolare un tale veleno nel popolo, come avviene oggi attraverso editori, direttori di teatro, proprietari di cinema, ma che

---

[453] Si vedano in questo contesto le Leggi di Norimberga del 1935.

vengano scelti preferibilmente maestri tedeschi.[454] La cosa più importante, però, che non si può ottenere con nessun decreto: una cultura tedesca. Le leggi possono solo eliminare tutte le restrizioni, poi deve essere il popolo stesso a parlare. E chiunque abbia orecchie per sentire sentirà il desiderio di questa cultura tra migliaia di persone.

Molte delle persone migliori rimangono senza più legami con nessuna chiesa, si sono allontanate dai dogmi, ma non hanno ancora trovato una fede; altre si costruiscono un mondo a sé stante. Ma la religione, se vuole essere dispensatrice di cultura per un intero popolo, deve avere una comunanza. Il singolo individuo ha bisogno della forza di un insieme, non sono molti quelli che possono farne a meno senza subire danni. È ora che le narrazioni di Abramo e Giacobbe, di Labano, di Giuseppe, di Giuda e di altri arcimaghi smettano di fare i loro dispetti nelle chiese e nelle scuole. È una vergogna e un peccato che queste incarnazioni di una mente completamente mendace e ingannevole ci vengano rappresentate come modelli religiosi, anzi come antenati spirituali di Gesù.

Lo spirito cristiano e lo "sporco spirito ebraico" devono essere separati; con un taglio netto la Bibbia deve essere divisa in cristiana e anticristiana. Deve emergere la verità che singoli uomini del passato israelita (Amos, Osea) hanno lottato invano contro lo spirito ebraico che diventava sempre più forte, e che questo spirito sempre presente ha trionfato, che vedeva il cristiano come il suo nemico mortale, ed era sentito anche da quest'ultimo come il suo avversario.

Al posto delle antiche storie ebraiche vale finalmente la pena di sollevare i tesori del pensiero indo-germanico, i modelli che sono

---

[454] Nella stagione invernale del 1918/1919, nel Teatro di Berlino allora sotto la direzione ebraica, Goethe fu rappresentato una volta con Clavigo, Schiller con Maria Stuart; per il resto furono promossi solo ebrei e stranieri.

stati distorti nello specchio ebraico. Si risveglino i miti indiani della creazione, il canto dell'Uno di Dhirgatamas, [455] le meravigliose narrazioni delle Upanishad, i detti delle epoche successive. Si narrino i drammi cosmici dei Persiani, la battaglia della Luce con le Tenebre e la vittoria del salvatore del mondo.[456] Si racconti anche la saggezza greca e tedesca, la fede nell'immortalità e il simbolismo della Natura. Allora l'epoca raggiungerà una grande rinascita; forse è più vicina di quanto pensiamo.

> "Nella mente si sente risuonare
> La nascita del nuovo giorno",[457]

La giornata del pensiero tedesco.

---

[455] [Dhirgatamas fu uno dei Saggi che composero il Rgveda].

[456] [Saoshyant, nell'escatologia zoroastriana, è il salvatore che porterà al rinnovamento finale del mondo, quando i morti saranno resuscitati e le loro anime si riuniranno alla divinità Ahura Mazda].

[457] [Questi versi sono tratti dal *Faust* II, atto I, di Goethe].

Altri titoli

www.ingramcontent.com/pod-product-compliance
Lightning Source LLC
Chambersburg PA
CBHW060816190426
43197CB00038B/1827